TOPIK II

한 국 어 능 력 시 험

단기완성

한국어를 사랑하는 모든 분께

한국어능력시험(TOPIK)을 준비하는 모든 학습자들의 바람은 최소의 시간을 투자하여 고득점을 받는 것입니다. 그런데 새롭게 바뀐 TOPIK의 평가틀은 여전히 학습자들에게 부담으로 작용하고 있습니다.

따라서 〈TOPIK Ⅱ 단기완성〉은 TOPIK을 처음 공부하는 외국인 학습자가 문제의 유형을 빠르게 파악하고 유형에 해당하는 공식을 적용하여 정답을 쉽게 찾을 수 있도록 기획하였습니다.

첫째 기출문제의 유형을 듣기 7개와 읽기 12개로 나누고, 이를 다시 28개의 공식으로 세분화하였습니다. 유형별 풀이 비법과 공식을 익히고, 문제를 풀면서 시험 유형을 쉽게 파악할 수 있을 것입니다.

둘째 알아두어야 하는 중요한 문법 표현을 수록하여 체계적으로 공부할 수 있도록 하였습니다.

셋째 공부한 공식을 기준으로 중요 기출문제를 한눈에 볼 수 있도록 정리하였으며, 쓰기 영역의 3개 유형을 도표로 체계화하였습니다.

넷째 새롭게 시행된 말하기 평가의 출제 방향과 문제 유형을 분석하여 특별 부록으로 제공하였습니다.

아무쪼록 학습자들이 이 책의 유형과 공식을 열심히 공부하여 목표하는 점수를 빠른 시간 내에 받기를 바랍니다. 아울러 TOPIK 시험을 지도하시는 모든 한국어 선생님들께 이 책이 작은 도움이 되길 바랍니다.

마지막으로 이 책이 나오기까지 도움을 주신 분들께 고마움을 전하고자 합니다. 우선 이 책을 쓰는 동안 처음부터 끝까지 함께 고민하고 자기 일처럼 도와준 사랑하는 아내 鄺妙甜(Dorothy)에게 마음으로부터 깊은 감사를 전합니다. 그리고 책을 기획하시고 출간될 수 있도록 도와주신 편집팀 여러분께도 깊은 감사를 전합니다. 마지막으로 항상 기도하는 마음으로 함께해 주시는 이형자, 陳英蘭 두 분 어머님과 사랑하는 김나원과 김민찬에게 감사의 마음을 전합니다.

저자 김명준 씀

TOPIK 시험 안내

❖ 2023년 1월 5일 시행처 홈페이지를 기준으로 하였습니다.

TOPIK은 누구에게, 왜 필요한가요?

한국어를 모국어로 하지 않는 재외동포 및 외국인으로서

❶ 한국어 학습자 및 국내 대학 유학 희망자

❷ 국내외 한국 기업체 및 공공 기관 취업 희망자

❸ 외국 학교에 재학 중이거나 졸업한 재외국민

학업 ▶
- 정부 초청 외국인장학생 프로그램 진학 및 학사관리
- 외국인 및 재외동포의 국내 대학(원) 입학 및 졸업
- 국외 대학의 한국어 관련 학과 학점 및 졸업요건

취업 ▶
- 국내외 기업체 및 공공기관 취업
- 외국인의 한국어교원 자격 심사(국립국어원) 지원 서류

이민 ▶
- 영주권, 취업 등 체류비자 획득
- 사회통합프로그램 이수 인정(TOPIK 취득 등급에 따라 해당 단계에 배정)

○ 주요 국가 및 지역별 현황 (2022년 기준 / 단위: 명)

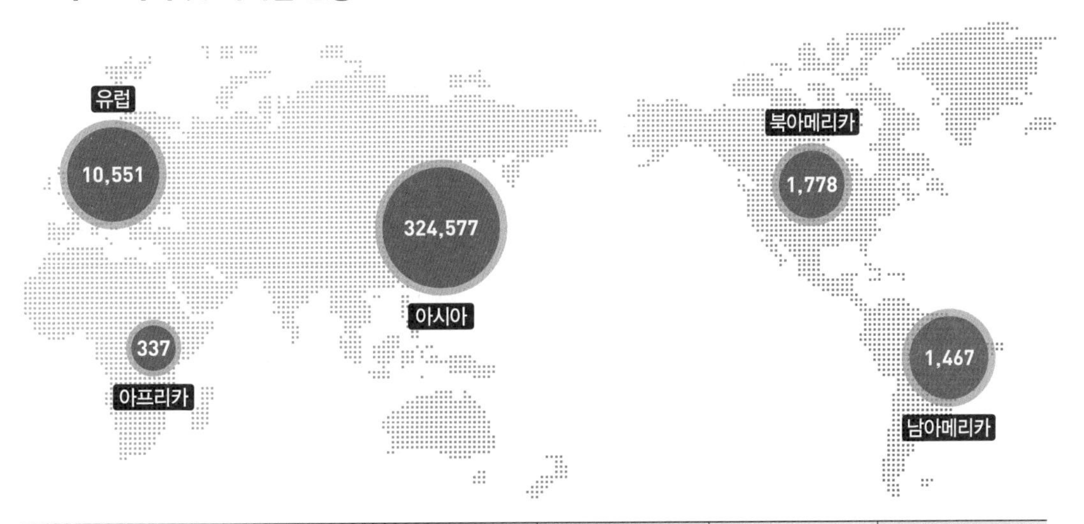

중국	일본	베트남	우즈베키스탄	태국	카자흐스탄
76,001	39,334	38,739	12,124	6,485	1,605

미국	독일	브라질	케냐	기타	총계
1,017	626	516	183	180,957	357,587

TOPIK 시험 안내

❖ 2023년부터는 인터넷 환경이 구축된 시험장에서 PC를 통해 온라인으로 실시하는 i-TOPIK이 추가 운영될 예정입니다. 시험 일정 및 세부 사항이 다를 수 있으니 반드시 시행처 홈페이지를 확인하시기 바랍니다.

TOPIK, 무엇이 나오나요?

○ 문제의 유형

❶ **듣기 · 읽기 영역:** 4지선다형 객관식 문항

❷ **쓰기 영역:** 주관식 문항(TOPIK Ⅱ만 실시)

- 문장완성형: 2문항
- 작문형: 2문항
  - 200～300자 정도의 중급 수준 설명문 1문항
  - 600～700자 정도의 고급 수준 논술문 1문항

참고 쓰기 영역 작문 문항 평가 범주

문항	평가 범주	평가 내용
51～52	내용 및 과제 수행	제시된 과제에 맞게 적절한 내용으로 썼는가?
	언어 사용	어휘와 문법 등의 사용이 정확한가?
53～54	내용 및 과제 수행	• 주어진 과제를 충실히 수행하였는가? • 주제에 관련된 내용으로 구성하였는가? • 주어진 내용을 풍부하고 다양하게 표현하였는가?
	글의 전개 구조	• 글의 구성이 명확하고 논리적인가? • 글의 내용에 따라 단락 구성이 잘 이루어졌는가? • 논리 전개에 도움이 되는 담화 표지를 적절하게 사용하여 조직적으로 연결하였는가?
	언어 사용	• 문법과 어휘를 다양하고 풍부하게 사용하며 적절한 문법과 어휘를 선택하여 사용하였는가? • 문법, 어휘, 맞춤법 등의 사용이 정확한가? • 글의 목적과 기능에 따라 격식에 맞게 글을 썼는가?

○ 시험 구성

수준	영역(시간)	유형 및 문항 수	배점	총점
TOPIK Ⅰ	듣기(40분)	객관식 30문항	100점	200점
	읽기(60분)	객관식 40문항	100점	
TOPIK Ⅱ	듣기(60분)	객관식 50문항	100점	300점
	쓰기(50분)	주관식 4문항	100점	
	읽기(70분)	객관식 50문항	100점	

TOPIK, 어떻게 진행되나요?

○ 시험 당일 준비물

❶ **필수**: 수험표, 신분증(규정된 신분증 이외의 의료보험증, 주민등록등본, 각종 자격증과 학생증은 인정하지 않음. 세부 사항은 시행처 홈페이지 확인)

❷ **선택**: 수정테이프(그 외의 필기구는 시험 당일 배부되는 양면사인펜만 사용 가능), 아날로그 손목시계(전자식 시계, 휴대전화 등은 사용 불가)

○ 일정

※ 시험 일정은 시행 국가 및 시험 당일 고사장 사정에 따라 아래 내용과 다를 수 있습니다.

TOPIK Ⅰ (오전 09:20까지 반드시 입실 완료)

시 간	내 용	시험장 진행 상황
09:20 ~ 09:50 (30분)	–	답안지 작성 안내, 본인 확인, 휴대폰 및 전자기기 제출
09:50 ~ 10:00 (10분)	–	문제지 배부, 듣기 시험 방송
10:00 ~ 10:40 (40분)	듣기 평가	–
10:40 ~ 11:40 (60분)	읽기 평가	–

TOPIK Ⅱ (오후 12:20까지 반드시 입실 완료)

시 간	내 용		시험장 진행 상황
12:20 ~ 12:50 (30분)	–		답안지 작성 안내, 1차 본인 확인, 휴대폰 및 전자기기 제출
12:50 ~ 13:00 (10분)	–		문제지 배부, 듣기 시험 방송
13:00 ~ 14:00 (60분)	1교시	듣기 평가	(듣기 시험 정상 종료 시) 듣기 답안지 회수
14:00 ~ 14:50 (50분)		쓰기 평가	–
14:50 ~ 15:10 (20분)	쉬는 시간		시험장 건물 밖으로는 나갈 수 없음
15:10 ~ 15:20 (10분)	–		답안지 작성 안내, 2차 본인 확인
15:20 ~ 16:30 (70분)	2교시	읽기 평가	–

○ 시험 중 주의 사항

❶ 입실 시간이 지나면 고사장 안으로 절대 들어갈 수 없습니다.

❷ 시험 중, 책상 위에는 신분증 외에 어떠한 물품도 놓을 수 없습니다. 반입 금지 물품(휴대전화, 이어폰, 전자사전, 스마트 워치, MP3 등 모든 전자기기)을 소지한 경우 반드시 감독관에게 제출해야 합니다.

❸ 듣기 평가 시 문제를 들으며 마킹을 해야 하고, 듣기 평가 종료 후 별도의 마킹 시간은 없습니다. 특히 TOPIK Ⅱ 1교시 듣기 평가 시에는 듣기만, 쓰기 평가 시에는 쓰기만 풀이해야 합니다. 이를 어길 경우 부정행위로 처리됩니다.

TOPIK 시험 안내

TOPIK, 어떻게 평가하나요?

등급 결정			평가 기준
TOPIK Ⅰ (200점 만점)	1급	80점 이상	• '자기 소개하기, 물건 사기, 음식 주문하기' 등 생존에 필요한 기초적인 언어 기능을 수행할 수 있으며 '자기 자신, 가족, 취미, 날씨' 등 매우 사적이고 친숙한 화제에 관련된 내용을 이해하고 표현할 수 있다. • 약 800개의 기초 어휘와 기본 문법에 대한 이해를 바탕으로 간단한 문장을 생성할 수 있다. • 간단한 생활문과 실용문을 이해하고, 구성할 수 있다.
	2급	140점 이상	• '전화하기, 부탁하기' 등의 일상생활에 필요한 기능과 '우체국, 은행' 등의 공공시설 이용에 필요한 기능을 수행할 수 있다. • 약 1,500 ~ 2,000개의 어휘를 이용하여 사적이고 친숙한 화제에 관해 문단 단위로 이해하고 사용할 수 있다. • 공식적 상황과 비공식적 상황에서의 언어를 구분해 사용할 수 있다.
TOPIK Ⅱ (300점 만점)	3급	120점 이상	• 일상생활을 영위하는 데 별 어려움을 느끼지 않으며, 다양한 공공시설의 이용과 사회적 관계 유지에 필요한 기초적 언어 기능을 수행할 수 있다. • 친숙하고 구체적인 소재는 물론, 자신에게 익숙한 사회적 소재를 문단 단위로 표현하거나 이해할 수 있다. • 문어와 구어의 기본적인 특성을 구분해서 이해하고 사용할 수 있다.
	4급	150점 이상	• 공공시설 이용과 사회적 관계 유지에 필요한 언어 기능을 수행할 수 있으며, 일반적인 업무 수행에 필요한 기능을 어느 정도 수행할 수 있다. • '뉴스, 신문 기사' 중 비교적 평이한 내용을 이해할 수 있다. 일반적인 사회적 · 추상적 소재를 비교적 정확하고 유창하게 이해하고, 사용할 수 있다. • 자주 사용되는 관용적 표현과 대표적인 한국 문화에 대한 이해를 바탕으로 사회적 · 문화적인 내용을 이해하고 사용할 수 있다.
	5급	190점 이상	• 전문 분야에서의 연구나 업무 수행에 필요한 언어 기능을 어느 정도 수행할 수 있다. • '정치, 경제, 사회, 문화' 전반에 걸쳐 친숙하지 않은 소재에 관해서도 이해하고 사용할 수 있다. • 공식적 · 비공식적 맥락과 구어적 · 문어적 맥락에 따라 언어를 적절히 구분해 사용할 수 있다.
	6급	230점 이상	• 전문 분야에서의 연구나 업무 수행에 필요한 언어 기능을 비교적 정확하고 유창하게 수행할 수 있다. • '정치, 경제, 사회, 문화' 전반에 걸쳐 친숙하지 않은 주제에 관해서도 이해하고 사용할 수 있다. • 원어민 화자의 수준에는 이르지 못하나 기능 수행이나 의미 표현에는 어려움을 겪지 않는다.

※ 응시자가 획득한 종합점수를 기준으로 판정하며, 성적은 성적발표일로부터 2년간 유효합니다.

답안 작성 방법

OMR 답안지 작성 요령

❶ 답안지를 더럽히거나 낙서, 불필요한 표기 등을 하지 마세요. 불이익을 받을 수 있습니다. 특히 답안지 상 · 하단의 타이밍 마크(▌▌▌▌)는 절대로 훼손하면 안 됩니다.

❷ 문제지에만 답을 쓰고 답안지에 옮기지 않으면 점수로 인정되지 않습니다.

❸ 답안지는 반드시 시험 감독관이 지급하는 양면사인펜으로 작성하여야 합니다.

❹ 답안은 양면사인펜의 굵은 펜을 사용하고 문항마다 반드시 하나의 답만 골라 그 숫자에 "●"로 표기하여야 합니다. 한 문항에 2개 이상의 답을 표기하거나 예비 마킹만 한 경우는 0점으로 처리합니다. 올바른 마킹 방법을 아래 그림으로 확인하세요.

❺ 객관식 답안을 수정하고 싶으면 수정테이프로 수정할 답안을 완전히 덮어서 보이지 않도록 합니다. 또는 손을 들어 새로운 답안지로 교체할 수도 있습니다.

❻ 시험이 끝나면 답안지를 작성할 수 없습니다. 만약 시험 감독관의 답안지 제출 지시에 따르지 않으면 부정행위로 처리됩니다.

❼ 잘못된 필기구 사용과 불완전한 마킹으로 인한 답안 작성 오류는 모두 응시자 본인에게 책임이 있습니다.

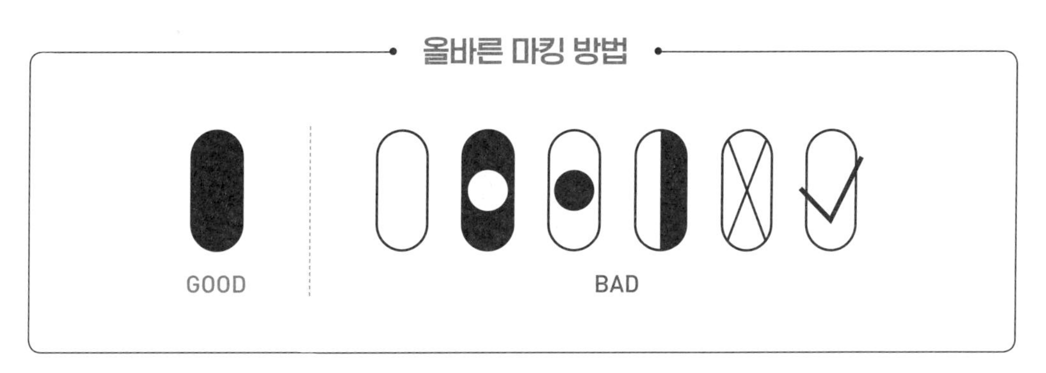

답안지 응시자 정보 작성 방법

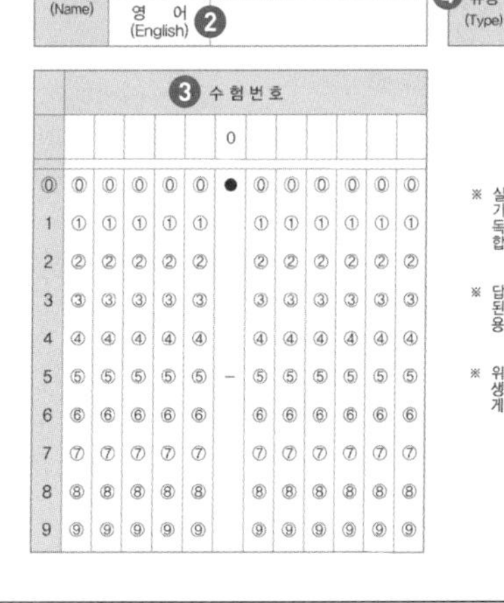

❶ 수험표에 적힌 이름을 한글로 쓰세요.

❷ 수험표에 적힌 이름을 영어로 쓰세요.

❸ 수험번호를 아라비아 숫자로 쓴 후 마킹하세요.

❹ 문제지 유형을 확인한 후 마킹하세요.

※ 실제 OMR 답안지에는 '결시 확인란'과 '감독관 확인'이 있습니다. 이것은 시험 감독관이 표기하는 곳이니 그대로 비워 두세요.

※ 수험번호, 성명 등의 표기를 잘못하여 불이익을 받지 않도록 꼭 미리 연습해 보세요.

이 책의 구성

공식이 답이다!

TOPIK Ⅱ를 가장 쉽고 빠르게 준비할 수 있는 풀이 비법과 공식을 제시하여 문제를 보면서 답을 고를 수 있는 방법을 안내합니다. 책에 있는 공식에 따라 '문제 – 공식 – 정답 – 어휘' 순으로 공부하다 보면 어려운 문제도 쉽게 풀 수 있을 것입니다.

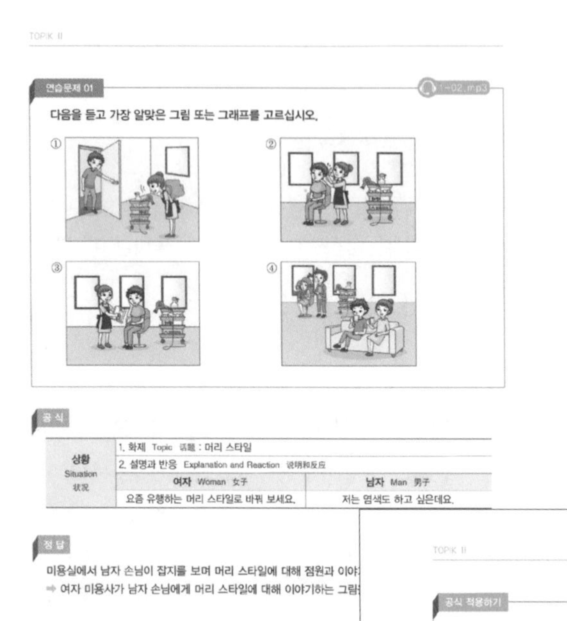

TOPIK Ⅱ

연습문제 01 1-02.mp3

다음을 듣고 가장 알맞은 그림 또는 그래프를 고르십시오.

① ② ③ ④

공식

상황 Situation 状况	1. 화제 Topic 话题 : 머리 스타일	
	2. 설명과 반응 Explanation and Reaction 说明和反应	
	여자 Woman 女子	남자 Man 男子
	요즘 유행하는 머리 스타일로 바꿔 보세요.	저는 염색도 하고 싶은데요.

정답

미용실에서 남자 손님이 잡지를 보며 머리 스타일에 대해 점원과 이야

⇒ 여자 미용사가 남자 손님에게 머리 스타일에 대해 이야기하는 그림

어휘

요즘 유행하다 스타일 손님

듣기지문

여자 : 요즘 유행하는 머리 스타일로 바꿔 보세요.
남자 : 그래요? 저는 염색도 하고 싶은데요.
여자 : 손님은 이 머리 스타일이 잘 어울릴 것 같아요.

8

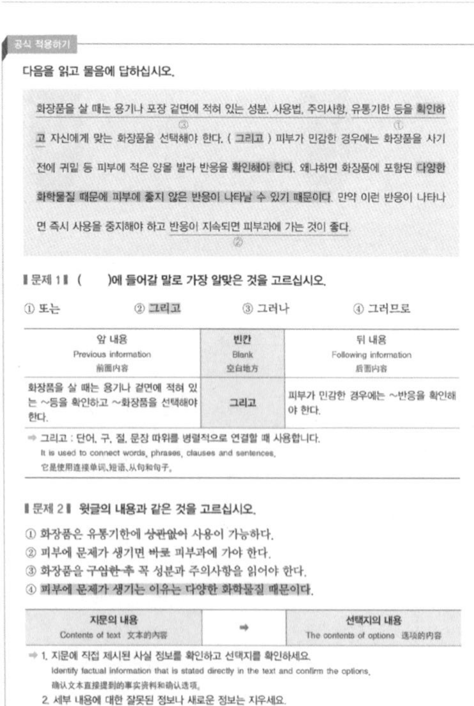

TOPIK Ⅱ

공식 적용하기

다음을 읽고 물음에 답하십시오.

화장품을 살 때는 용기나 포장 겉면에 적혀 있는 성분, 사용법, 주의사항, 유통기한 등을 확인하고 자신에게 맞는 화장품을 선택해야 한다. (그리고) 피부가 민감한 경우에는 화장품을 사기 전에 귀밑 등 피부에 적은 양을 발라 반응을 확인해야 한다. 왜냐하면 화장품에 포함된 다양한 화학물질 때문에 피부에 좋지 않은 반응이 나타날 수 있기 때문이다. 만약 이런 반응이 나타나면 즉시 사용을 중지해야 하고 반응이 지속되면 피부과에 가는 것이 좋다.

▮문제 1▮ ( )에 들어갈 말로 가장 알맞은 것을 고르십시오.

① 또는 ② 그리고 ③ 그러나 ④ 그러므로

앞 내용 Previous information 前面内容	빈칸 Blank 空白地方	뒤 내용 Following information 后面内容
화장품을 살 때는 용기나 겉면에 적혀 있는 ~등을 확인하고 ~화장품을 선택해야 한다.	그리고	피부가 민감한 경우에는 ~반응을 확인해야 한다.

⇒ 그리고 : 단어, 구, 절, 문장 따위를 병렬적으로 연결할 때 사용합니다.
It is used to connect words, phrases, clauses and sentences.
它是使用连接单词,短语,从句和句子。

▮문제 2▮ 윗글의 내용과 같은 것을 고르십시오.

① 화장품은 유통기한에 상관없이 사용이 가능하다.
② 피부에 문제가 생기면 바로 피부과에 가야 한다.
③ 화장품을 구입한 후 꼭 성분과 주의사항을 읽어야 한다.
④ 피부에 문제가 생기는 이유는 다양한 화학물질 때문이다.

지문의 내용 Contents of text 文本的内容	⇒	선택지의 내용 The contents of options 选项的内容

⇒ 1. 지문에 직접 제시된 사실 정보를 확인하고 선택지를 확인하세요.
Identify factual information that is stated directly in the text and confirm the options.
确认文本直接提到的事实资料和确认选项。
2. 세부 내용에 대한 잘못된 정보나 새로운 정보는 지우세요.
Delete the false information and new information.
删除虚假资料和新的资料。

152

자세하고 친절한 풀이 과정!

28개의 공식에 따른 풀이 과정을 자세히 확인할 수 있습니다. 이해가 안 되는 부분은 다시 한번 공부하고 넘어가도록 합시다. 함께 수록된 영어와 중국어 해설도 학습에 큰 도움이 될 것입니다.

문법 표현 정리를 한 번에!

각 과의 끝에 중요한 문법 표현을 정리하여 체계적인 학습이 가능하도록 구성하였습니다. 다양한 예문을 통해 한국어 문법을 쉽게 이해할 수 있을 것입니다.

TOPIK II

부록

유형 1에 나오는 문법 표현

1. 가정 또는 조건 Assumption or Condition 假设或条件

-거든	앞의 내용이 조건임을 표시합니다. It marks that the previous contents is the condition. 前面的内容是条件.
	예 서울에 오거든 꼭 연락하세요.
-ㄴ/는다면	앞의 문장이 가정된 상황임을 표시합니다. It marks that the previous sentence is an assumed situation. 前面句子是一个假设的状况.
	예 복권에 당첨된다면 세계 여행을 하고 싶어요.
-(으)려면	어떤 상황을 가정할 때 사용합니다. It is used to assume a certain situation. 假设某种情况时使用.
	예 외국인등록증을 신청하려면 3층으로 가세요.
-아/어야	앞의 내용이 뒤의 사실에 꼭 필요한 조건임을 표시합니다. It marks that the previous sentence is the necessary condition. 它表示前面内容是后面事实的必须条件.
	예 아침에 일찍 일어나야 여섯 시 비행기를 탈 수 있다.

2. 감정 Feeling 感受

-(으)ㄹ까 보다	어떤 일이 일어날 것 같아서 걱정할 때 사용합 It is used when someone is worried because happen. 担心某事情有可能发生时使用.
	예 야외 촬영할 때 비가 올까 봐 걱정이다.

3. 결과 Result 结果

-게 되다	외부적 조건이 어떤 상황을 만들었을 때 사용 It is used when external conditions make certain 当外部的条件制造某状况时使用的.
	예 배가 너무 아파서 병원에 오게 되었어요.

98

TOPIK II

4. 대화 완성하기

대화를 듣고 이어서 말하십시오. 40초 동안 준비하십시오. '삐' 소리가 끝나면 60초 동안 말하십시오.

두 사람이 '노키즈 존'에 대해 이야기하고 있습니다. 남자의 마지막 말을 듣고 여자가 할 말로 대화를 완성해 보세요.

남자: 내년부터 우리 가게에도 아이들의 출입을 금지할 거라고 하던데, 얘기 들었어요?

여자: 네, 손님들이 불편하다고 항의를 해서 그런 것 같은데, 저는 사실 '노키즈 존'이 없어져야 한다고 생각해요.

남자: 하지만 저번에 가게에서 사고가 난 적도 있었잖아요. 안전을 위해서라도 '노키즈 존'이 있는 게 좋지 않을까요?

▌모범 답안▐

저는 어른들이 사고 예방에 더 신경 쓰고 아이들을 교육하는 게 맞다고 생각해요. 대부분의 아이들은 어른에 비해 배워 나가야 할 것들도 더 많고요. 우리에게는 아이들이 다른 사람을 배려하는 마음을 가르칠 책임도 있어요. 사회 여러 곳에서 다양한 경험을 하게 하면서 그런 마음을 알려 줄 수 있다고 생각해요. 그리고 모든 아이들이 소란을 피우는 것도 아닌데, 무조건 나이가 어리다는 이유로 가게에 들어오지 못하게 한다면 그건 차별이라고 생각해요.

- **수준 및 예상 배점**: 중급 (12점)
- **문제 내용**: 사회적 상황에서 이루어지는 남자와 여자의 대화를 듣고, 대화 속 남자 또는 여자가 되어 상대방의 말에 적절히 대응하여 대화를 완성하는 문제
- **공부 방법**: 다른 사람에게 제안, 조언, 거절 등을 하는 데 필요한 어휘와 문법 표현들을 공부해야 합니다. 대화의 내용을 잘 파악한 후에 중심 맥락에 맞게 대응하며 말하는 연습을 하는 것이 좋습니다. 답변 시간을 최대한 활용하고, 중급 수준에 맞는 정확한 발음과 자연스러운 억양, 적절한 속도로 말하는 연습을 해 두는 것도 중요합니다.

240

부록 말하기 평가

새롭게 시행된 말하기 평가의 출제 방향과 문제 유형에 맞춘 학습 포인트를 정리하였습니다. 어떤 내용의 문제가 어떤 형식으로 나올지 쉽고 빠르게 확인할 수 있을 것입니다.

이 책의 목차

20일 완성 4주 계획표

	월 일	월 일	월 일	월 일	월 일
1주	듣기 유형 1 공식 1, 2	듣기 유형 2 공식 3 듣기 유형 3 공식 4	듣기 유형 4 공식 5 듣기 유형 5 공식 6	듣기 유형 6 공식 7, 8	듣기 유형 6 공식 9, 10
	월 일	월 일	월 일	월 일	월 일
2주	듣기 유형 6 공식 11	듣기 유형 7 공식 12, 13	듣기 유형 복습	읽기 유형 1 공식 1	읽기 유형 2 공식 2
	월 일	월 일	월 일	월 일	월 일
3주	읽기 유형 3 공식 3 읽기 유형 4 공식 4, 5	읽기 유형 5 공식 6 읽기 유형 6 공식 7	읽기 유형 7 공식 8, 9	읽기 유형 7 공식 10 읽기 유형 8 공식 11	읽기 유형 9 공식 12
	월 일	월 일	월 일	월 일	월 일
4주	읽기 유형 10 공식 13	읽기 유형 11 공식 14	읽기 유형 12 공식 15	쓰기 유형 1 ~ 3 읽기 유형 복습	최종 점검

- 유형 복습 및 최종 점검 시간에는 부족한 유형을 반복하여 연습합니다.
- 계획표에 맞춰서 공부하되, 자신의 이해 정도에 따라 공부량을 조절하도록 합니다.
- 가장 중요한 점은 꾸준히 공부하는 것입니다.

한국어능력시험 일정(한국 기준)

접수 기간	시험일	성적 발표일	시행 국가
12월 초중순	1월 하순	2월 하순	한국
2월 초중순	4월 초순	5월 하순	한국 · 해외
3월 초중순	5월 중순	6월 하순	한국
5월 하순	7월 초순	8월 하순	한국 · 해외
8월 초중순	10월 중순	11월 하순	한국 · 해외
9월 초중순	11월 초순	12월 중순	한국

※ 해외 시험 접수의 경우, 한국 원서 접수 기간과 다르므로 현지 접수 기관으로 반드시 확인하시기 바랍니다.
※ 시험 일정이 갑자기 변동될 수도 있으니, 반드시 시행처 홈페이지(www.topik.go.kr)를 확인하시기 바랍니다.
※ '토픽 말하기 평가'와 '토픽 IBT'가 새롭게 시행되었습니다. 세부 일정은 시행처 홈페이지를 확인하시기 바랍니다.

PART 0

기출 포인트

1 TOPIK II 평가틀 안내

2 공식을 알면 보이는 출제 포인트

무엇이든 넓게 경험하고 파고들어 스스로를
귀한 존재로 만들어라.

– 세종대왕

1 TOPIK II 평가틀 안내

1교시-(1): 듣기

문항 번호		배 점	지 문	유 형
1~3	1	2	대화	일치하는 그림 고르기
	2	2		
	3	2	뉴스	일치하는 도표 고르기
4~8	4	2	대화	이어지는 말 고르기
	5	2		
	6	2		
	7	2		
	8	2		
9~12	9	2	대화	알맞은 행동 고르기
	10	2		
	11	2		
	12	2		
13~16	13	2	대화	일치하는 내용 고르기
	14	2	안내/공지	
	15	2	뉴스/보도	
	16	2	인터뷰	
17~20	17	2	대화	중심 생각 고르기
	18	2		
	19	2		
	20	2	인터뷰	
21~22	21	2	대화	중심 생각 고르기
	22	2		일치하는 내용 고르기

23~24	23	2	대화	담화 상황 고르기
	24	2		일치하는 내용 고르기
25~26	25	2	인터뷰	중심 생각 고르기
	26	2		일치하는 내용 고르기
27~28	27	2	대화	화자의 의도/목적 고르기
	28	2		일치하는 내용 고르기
29~30	29	2	인터뷰	담화 참여자 고르기
	30	2		일치하는 내용 고르기
31~32	31	2	토론	중심 생각 고르기
	32	2		화자의 태도/말하는 방식 고르기
33~34	33	2	강연	화제 고르기
	34	2		일치하는 내용 고르기
35~36	35	2	공식적인 인사말	담화 상황 고르기
	36	2		일치하는 내용 고르기
37~38	37	2	교양 프로그램	중심 생각 고르기
	38	2		일치하는 내용 고르기
39~40	39	2	대담	담화 전/후의 내용 고르기
	40	2		일치하는 내용 고르기
41~42	41	2	강연	중심 내용 고르기
	42	2		일치하는 내용 고르기
43~44	43	2	다큐멘터리	화제 고르기
	44	2		일치하는 내용 고르기
45~46	45	2	강연	일치하는 내용 고르기
	46	2		화자의 태도/말하는 방식 고르기
47~48	47	2	대담	일치하는 내용 고르기
	48	2		화자의 태도/말하는 방식 고르기
49~50	49	2	강연	일치하는 내용 고르기
	50	2		화자의 태도/말하는 방식 고르기

1교시-(2): 쓰기

문항 번호		배 점	지 문	유 형
51~52	51	10	실용문	빈칸에 알맞은 말 쓰기
	52	10	설명문	
53	53	30	제시된 자료 (도표, 그래프 등)	자료를 설명하는 글 쓰기
54	54	50	제시된 주제 (사회적 이슈)	주제에 대해 글 쓰기

2교시: 읽기

문항 번호		배 점	지 문	유 형
1~2	1	2	짧은 서술문	빈칸에 알맞은 말 고르기
	2	2		
3~4	3	2	짧은 서술문	의미가 비슷한 말 고르기
	4	2		
5~8	5	2	광고	화제 고르기
	6	2		
	7	2		
	8	2	안내문	
9~12	9	2	안내문	일치하는 내용 고르기
	10	2	도표	
	11	2	기사문	
	12	2		
13~15	13	2	간단한 글	알맞은 순서로 배열한 것 고르기
	14	2		
	15	2		
16~18	16	2	글	빈칸에 알맞은 말 고르기
	17	2		
	18	2		
19~20	19	2	글	빈칸에 알맞은 말 고르기
	20	2		중심 내용 고르기

<table>
<tr><td rowspan="2">21~22</td><td>21</td><td>2</td><td rowspan="2">글</td><td>빈칸에 알맞은 말 고르기</td></tr>
<tr><td>22</td><td>2</td><td>일치하는 내용 고르기</td></tr>
<tr><td rowspan="2">23~24</td><td>23</td><td>2</td><td rowspan="2">수필</td><td>인물의 태도/심정 고르기</td></tr>
<tr><td>24</td><td>2</td><td>일치하는 내용 고르기</td></tr>
<tr><td rowspan="3">25~27</td><td>25</td><td>2</td><td rowspan="3">신문 기사의 제목</td><td rowspan="3">중심 내용 고르기</td></tr>
<tr><td>26</td><td>2</td></tr>
<tr><td>27</td><td>2</td></tr>
<tr><td rowspan="4">28~31</td><td>28</td><td>2</td><td rowspan="4">글</td><td rowspan="4">빈칸에 알맞은 말 고르기</td></tr>
<tr><td>29</td><td>2</td></tr>
<tr><td>30</td><td>2</td></tr>
<tr><td>31</td><td>2</td></tr>
<tr><td rowspan="3">32~34</td><td>32</td><td>2</td><td rowspan="3">글</td><td rowspan="3">일치하는 내용 고르기</td></tr>
<tr><td>33</td><td>2</td></tr>
<tr><td>34</td><td>2</td></tr>
<tr><td rowspan="4">35~38</td><td>35</td><td>2</td><td rowspan="4">글</td><td rowspan="4">중심 내용 고르기</td></tr>
<tr><td>36</td><td>2</td></tr>
<tr><td>37</td><td>2</td></tr>
<tr><td>38</td><td>2</td></tr>
<tr><td rowspan="3">39~41</td><td>39</td><td>2</td><td rowspan="2">글</td><td rowspan="3">문장이 들어갈 위치 고르기</td></tr>
<tr><td>40</td><td>2</td></tr>
<tr><td>41</td><td>2</td><td>서평/감상문</td></tr>
<tr><td rowspan="2">42~43</td><td>42</td><td>2</td><td rowspan="2">소설</td><td>인물의 태도/심정 고르기</td></tr>
<tr><td>43</td><td>2</td><td>일치하는 내용 고르기</td></tr>
<tr><td rowspan="2">44~45</td><td>44</td><td>2</td><td rowspan="2">글</td><td>빈칸에 알맞은 말 고르기</td></tr>
<tr><td>45</td><td>2</td><td>중심 내용 고르기</td></tr>
<tr><td rowspan="2">46~47</td><td>46</td><td>2</td><td rowspan="2">논설문</td><td>필자의 태도 고르기</td></tr>
<tr><td>47</td><td>2</td><td>일치하는 내용 고르기</td></tr>
<tr><td rowspan="3">48~50</td><td>48</td><td>2</td><td rowspan="3">논설문</td><td>필자의 의도/목적 고르기</td></tr>
<tr><td>49</td><td>2</td><td>빈칸에 알맞은 말 고르기</td></tr>
<tr><td>50</td><td>2</td><td>일치하는 내용 고르기</td></tr>
</table>

※ 평가틀은 시행처의 계획과 출제자의 의도에 따라 조금씩 달라질 수 있습니다.

PART.0 기출 포인트

2 공식을 알면 보이는 출제 포인트

〈제64회 기출 분석〉

1교시-(1): 듣기

관련 공식	질문 유형	기출 포인트
공식 1 공식 2	듣고 적절한 그림/ 그래프 고르기	64회 3번 관객 수가 줄고 있는 이유로는 '여가 활동이 다양해져서'가 가장 많았고, '영화를 모바일로 보는 경우가 늘어서', '관람료가 올라서'가 그 뒤를 이었습니다. ❸ [관객 수 감소 이유] 1위 여가 활동이 다양해져서 2위 영화를 모바일로 보는 경우가 늘어서 3위 관람료가 올라서
공식 3	듣고 이어지는 말 고르기	64회 5번 여자: 지금 이 시간에도 문을 연 약국이 있을까? → 남자: ❹ 응, 늦게까지 하는 약국이 있어.
공식 4	듣고 이어지는 행동 고르기	64회 11번 남자: 이제 화분을 베란다로 옮겨 놓을 테니까 네가 물을 좀 줘. → 여자: ❶ 화분에 물을 준다.
공식 5 공식 7 공식 12	듣고 내용과 같은 것 고르기	64회 14번 ❶ 노래자랑 대회는 오후에 한다. → 오후 세 시, 노래자랑 대회를 시작으로 다양한 행사가 준비되어 있으니 많은 참여 바랍니다. ② 어울림 축제는 ~~저녁에~~ 시작한다. ③ 올해 ~~처음으로~~ 야시장이 열린다. ④ 수영장은 놀이터 ~~안에~~ 설치됐다.
공식 6	인물의 중심 생각 고르기	64회 18번 남자: 너도 어디 가고 싶은지 말을 해. / 모두가 만족할 수 있는 결정을 하려면 네 생각도 정확하게 말해 줘야 해. → ❷ 자신의 생각을 분명하게 말하면 좋겠다.

공식 7	인물의 말하기 방식 고르기	64회 23번 여자: 제가 운전면허증을 잃어버려서 다시 발급을 받고 싶은데요. 어떻게 하면 되나요? → ❶ 면허증 재발급 방법을 문의하고 있다.
공식 8	인물의 의도 고르기	64회 27번 남자: 요즘 우리 회사 남자 직원들 중에 육아 휴직을 신청하는 사람들이 점점 많아지고 있어요. / 제 생각엔 남성 육아를 긍정적으로 보는 시각이 많아진 게 큰 이유인 것 같아요. 정부나 회사에서 남성 육아를 권장하기도 하고요. → ❹ 남성 육아에 대한 인식 변화를 말하기 위해
공식 9	인물의 직업 고르기	64회 29번 남자: 사장님께서 만든 전자책 구독 서비스의 인기 비결이 뭐라고 생각하세요? → ❹ 전자책 구독 서비스를 개발한 사람
공식 10	제목 고르기	64회 33번 여자: 그래서 자동차 타이어와 달리 비행기 타이어에는 산소가 혼합되지 않은 질소만을 주입합니다. ~ 비행기 타이어에는 단순한 세로 줄무늬를 사용하여 지면과의 마찰을 줄이고 착륙 시 발생하는 열을 최소화해 줍니다. → ❸ 비행기 타이어의 특징
공식 11	인물의 태도 고르기	64회 32번 여자: 재학생을 대상으로 한 창업 지원 사업은 사전 교육을 강화하는 방향으로 가야 한다고 생각합니다. 남자: 사전 교육과 함께 창업 지원금을 늘려서 더 많은 학생들이 실제로 창업을 해 보게 하는 건 어떨까요? → ❹ 상대의 의견을 일부 인정하며 다른 주장을 하고 있다.
	인물의 생각 고르기	64회 31번 남자: 사전 교육과 함께 창업 지원금을 늘려서 더 많은 학생들이 실제로 창업을 해 보게 하는 건 어떨까요? / 직접 부딪혀 봐야 배울 수 있는 것도 있잖아요. → ❷ 학생들이 창업을 직접 해 보게 해야 한다.
공식 12	앞의 내용 추론하기	64회 39번 여자: 국외로 유출된 문화재가 이렇게 많은데, 어떤 방법으로 이런 문화재들을 다시 본국으로 가져올 수 있을까요? → ❸ 환수하지 못하고 해외에 남아 있는 문화재가 많다.

<table>
<tr><td rowspan="2">공식 13</td><td>이유 고르기</td><td>64회 44번
남자: 어떻게 영양분을 섭취하는 걸까. 어미 상어는 수정이 되지 않은 수십 개의 무정란을 자궁 속에 가지고 있다. 탯줄이 없어 움직임이 자유로운 새끼 상어는 이 알들을 찾아다니며 먹는다.
→ ❷ 영양분을 얻기 위해서</td></tr>
<tr><td>중심 내용 고르기</td><td>64회 43번
남자: 새끼 황갈색수염상어는 인간과 마찬가지로 이곳에서 약 10개월을 보낸다. ~ 세상을 살아갈 만반의 준비를 모두 마친 후 마침내 새끼 상어는 자궁 밖으로 나온다.
→ ❹ 황갈색수염상어의 새끼는 자궁 속에서 세상에 나올 준비를 한다.</td></tr>
</table>

1교시-(2): 쓰기

<table>
<tr><th>관련 유형</th><th>질문 유형</th><th>기출 포인트</th></tr>
<tr><td>유형 1</td><td>문장
구성하기</td><td>64회 51번
수미 씨, 그동안 고마웠습니다. 저는 다음 달이면 홍콩으로 일을 (㉠ 하러 갑니다). 제가 원하는 회사에 취직을 해서 기쁘지만 수미 씨를 자주 못 볼 것 같아 아쉽습니다. 선물을 준비했는데 선물이 수미 씨 마음에 (㉡ 들면/들었으면 좋겠습니다).
채점기준 ㉠과 ㉡ 모두 격식체로 써야 함
<table>
<tr><td rowspan="2">㉠</td><td>내용 요소</td><td>'일을'과 호응하는 '하다'와 '홍콩으로'와 호응하는 '가다'의 의미를 가진 어휘 사용</td></tr>
<tr><td>형식 요소</td><td>동작의 목적을 나타내는 표현 '–러' 사용</td></tr>
<tr><td rowspan="2">㉡</td><td>내용 요소</td><td>'마음에'와 호응하는 '들다'의 의미를 가진 어휘 사용</td></tr>
<tr><td>형식 요소</td><td>소망이나 바람을 나타내는 표현 '–면 좋겠다' 사용</td></tr>
</table></td></tr>
<tr><td>유형 2</td><td>단락
구성하기</td><td>64회 53번
채점기준
과제 1: 전체 매출액 그래프 읽기
1) 그래프에 표시된 모든 정보 제시: 연도별 매출액 및 증가폭
2014년(46조 원), 2018년(92조 원) → 4년, 증가
과제 2: 사용 기기에 따른 매출액 그래프 읽기
1) 기기에 따른 연도별 매출액 비교: 기기에 따른 연도별 매출액 비교
– 컴퓨터: 2014년(32조 원), 2018년(39조 원) → 소폭/조금 증가
– 스마트폰: 2014년(14조 원), 2018년(53조 원) → 대폭/크게 증가
과제 3: 온라인 시장의 변화 원인 밝히기
1) 온라인으로 다양한 상품 구매 가능
2) 스마트폰이 컴퓨터보다 쇼핑 접근성이 높음</td></tr>
</table>

유형 3	글 구성하기	64회 54번 채점기준 과제 1: 청소년기가 중요한 이유 1) 청소년기는 자아 정체성을 찾아가는 과도기임 2) 청소년기에 형성된 자아 정체성은 삶의 전 영역에 영향을 미침 3) 청소년기는 청소년이 올바른 사회 구성원이 되기 위해 준비하는 시기임 과제 2: 청소년기의 특징 1) 청소년은 심리적으로 불안정해지기 쉬움 2) 청소년은 기존 제도에 저항하거나 어른에 대해 반항심을 보이기도 함 3) 청소년은 주변 환경의 영향을 받기 쉬움 과제 3: 청소년의 올바른 성장을 돕기 위한 노력 1) 가정에서는 청소년의 특성을 성장을 위한 과정으로 이해하고 정서적으로 지원해 주어야 함 2) 사회에서는 청소년 심리 상담 센터나 위탁 시설 등의 제도적 지원을 해주어야 함

2교시: 읽기

관련 공식	질문 유형	기출 포인트
공식 1	빈칸에 들어갈 어휘와 문법 고르기	60회 2번 동생이 점점 아버지를 (❶ 닮아 간다).
공식 2	밑줄 친 부분과 비슷한 의미 표현 고르기	64회 4번 태어난 지 얼마 안 되어 서울로 왔으니 서울이 고향인 셈이다. → 서울이 ❹ 고향이나 마찬가지이다.
공식 3	무엇에 대한 글인지 고르기	64회 5번 더위를 싹~ 자연 바람을 선물합니다. → ❶ 에어컨
공식 4 공식 5 공식 8 공식 14	도표/글의 세부 내용 파악하기	64회 11번 ❶ 소비자가 수상 브랜드를 선정했다. → 이 상은 소비자의 온라인 투표로 수상 브랜드가 선정되어 의미가 크다. ② 기업들이 ~~직접~~ 온라인 투표에 참여했다. ③ 지난해보다 ~~더 많은~~ 브랜드가 선정됐다. ④ 친환경 화장품 브랜드는 상을 ~~못~~ 받았다.

공식 6	순서대로 나열하기	64회 14번 (라) 아픈 딸을 병원으로 급하게 데려가다가 앞차와 부딪쳐서 사고를 냈다. (가) 차에서 내려 앞차의 주인에게 사과하고 사정을 설명했다. (나) 앞차 주인은 큰 사고가 아니니 괜찮다며 그냥 가라고 했다.
공식 7 공식 8 공식 15	빈칸에 들어갈 내용/어구 고르기	64회 18번 배우에 따라 연기나 분위기가 다르기 때문에 같은 작품이라도 색다른 느낌을 받을 수 있다. 그래서 뮤지컬 팬들은 (❹ 각 배우들의 개성이 담긴) 작품을 즐기기 위해 공연을 반복해서 관람한다.
공식 9	중심 생각 파악하기	64회 22번 그러나 우리의 뇌는 스스로 정보를 찾았을 때 그 정보를 오래 기억하는 특성이 있다. → ❸ 스스로 정보를 찾고 기억하려는 노력을 해야 한다.
공식 10 공식 14	인물의 심정 파악하기	64회 23번 그 가족을 보내고 나서 이용권 한 장의 값이 더 결제된 것을 알아차렸다. ~ 일을 하는 내내 일이 손에 잡히지 않았다. 내가 한 실수에 화를 낼지도 모른다는 생각에 떨리는 목소리로 상황을 설명하자 ~. → ❶ 걱정스럽다
공식 11	신문 기사의 제목 이해하기	64회 26번 침묵 깬 김민수 의원, 대통령 선거 출마설 부인 → ❹ 김 의원이 대통령 선거에 나간다는 것이 사실이 아니라고 입장을 밝혔다.
공식 12	주제 고르기	64회 36번 연구에 따르면 아기가 태어난 후 몇 년 사이에 이루어진 피부 접촉은 정서 발달에 필수적인 호르몬 분비를 촉진할 뿐만 아니라 지능 발달에도 영향을 미친다고 한다. → ❹ 유아의 발달을 위해서는 피부 접촉이 중요하다.
공식 13	문장의 위치 찾기	64회 40번 이런 가운데 그간 관심을 받지 못했던 동물들을 보호하기 위한 단체가 등장했다. (ⓒ 그들은 못생기고 혐오감을 준다는 이유만으로 외면당한 동물들을 대중에게 알리는 활동을 한다).
공식 15	글의 목적 파악하기	64회 48번 올해 '자치경찰제'가 전국으로 확대될 예정이다. ~ 제도적 취약점과 예측되는 부작용이 있을 수 있다. 무엇보다 현장에서의 혼선이 예상된다. → ❹ 제도 시행 후 생길 수 있는 문제를 지적하기 위해서
	필자의 태도 파악하기	64회 50번 이 제도가 실시되면 경찰이 지역 주민의 삶에 밀착돼 ~ 다양한 서비스를 주민들에게 제공할 수 있을 것으로 보인다. → ❷ 자치경찰제가 주민에게 미칠 긍정적 영향을 기대하고 있다.

〈제60회 기출 분석〉

1교시-(1): 듣기

관련 공식	질문 유형	기출 포인트
공식 1 공식 2	듣고 적절한 그림/ 그래프 고르기	60회 1번 여자: 무엇을 도와 드릴까요? → 안내센터의 직원 남자: 누가 잃어버린 것 같아요. → 물건을 주워서 찾아주려는 사람
공식 3	듣고 이어지는 말 고르기	60회 4번 남자: 어디로 바뀌었어요? → 여자: ❹ 정문 옆에 있는 식당이에요.
공식 4	듣고 이어지는 행동 고르기	60회 11번 여자: 건전지가 어디 있었던 것 같은데……. ~ 내가 찾아올 테니까 너는 시계 좀 내려줘. → 여자: ❶ 건전지를 가지러 간다.
공식 5 공식 7 공식 12	듣고 내용과 같은 것 고르기	60회 13번 ① ~~남자는~~ 봉사 활동을 시작하려고 한다. ❷ 여자는 봉사 활동 때문에 고민하고 있다. → 여자: 봉사 활동을 해 보고 싶은데 처음이라 뭘 해야 할지 모르겠어요. ③ ~~여자는~~ 봉사 활동 검색 사이트를 이용해 봤다. ④ 남자는 ~~여자와 함께~~ 봉사 활동을 한 적이 있다.
공식 6	인물의 중심 생각 고르기	60회 17번 남자: 이거 어때요? ~ 키우기 편하겠어요. → ❷ 관리가 쉬운 식물을 사고 싶다.
공식 7	인물의 말하기 방식 고르기	60회 23번 남자: 면접 때 입는 정장을 무료로 빌릴 수 있다고 해서 전화 드렸는데요. 어떻게 하면 되나요? → ❶ 정장 대여 방법을 알아보고 있다.
공식 8	인물의 의도 고르기	60회 27번 남자: 이번 단합 대회 정말 좋지 않았어요? ~ 서로 소통할 기회도 생기고, 가끔 교외로 나가 바람을 쐬는 것도 괜찮지 않아요? → ❶ 단합 대회의 의의를 말하려고
공식 9	인물의 직업 고르기	60회 29번 여자: 팬들로 가득 찬 야외 공연장 관리는 쉽지 않으시겠어요. 남자: 사람들이 안전선을 넘어가지 못하게 하고, ~ 돌발 행동에도 대비해야 하는데요. → ❸ 공연장에서 안전을 관리하는 사람

<table>
<tr><td>공식 10</td><td>제목 고르기</td><td>60회 33번
여자: 우주 식품은 어떻게 만들까요? ~ 기계에 고장을 일으킬 수 있어 이런 종류는 되도록 피합니다. ~ 칼슘과 칼륨이 들어 있는 식품을 꼭 포함하고요.
→ ❸ 우주 식품 제조 시 고려 사항</td></tr>
<tr><td rowspan="2">공식 11</td><td>인물의 생각 고르기</td><td>60회 31번
남자: 생계형 범죄도 분명히 범죄입니다. ~ 다른 범죄와 처벌을 달리할 필요가 없습니다.
→ ❹ 생계형 범죄도 다른 범죄와 동일하게 처벌해야 한다.</td></tr>
<tr><td>인물의 태도 고르기</td><td>60회 32번
남자: 안타까운 일이기는 하지만 생계형 범죄도 분명히 범죄입니다.
→ ❶ 상대방의 의견에 반대하고 있다.</td></tr>
<tr><td>공식 12</td><td>앞의 내용
추론하기</td><td>60회 39번
여자: 왜 작사가와 작곡가들이 야구단에 소송을 제기한 건가요?
→ ❶ 원작자들이 야구단을 상대로 소송을 걸었다.</td></tr>
<tr><td rowspan="2">공식 13</td><td>이유 고르기</td><td>60회 44번
남자: 일반적으로 동물들은 사포닌의 쓴맛을 꺼리는데, ~.
→ ❸ 사포닌의 맛을 싫어해서</td></tr>
<tr><td>중심 내용 고르기</td><td>60회 43번
남자: 오랑우탄들이 나뭇잎을 씹어서 만든 즙을 팔에 바르는 모습이 자주 목격되었다. ~ 통증을 줄이려는 것으로 보인다.
→ ❷ 나뭇잎 즙으로 통증을 치료하는 오랑우탄이 발견되었다.</td></tr>
</table>

1교시-(2): 쓰기

<table>
<tr><th>관련 유형</th><th>질문 유형</th><th colspan="3">기출 포인트</th></tr>
<tr><td rowspan="5">유형 1</td><td rowspan="5">문장
구성하기</td><td colspan="3">60회 51번
선배에게 물어보니 졸업생이 도서관을 이용하려면 출입증이 (㉠ 필요하다고 합니다).
출입증을 만들려면 (㉡ 어떻게 해야 합니까)?
채점기준 ㉠과 ㉡ 모두 격식체로 써야 함</td></tr>
<tr><td rowspan="2">㉠</td><td>내용 요소
(3점)</td><td>'출입증이'와 호응하는 '필요하다/있어야 하다' 등의 의미를 나타내는 어휘 사용</td></tr>
<tr><td>형식 요소
(2점)</td><td>'선배에게 물어보니'와 호응하는 간접화법 '–다고 하다/듣다' 표현 사용</td></tr>
<tr><td rowspan="2">㉡</td><td>내용 요소
(2점)</td><td>'어떻게 하다'의 의미를 나타내는 어휘 사용('무엇을 하다/어디로 가다'와 같은 의미도 정답으로 처리)</td></tr>
<tr><td>형식 요소
(3점)</td><td>'만들려면'과 호응하는 '–아/어/여야 하다' 표현 사용</td></tr>
<tr><td>유형 2</td><td>단락
구성하기</td><td colspan="3">60회 53번
채점기준
과제 1: 자전거 이용자 수 그래프 읽기
1) 그래프에 표시된 모든 정보 제시
– 연도별 이용자 수 및 증가폭
2) 자전거 이용자 수의 변화 읽기
– 2007년에서 2012년까지의 변화: 증가하다/많아지다/늘어나다
– 2012년에서 2017년까지의 변화: 급격하게 증가하다
과제 2: 자전거 이용자 수의 변화 이유 밝히기
1) 자전거 도로 개발
2) 자전거 빌리는 곳 확대
과제 3: 이용 목적 그래프 읽기
1) 그래프에 표시된 모든 정보 제시
– 이용 목적, 증가폭
2) 이용 목적별 변화 읽기
– 목적별 증가폭 비교: 10년간 출퇴근 시 이용 목적이 큰 폭으로 증가함</td></tr>
</table>

유형 3	글 구성하기	60회 54번 채점기준 과제 1: 조기 교육의 장점 1) 재능을 일찍 발견함으로써 잠재력을 극대화할 수 있음 2) 조기 교육을 통해 학업 경쟁력을 높일 수 있음 3) 조기 교육에서의 다양한 경험을 통해 아이의 세계관을 넓힐 수 있음 과제 2: 조기 교육의 문제점 1) 부모의 강요에 의해 이루어질 수 있음 2) 과도한 부담감 및 스트레스로 인하여 학업에 흥미를 느끼지 못할 수 있음 3) 지나친 조기 교육은 아이의 정서 발달에 좋지 않음 과제 3: 조기 교육에 대한 나의 생각 1) 교육의 진정한 의미는 자발성과 내적 동기에 있음 2) 어릴 때는 자신이 원하는 것을 인식하지 못할 가능성이 큼 3) 조기 교육의 특성상 아이의 자발성보다는 보호자의 뜻이 더 중요하게 작용할 수 밖에 없으므로 조기 교육은 진정한 교육이 아니라고 생각함(장단점에 기술된 내용을 [과제 3]에서 반복할 경우 수행에서 제외할 것)

2교시: 읽기

관련 공식	질문 유형	기출 포인트
공식 1	빈칸에 들어갈 어휘와 문법 고르기	60회 1번 휴대전화를 (❷ 보다가) 내려야 할 역을 지나쳤다.
공식 2	밑줄 친 부분과 비슷한 의미 표현 고르기	60회 3번 동생은 차를 타기만 하면 멀미를 한다. → 차를 ❸ 탈 때마다 멀미를 한다.
공식 3	무엇에 대한 글인지 고르기	60회 5번 몸에 좋은 영양소가 가득~ 매일 아침 신선함을 마셔요! → ❸ 우유
공식 4 공식 5 공식 8 공식 14	도표/글의 세부 내용 파악하기	60회 9번 ❶ 주말에는 이용 요금을 더 받는다. → 평일(30,000원) < 주말(35,000원) ② 캠핑장은 ~~1년 내내~~ 이용할 수 있다. ③ 예약은 ~~이용 당일~~ 홈페이지에서 하면 된다. ④ 주차장을 이용하려면 돈을 ~~따로 내야~~ 한다.
공식 6	순서대로 나열하기	60회 13번 (가) 환경 보호를 위해 포장 없이 내용물만 판매하는 가게가 있다. (라) 이 가게에서는 밀가루나 샴푸 등을 커다란 용기에 담아 놓고 판매한다.

<table>
<tr><td>공식 7
공식 8
공식 15</td><td>빈칸에 들어갈
내용/어구 고르기</td><td>60회 16번
중세 시대의 기사들은 칼과 같은 무기를 가지고 다니다가 적과 싸울 때 꺼내 들었다. 하지만 (❶ 싸울 생각이 없을) 때에는 악수를 하면서 손에 무기가 없음을 보여 주었다.</td></tr>
<tr><td>공식 9</td><td>중심 생각 파악하기</td><td>60회 22번
글자를 읽는 것에 집중하다 보면 다른 감각을 사용할 기회가 줄어 능력이 고르게 발달하는 데 어려움이 있을 수 있다.
→ ❸ 이른 문자 교육이 아이의 발달을 방해할 수 있다.</td></tr>
<tr><td>공식 10
공식 14</td><td>인물의 심정
파악하기</td><td>60회 23번
나는 왜 아버지가 영화관에 가는 것을 안 좋아하실 거라고 생각했을까. ~ 마음이 무거워졌다.
→ ❹ 죄송스럽다</td></tr>
<tr><td>공식 11</td><td>신문 기사의 제목
이해하기</td><td>60회 26번
놀이공원, 수익에만 치중 이용객 안전은 뒷전
→ ❸ 놀이공원이 수익은 중요시하고 이용객의 안전은 중요시하지 않고 있다.</td></tr>
<tr><td>공식 12</td><td>주제 고르기</td><td>60회 35번
원래의 목적에 맞지 않게 타인의 신체를 몰래 촬영하는 용도로 악용되는 사례가 늘고 있다. 이러한 악용을 원천적으로 방지하기 위해서는 ~ 카메라의 판매 및 유통이 가능하도록 법적 규제를 강화할 필요가 있다.
→ ❸ 초소형 카메라가 악용되는 것을 막기 위한 대책이 마련되어야 한다.</td></tr>
<tr><td>공식 13</td><td>문장의 위치
찾기</td><td>60회 39번
도시의 거리는 온통 상점으로 가득 차 있다. (㉠ 상업적 공간으로 채워진 거리를 보며 눈살을 찌푸리는 이들도 많다.) 하지만 상점은 거리에 활력을 불어넣어 걷고 싶은 거리를 만드는 데 중요한 역할을 한다.</td></tr>
<tr><td rowspan="2">공식 15</td><td>글의 목적
파악하기</td><td>60회 48번
정부는 신성장 사업에 대한 세제 지원을 확대하기로 했다. ~ 하지만 현재의 지원 조건이라면 몇몇 대기업에만 유리한 지원이 될 수 있다.
→ ❷ 세제 지원 조건의 문제점을 지적하려고</td></tr>
<tr><td>필자의 태도
파악하기</td><td>60회 50번
세금을 대폭 낮춰 준다는 점에서 고무적인 일이다.
→ ❹ 신성장 기술에 대한 세제 지원 정책을 긍정적으로 평가하고 있다.</td></tr>
</table>

PART 1

듣기 영역

유형 1 그림 또는 그래프 고르기

유형 2 상황에 맞게 대답하기

유형 3 이어서 할 행동 고르기

유형 4 내용과 같은 것 고르기

유형 5 중심 생각 고르기

유형 6 듣고 두 문제에 답하기 (1)

유형 7 듣고 두 문제에 답하기 (2)

기품을 지키되 사치하지 말 것이며 지성을
갖추되 자랑하지 말라.

– 신사임당

유형 **1**

그림 또는 그래프 고르기

공식 1 참고

'그림 고르기' 유형입니다.
두 사람의 대화 내용을 가장 잘 표현한 그림을 고르는 문제입니다.

This type of question is 'Select the appropriate picture'.

Listen to the conversation between two people, select the picture that best describes of the conversation.

这题型是‘选择图画’。

聆听两个人的对话选择最正确的图画。

풀이비법 • TIPS • 解題技巧

1. 듣기 전에 그림을 잘 보세요.
   (1) 그림을 보고 인물의 동작과 상황을 이해하세요.
   (2) 그림과 관계있는 단어나 표현을 생각해 보세요.
2. 대화를 들을 때 그림에 대한 단서를 찾아보세요.
   그림과 관련된 단어와 내용에 집중하고 메모하세요.
3. 선택지에서 정답을 선택하세요.

---

1. Look at the picture carefully before you listen.
   (1) Grasp the action and situation of the person in the picture.
   (2) Guess the related words and expressions in the picture.
2. When you listen to the conversation, find clues about the pictures.
   Pay attention to the words and contents related to the picture and write them down.
3. Choose one correct answer out of four possible options.

---

1. 请在聆听前小心细阅图画。
   (1) 请掌握图画中人物的动作和状况。
   (2) 请推测与图画有关的词语或表达。
2. 聆听对话时，请找出图画中的提示。
   请集中记下与图画有关的词语和内容。
3. 在四个选择中选出一个正确的答案。

공식 2 참고

'그래프 고르기' 유형입니다.
한 사람의 설명을 듣고 가장 적절한 그래프를 고르는 문제입니다.

This type of question is 'Select the appropriate graph'.
Listen to the speech of one person and select the graph that best describes the speech.
这题型是 '选择正确图表' 。
聆听一个人的演讲，于该演讲中选择最正确的图表。

풀이비법 • TIPS • 解题技巧

1. 듣기 전에 그래프의 제목과 모양을 확인하세요.
2. 그래프에 대한 설명을 들을 때 그래프의 내용과 관련된 단어와 내용에 집중하고 메모하세요.
3. 선택지에서 정답을 선택하세요.

---

1. Before you listen, look at the graph carefully and identify the title and shape of the graph.
2. When you listen to the conversation, pay attention to the words and contents related to the graph and write them down.
3. Choose one correct answer out of four possible options.

---

1. 聆听前，请小心细阅图表和确认图表的标题及模样。
2. 聆听时，请集中记下与图表有关的词语和内容。
3. 在四个选择中选出一个正确的答案。

공식 1 듣고 적절한 그림 고르기

다음을 듣고 가장 알맞은 그림 또는 그래프를 고르십시오.

여자 : 어? 텔레비전 리모컨이 왜 안 켜지죠?
남자 : 어디 봐. 음……. 배터리를 바꾸면 될 거야.
여자 : 그래요? 그럼 배터리를 찾아볼게요.

①

②

③

④

공식

1. 그림을 잘 이해하고 상황, 장소, 두 사람의 관계를 파악하세요.
   Scan the picture completely and identify the situation, place, relationships.
   细阅图画和掌握状况、场所、两个人的关系。

2. 대화의 내용을 다음과 같이 정리하세요.
   (1) 대화에서 두 사람이 서로 묻고 답하는 내용을 확인하세요.
   (2) 한 사람의 설명에 대한 다른 사람의 반응을 확인하세요.
   Sum up the contents of the conversation as follows :
   (1) Identify what is being asked and answered between the man and the woman.
   (2) When a person explains something, identify the other's reaction.
   总结对话的内容如下 :
   (1) 确认问的是什么和答案在男子和女子之间。
   (2) 当一个人解释某事，确认另一个人的反应。

정답

리모컨에 문제가 있어 텔레비전을 켤 수 없는 상황입니다. 따라서 리모컨을 들고 있는 여자가 남자와 이야기하는 그림을 선택하면 됩니다.

➡ 여자가 리모컨을 들고 있는 사진을 고르세요. 답 ①

어휘

리모컨 배터리 바꾸다 찾아보다

공식 적용하기

다음을 듣고 가장 알맞은 그림 또는 그래프를 고르십시오.

①

②

③

④

여자 : 어? 텔레비전 리모컨이 왜 안 켜지죠?
남자 : 어디 봐. 음……. 배터리를 바꾸면 될 거야.
여자 : 그래요? 그럼 배터리를 찾아볼게요.

<table>
<tr><td rowspan="2">그림
Picture
图画</td><td colspan="2">1. 장소 Place 场所</td></tr>
<tr><td colspan="2">2. 두 사람의 관계 Relationships 两个人的关系</td></tr>
<tr><td colspan="3">⬇</td></tr>
<tr><td rowspan="4">상황
Situation
状况</td><td colspan="2">1. 화제 Topic 话题 : 리모컨</td></tr>
<tr><td colspan="2">2. 질문과 대답 또는 설명과 반응
Asking and Response or Explanation and Reaction
提问和回答或说明和反应</td></tr>
<tr><td>여자 Woman 女子</td><td>남자 Man 男子</td></tr>
<tr><td>왜 안 켜지죠?</td><td>배터리를 바꾸면 될 거야.</td></tr>
</table>

연습문제 01

다음을 듣고 가장 알맞은 그림 또는 그래프를 고르십시오.

①

②
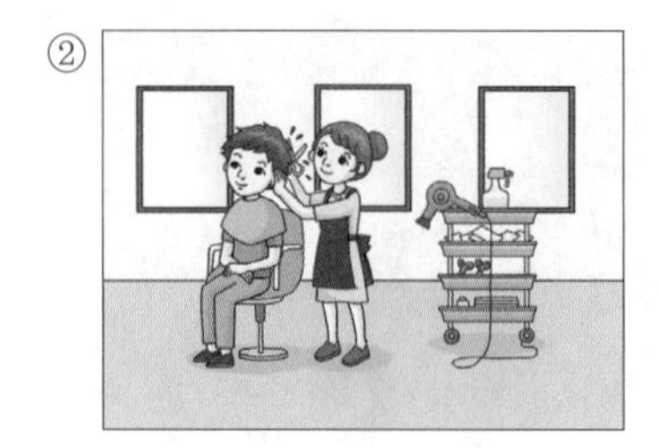

③

④

공식

<table>
<tr><td rowspan="4">상황
Situation
状况</td><td colspan="2">1. 화제 Topic 话题 : 머리 스타일</td></tr>
<tr><td colspan="2">2. 설명과 반응 Explanation and Reaction 说明和反应</td></tr>
<tr><td>여자 Woman 女子</td><td>남자 Man 男子</td></tr>
<tr><td>요즘 유행하는 머리 스타일로 바꿔 보세요.</td><td>저는 염색도 하고 싶은데요.</td></tr>
</table>

정답

미용실에서 남자 손님이 잡지를 보며 머리 스타일에 대해 점원과 이야기를 하고 있는 상황입니다.
➡ 여자 미용사가 남자 손님에게 머리 스타일에 대해 이야기하는 그림을 고르세요. 답 ③

어휘

요즘 유행하다 스타일 손님 머리 어울리다

듣기지문

여자 : 요즘 유행하는 머리 스타일로 바꿔 보세요.
남자 : 그래요? 저는 염색도 하고 싶은데요.
여자 : 손님은 이 머리 스타일이 잘 어울릴 것 같아요.

연습문제 02

다음을 듣고 가장 알맞은 그림 또는 그래프를 고르십시오.

①

②

③

④

공 식

상황 Situation 状况	1. 화제 Topic 话题 : 면접	
	2. 질문과 대답 Asking and Response 提问和回答	
	여자 Woman 女子	**남자** Man 男子
	어디로 가야 하나요?	엘리베이터를 타고 5층 회의실로 가세요.

정 답

정장을 입은 여자가 안내 데스크 앞에서 남자에게 질문을 하고, 남자는 엘리베이터의 위치를 가리키는 상황입니다.

➡ 남자가 여자에게 엘리베이터가 있는 방향을 가리키는 그림을 고르세요. 답 ③

어 휘

면접(을) 보다　　층　　엘리베이터　　타다　　서류　　제출하다

듣기지문

여자 : 면접을 보러 왔는데요. 어디로 가야 하나요?
남자 : 저기 엘리베이터를 타고 5층 회의실로 가세요.
여자 : 네, 감사합니다.

공식 2 듣고 적절한 그래프 고르기

다음을 듣고 가장 알맞은 그림 또는 그래프를 고르십시오.

여자 : 무더위가 계속되면서 상추와 배추, 시금치 등 잎채소 가격이 빠르게 오르고 있습니다. 상추는 6월보다 7월에 네 배가 올랐고 배추는 세 배, 시금치는 두 배 순으로 가격이 많이 올랐습니다. 휴가철이 시작되면 소비가 더 늘어 가격이 더 오를 전망입니다. 채소 중에서도 잎채소 가격이 이렇게 오른 이유는 잎채소들이 날씨에 가장 영향을 많이 받기 때문입니다.

①
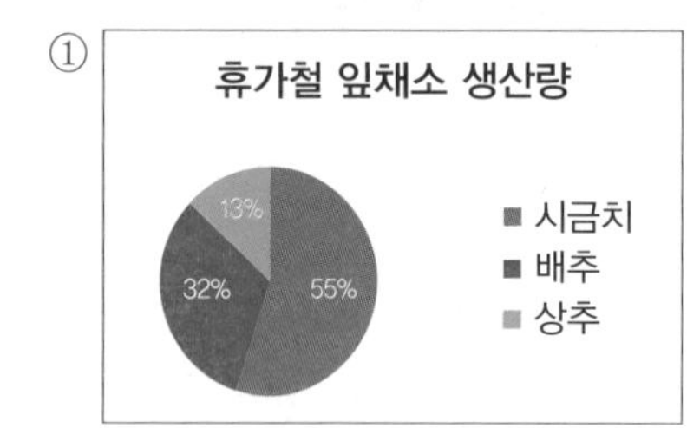

②
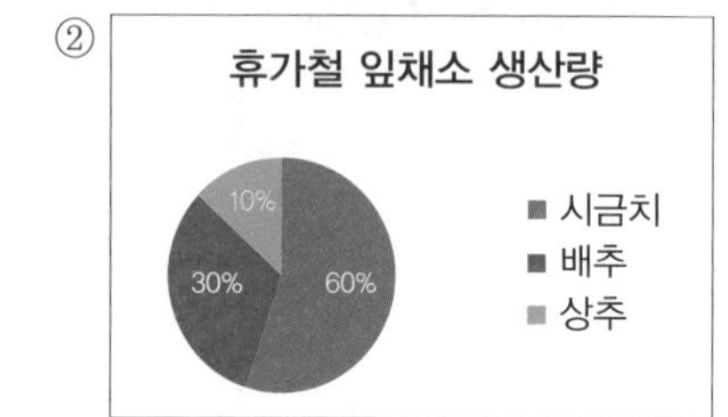

③
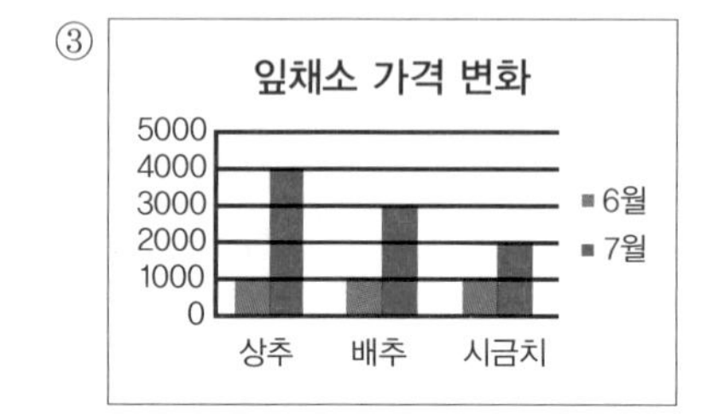

④
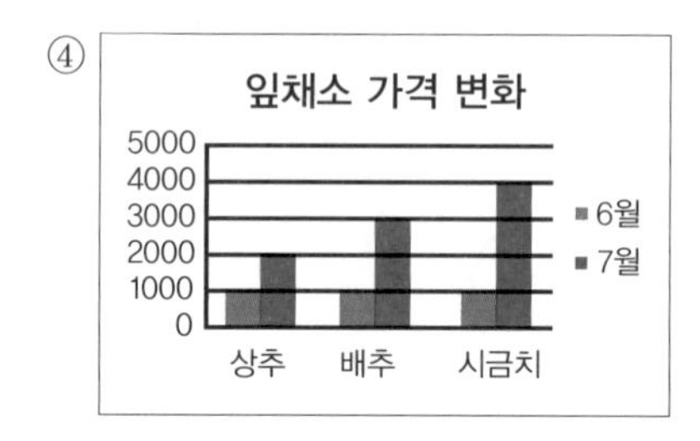

공 식

1. 그래프의 제목을 확인하세요.
   Identify the title of the graph.
   确认图表的标题。

2. 그래프의 유형과 항목을 확인하세요.
   Identify the type and items of the graph.
   确认图表的类型和项目。

3. 각 항목들의 숫자 또는 비율을 확인하고 크기 순으로 나열하세요.
   Identify the number or percentage of each item and list in order of size.
   确认各项目的数字或百分比和按大小排列。

4. 같은 유형의 그래프들의 차이점을 확인하세요.
   Identify the difference between graphs of the same type.
   确认相同图表之间的差异。

5. 35쪽에 있는 그래프의 정보와 관련된 표현을 참고하여 정답을 선택하세요.
   Please refer to page 35 and select the correct answer by considering the expressions related to the information on the graph.
   请参考35页和透过参考图表的资料和相关的表达，选择正确的答案。

정 답

우선 6월과 7월을 기준으로 잎채소의 가격 변화와 관계있는 그래프를 선택합니다. 그리고 상추, 배추, 시금치에 관한 구체적인 정보를 확인해서 정답을 선택하면 됩니다.

➡ 상추 가격이 네 배 오르고 그 다음으로 배추는 세 배, 시금치는 두 배 순으로 가격이 많이 올랐습니다.

답 ③

어 휘

무더위	계속되다	상추	배추	시금치	잎채소
가격	빠르게	오르다	휴가철	시작되다	소비
늘다	전망	영향			

공식 적용하기

다음을 듣고 가장 알맞은 그림 또는 그래프를 고르십시오.

①

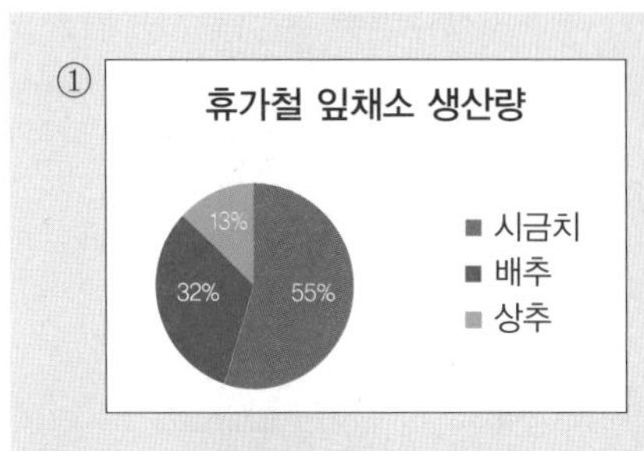

➡

단어	휴가철 잎채소 생산량 시금치 배추 상추
숫자	시금치 55% > 배추 32% > 상추 13%

②

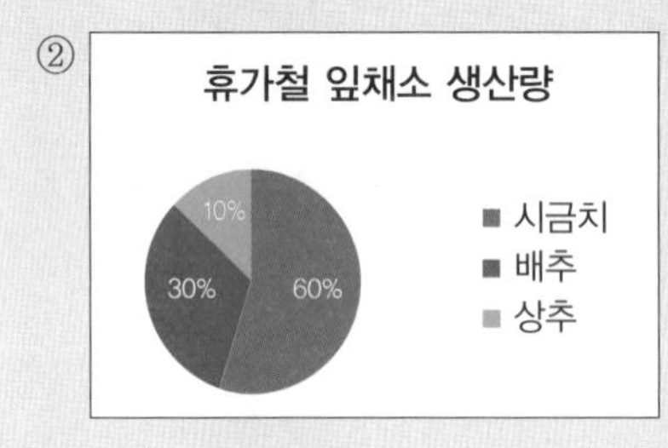

➡

단어	휴가철 잎채소 생산량 시금치 배추 상추
숫자	시금치 60% > 배추 30% > 상추 10%

③

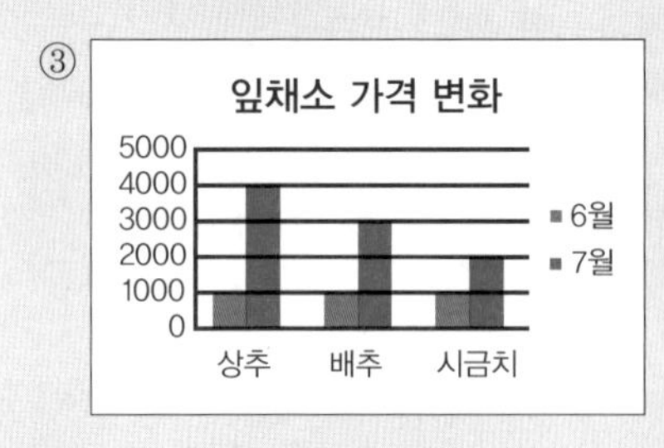

➡

단어	잎채소 가격 변화 6월 7월
숫자	상추 네 배 > 배추 세 배 > 시금치 두 배

④

잎채소 가격 변화

5000 4000 3000 2000 1000 0

6월 7월

상추 배추 시금치

➡

단어	잎채소 가격 변화 6월 7월
숫자	시금치 네 배 > 배추 세 배 > 상추 두 배

그래프의 정보와 관련된 표현

Expressions related to the information of the graph

图表的资料和相关的表达

상추는 6월보다 7월에 네 배가 올랐고 배추는 세 배, 시금치는 두 배 순으로 가격이 많이 올랐습니다.

연습문제 01 1-05.mp3

다음을 듣고 가장 알맞은 그림 또는 그래프를 고르십시오.

①
20대가 말하는 취업이 안 되는 이유

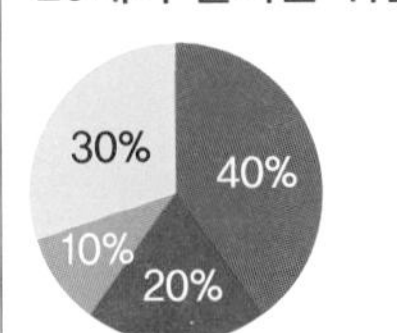

■ 능력이 부족해서
■ 일자리가 적어서
■ 눈높이가 높아서
■ 기타

②
60대가 말하는 취업이 안 되는 이유

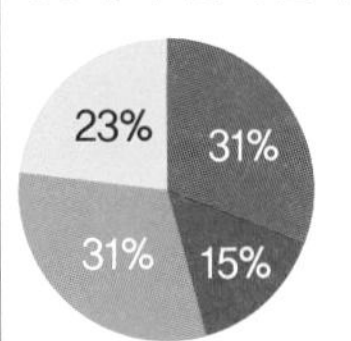

■ 능력이 부족해서
■ 일자리가 적어서
■ 눈높이가 높아서
■ 기타

③
최근 3년간 연령대별 취업률

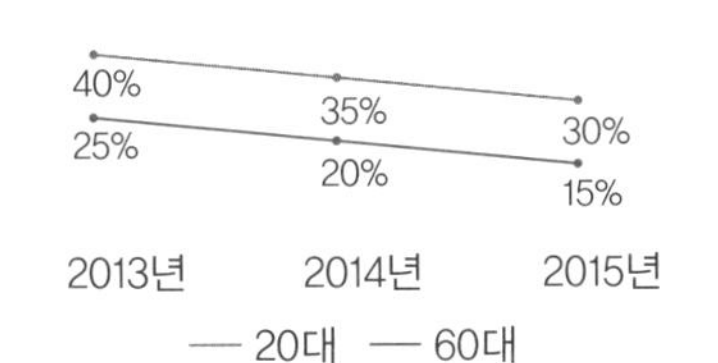

④
최근 3년간 연령대별 취업률

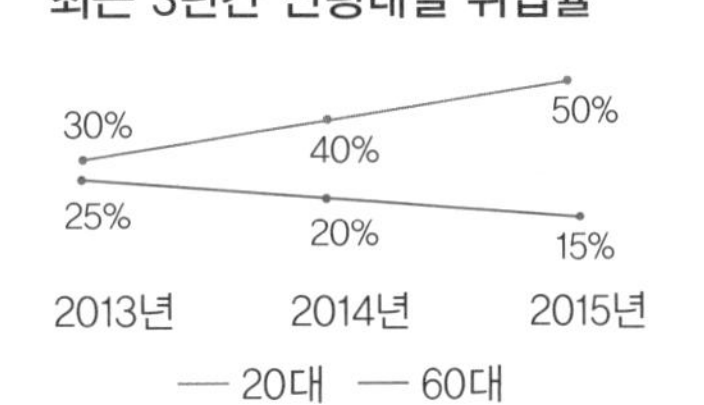

공 식

그래프의 정보와 관련된 표현 Expressions related to the information of the graph 图表的资料和相关的表达
'능력이 부족해서'라는 응답이 가장 많았으며 '일자리가 적어서'와 '눈높이가 높아서'가 뒤를 이었습니다.

정 답

취업이 안 되는 이유를 설명하고 있습니다. 응답한 대상과 구체적인 응답 내용을 고려하여 그래프를 선택합니다.

➡ 대학생이 말한 조사 결과를 보여 주는 그래프를 선택하세요. 답 ①

어 휘

대학생	대상	취업	이유	조사하다	결과
능력	부족하다	응답	가장	일자리	적다
눈높이	잇다	기업	신입 사원	뽑다	중요하다
반영하다	보이다				

듣기지문

남자 : 대학생을 대상으로 취업이 안 되는 이유를 조사한 결과 '능력이 부족해서'라는 응답이 가장 많았으며 '일자리가 적어서'와 '눈높이가 높아서'라는 응답이 뒤를 이었습니다. 이는 기업에서 신입 사원을 뽑을 때 능력을 가장 중요하게 본다는 것을 반영한 것으로 보입니다.

연습문제 02

다음을 듣고 가장 알맞은 그림 또는 그래프를 고르십시오.

①
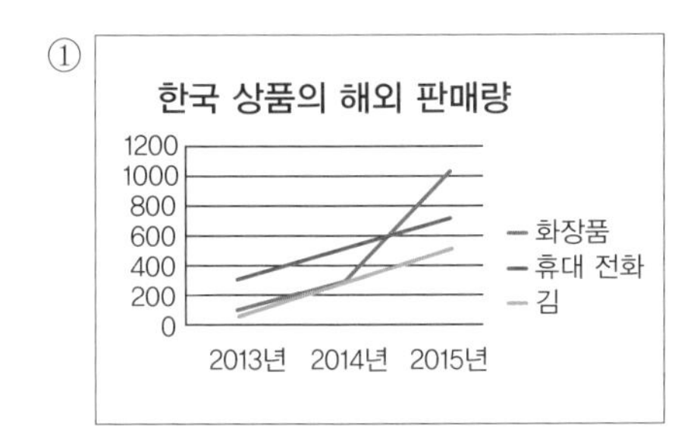

②
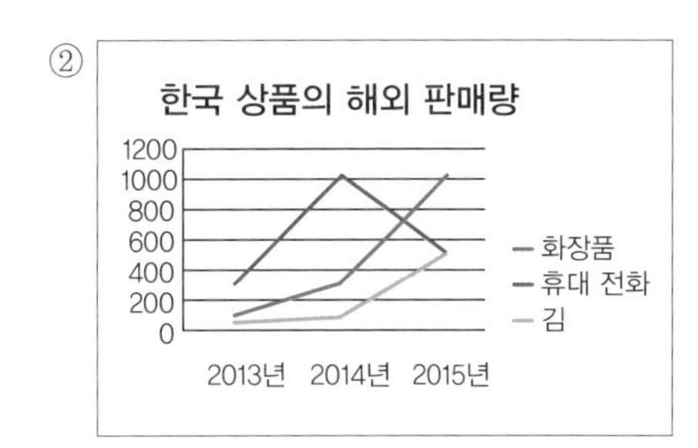

③
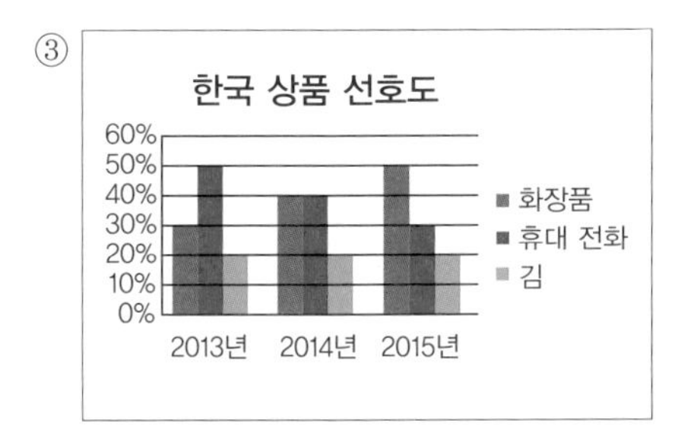

④
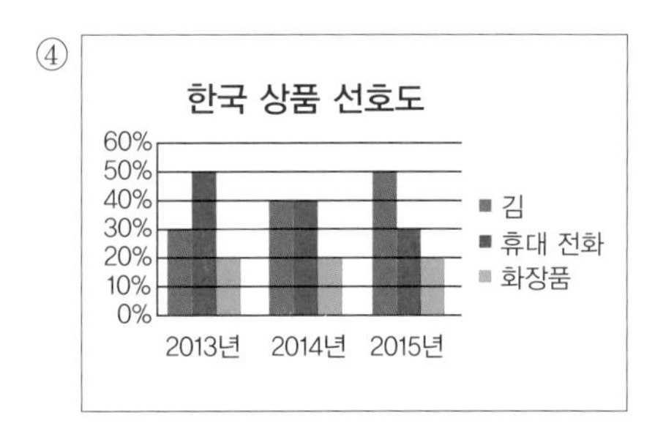

공식

그래프의 정보와 관련된 표현

Expressions related to the information of the graph

图表的资料和相关的表达

화장품과 김의 해외 판매량이 2013년부터 2015년까지 계속 증가하고 있습니다. 반면에 휴대 전화의 판매량이 2014년에 가장 높았다가 2015년에는 감소하고 있습니다.

정답

화장품, 김, 휴대 전화의 해외 판매량을 설명하는 그래프를 선택합니다. 그리고 판매량의 변화를 확인해서 정답을 선택하면 됩니다.

➡ 휴대 전화 판매량을 고려하여 그래프를 선택하세요.

답 ②

어 휘

해외	팔리다	상품	보고서	따르다	화장품
김	판매량	계속	증가하다	휴대 전화	최고
감소하다	한류	영향	관심	앞으로도	인기
예상되다					

듣기지문

여자 : 해외에서 많이 팔리는 한국 상품은 무엇일까요? 한 보고서에 따르면 화장품과 김의 해외 판매량이 2013년부터 2015년까지 계속 증가하고 있습니다. 반면에 휴대 전화의 판매량이 2014년에 가장 높았다가 2015년에는 감소하고 있습니다. 한류의 영향으로 한국에 대한 관심이 증가하면서 앞으로도 한국 상품의 인기는 계속될 것으로 예상됩니다.

부록

그림 정보와 관련된 표현

1. 상황과 관계있는 표현 Expressions related to situations 与情况相关的表现

(1) 의문사 Interrogative 疑问词

어디가 아파서 오셨어요?	뭐 마실래?
어디로 가야 하나요?	무엇을 도와 드릴까요?
왜 이렇게 옷이 다 젖었어요?	그다음에는 어떻게 해?
TV 화면에 있는 저 숫자는 무슨 표시예요?	어떤 문제가 있으세요?

(2) 의문사 + 부정 표현 Interrogative + Negatives 疑问词 + 否定语

왜 안 열리지?	왜 안 닫히지?
왜 안 켜지죠?	왜 안 오지?
왜 밥이 안 됐지?	왜 작동이 안 돼죠?

(3) “안” 부정 표현 Negatives “안” 否定语 “안”

화면이 안 나와서요.	작동이 안 돼서요.
문이 안 닫혀서요.	문이 안 열려서요.
충전이 안 돼서요.	화면이 안 보여서요.

(4) “못” 부정 표현 Negatives “못” 否定语 “못”

(다리가 아파서) 못 일어나겠어.	(너무 무거워서) 못 들겠어.
(다리를 다쳐서) 못 걷겠어.	(차가 막혀서) 못 가겠어.

(5) 기타

좀 도와줄까요?	이것 좀 부탁해도 될까요?
여행은 즐거웠어요?	TV를 자주 봐요?
많이 기다렸어요?	이 청바지 예쁘지?

2. 동작과 관계있는 표현 Expressions related to movements 与动相关的表现

(1) –ㄹ 게(요)

내가 가지고 갈게.	(제가) 경비 아저씨 불러올게요.
제가 들게요.	제가 한번 해 볼게요.
제가 크기와 무게를 확인할게요.	(저는) 이걸로 할게요.

(2) –아/어야겠어요

물을 좀 많이 줘야겠어요.	우선은 이거라도 사용을 해야겠어요.
내일 빨리 전구를 사러 가야겠어요.	다른 방을 봐야겠어요.
방 청소 좀 해야겠어요.	물 좀 마셔야겠어요.

(3) –세요

잠시(잠깐) 기다리세요.	엘리베이터를 이용하세요.
이쪽으로 주세요.	우선 이걸로 좀 닦으세요.
가방 이리 주세요.	안내책을 한번 보세요.

(4) –아/어요

앉아서 좀 쉬어요.	차 한 잔 같이 마셔요.
늦지 않게 빨리 들어가요.	회의 자료를 같이 검토해요.

(5) –아/어 봐

천천히 일어나 봐.	바로 사용해 봐.
우선 번호표를 뽑아 봐.	휴대폰의 왼쪽 버튼을 눌러 봐.

(6) –(으)면 돼요 / –(으)면 될 거야 / –(으)면 됩니다

그냥 물이면 돼요.	전원을 켜면 돼요.
우체국에 가서 소포를 보내면 될 거야.	서비스 센터에 전화하면 될 거야.
사거리에서 횡단보도를 건너면 됩니다.	문제가 생기면 전화하시면 됩니다.
신분증만 있으면 됩니다.	(저는) 커피면 됩니다.

부록

그래프의 정보와 관련된 표현

1. 제목과 관계있는 부분 Parts related to the title 与标题有关系的部分

~을 대상으로 조사한 결과	~을 조사한 결과를 살펴보겠습니다.
~한 것으로 조사되었습니다.	~로 조사됐습니다.
~을 조사했습니다.	조사 결과에 따르면
~한 조사에 따르면	~한 보고서에 따르면
~의 발표에 따르면	

2. 내용과 관계있는 부분 Parts related to the contents 与内容有关系的部分

(1) 설명 Explanation 说明

~이 크게 늘어났습니다.	~이 크게 줄었습니다.
~이 증가한 것으로 나타났습니다.	~이 증가하고 있습니다.
~이 감소한 것으로 나타났습니다.	~이 감소하고 있습니다.
~이 계속해서 감소하고 있습니다.	~이 계속해서 증가하고 있습니다.
~(으)로 상승하고 있는 것을 알 수 있습니다.	~(으)로 하락하고 있는 것을 알 수 있습니다.
~에는 ~이 최고였다가	가장 많이 ~한 것으로 나타났습니다.
~은 높아졌지만 ~은 낮아지는	~은 낮아졌지만 ~은 높아지는
~이 가장 많았으며 ~이 뒤를 이었습니다.	~이 가장 많았고 ~이 그 뒤를 이었습니다.
그 다음으로는 ~이 뒤를 이었는데	한편 ~을 살펴보면

(2) 추론 Inference 推论

~이 많아질수록 감소하고 있음을 알 수 있는데요.	~이 적어질수록 감소하고 있음을 알 수 있는데요.
~이 많아질수록 증가하고 있음을 알 수 있는데요.	~이 적어질수록 증가하고 있음을 알 수 있는데요.
이는 ~을 반영하는 것으로 보입니다.	

(3) 근거 제시 Showing evidences 揭示提示

~때문에 이러한 ~이 나타난 것으로 보입니다.
~이 많아지면서 ~이 급격히 증가한 것으로 나타났습니다.

3. 끝부분 Endings 结尾部分

~해 보시는 건 어떨까요?	앞으로 ~이 더 늘 것으로 예상됩니다.

유형 2

상황에 맞게 대답하기

공식 3 참고

'상황에 맞게 대답하기' 유형입니다.
대화 상황을 잘 파악하고 상황에 맞게 이어지는 말을 고르는 문제입니다.

This type of questions is 'Respond to situation'.
Grasp the situation well and select the most appropriate response.

这题型是'情景回应'。
掌握对话中的状况，选择最合适的回答。

풀이비법 · TIPS · 解题技巧

1. 대화를 듣기 전에 선택지를 읽으세요.
   (1) 선택지를 확인하고 핵심어에 밑줄을 치세요.
   (2) 대화의 상황을 생각해 보세요.
2. 대화에 사용된 표현을 메모하세요.
3. 선택지에서 정답을 선택하세요.

---

1. Read the options carefully before you listen to the conversation.
   (1) Please identify the options and underline the key words.
   (2) Try to guess the situation.
2. Please write down the expressions used in the conversation.
3. Choose one correct answer out of four possible options.

---

1. 请在聆听对话前仔细阅读选项。
   (1) 请确认选项和在核心语下划上底线。
   (2) 尝试推测对话的状况。
2. 请记下对话中使用的表达。
3. 在四个选择中选出一个正确的答案。

공식 3 듣고 이어지는 말 고르기

다음을 듣고 이어질 수 있는 말로 가장 알맞은 것을 고르십시오.

여자 : 부장님, 다음 달에 발표하는 신상품 보고서입니다. 검토 좀 부탁드리겠습니다.
남자 : 수고했어요, 수미 씨. 그런데 어제 준 통계 자료도 모두 분석했어요?
여자 : ________________________________

① 이미 발표를 했습니다.
② 준비하려면 바쁘겠어요.
③ 내일까지 준비하겠습니다.
④ 다음 달에 발표하려고 합니다.

공식

1. 41쪽을 참고하여 모든 선택지의 상황을 파악하세요.
   Please refer to page 41 to grasp the situation of all options.
   请参考41页来掌握所有选项的状况。

2. 대화를 들을 때 두 사람의 관계를 고려하여 명사와 서술어에 집중하세요.
   When you listen to the conversation, focus on nouns and predicates by considering the relation between two people.
   当你聆听对话时，专注名词和叙述语并考虑两个人之间的关系。

정답

남자 : 그런데 어제 준 통계 자료도 모두 분석했어요?
여자 : 내일까지 준비하겠습니다.
➡ 남자가 통계 자료도 모두 분석했는지 질문하고 있기 때문에 여자의 대답은 '준비'에 대한 것이어야 합니다. 따라서 아직 준비가 안 된 경우에는 ③번처럼 대답하면 됩니다. 답 ③

어휘

부장님	다음 달	발표하다	신상품	보고서	검토
부탁드리다	수고하다	통계	자료	모두	분석하다
준비하다					

공식 적용하기

다음을 듣고 이어질 수 있는 말로 가장 알맞은 것을 고르십시오.

대화의 상황 The situation 对话的状况
⇨ 명사와 서술어에 집중하세요. Focus on nouns and predicates. 专注名词和叙述语。
여자 : 부장님, 다음 달에 발표하는 신상품 보고서입니다. 검토 좀 부탁드리겠습니다. 남자 : 수고했어요, 수미 씨. 그런데 어제 준 통계 자료도 모두 분석했어요? 여자 : ________________________

① 이미 발표를 했습니다. ➡ 사실
② 준비하려면 바쁘겠어요. ➡ 조건, 추측
③ 내일까지 준비하겠습니다. ➡ 의지
④ 다음 달에 발표하려고 합니다. ➡ 의지

TIP

41쪽을 참고하여 모든 선택지의 상황을 파악하세요.
Please refer to page 41 to grasp the situation of all options.
请参考41页来掌握所有选项的状况。

연습문제 01

다음을 듣고 이어질 수 있는 말로 가장 알맞은 것을 고르십시오.

① 가까운 곳으로 가야겠어요.
② 앞자리에 앉았으면 좋겠어요.
③ 제시간에 도착해서 다행이에요.
④ 시간이 얼마나 걸릴지 모르겠어요.

공 식

1. 41쪽을 참고하여 모든 선택지의 상황을 파악하세요.
   Please refer to page 41 to grasp the situation of all options.
   请参考41页来掌握所有选项的状况。

2. 대화를 들을 때 두 사람의 관계를 고려하여 명사와 서술어에 집중하세요.
   When you listen to the conversation, focus on nouns and predicates by considering the relation between two people.
   当你聆听对话时，专注名词和叙述语并考虑两个人之间的关系。

정 답

① 가까운 곳으로 가야겠어요. ➡ 의지
② 앞자리에 앉았으면 좋겠어요. ➡ 소망
③ 제시간에 도착해서 다행이에요. ➡ 감정
④ 시간이 얼마나 걸릴지 모르겠어요. ➡ 추측
➡ 여자는 '앞자리'에 앉고 싶습니다. 그리고 남자는 '수업이 끝나고 가면 앞자리에 앉을 수 없다.'고 말합니다. 그래서 여자의 답은 ②번처럼 앞자리에 앉고 싶은 '소망'을 표현하는 것이 적절합니다.

답 ②

어 휘

수업　　끝나다　　콘서트　　앞자리　　일찍

듣기지문

여자 : 수업 끝나고 콘서트에 가면 앞자리에 앉을 수 있을까요?
남자 : 유명한 가수들이 많이 나와서 앞자리에 앉으려면 더 일찍 가야 돼요.
여자 : ______________________________

연습문제 02

다음을 듣고 이어질 수 있는 말로 가장 알맞은 것을 고르십시오.

① 궁금했는데 잘 됐네요.
② 그래요? 미리 알았으면 좋았을걸.
③ 그래도 자세히 알아봐야겠어요.
④ 사람들에게 가 보라고 좀 전해주세요.

공 식

1. 41쪽을 참고하여 모든 선택지의 상황을 파악하세요.
   Please refer to page 41 to grasp the situation of all options.
   请参考41页来掌握所有选项的状况。

2. 대화를 들을 때 두 사람의 관계를 고려하여 명사와 서술어에 집중하세요.
   When you listen to the conversation, focus on nouns and predicates by considering the relation between two people.
   当你聆听对话时，专注名词和叙述语并考虑两个人之间的关系。

정 답

① 궁금했는데 잘 됐네요. ➡ 감정
② 그래요? 미리 알았으면 좋았을걸. ➡ 감정(아쉬움)
③ 그래도 자세히 알아봐야겠어요. ➡ 의지
④ 사람들에게 가 보라고 좀 전해 주세요. ➡ 요청
➡ 여자는 야근 때문에 피곤한 상황이고 남자는 피로를 풀어주는 방법에 대하여 조언하고 있으므로 여자의 대답으로 적절한 것은 ②번처럼 아쉬움의 감정을 나타내는 표현이 적절합니다. 답 ②

어 휘

요새　　야근　　계속하다　　피곤하다　　피로　　쌓이다

듣기지문

여자 : 요새 야근을 계속해서 너무 피곤해요. 다음 주까지 야근을 해야 할 것 같아요.
남자 : 저는 피로가 쌓이면 잠자기 전에 따뜻한 우유를 마셔요. 그러면 피로가 금방 풀리더라고요.
여자 : ______________________________

부록

대화 상황을 알 수 있는 문법 표현

1. 가능 ↔ 불가능 Possibility ↔ Impossibility 可能 ↔ 不可能

-(으)ㄹ 수 있다	예 한국어를 읽을 수 있어요.
	일할 때 쉴 수 있어서 좋아요.
-(으)ㄹ 수 없다	예 한국어를 읽을 수 없어요.
	그 식당은 주차를 할 수 없어 불편해요.

2. 감정 표현 The expression of the emotions 感情的表达

-(으)ㄹ지 모르다	예 마감 시간이 지났을지 몰라.
	남편이 직장을 그만둘지 몰라요.
-(으)ㄹ걸	예 미리 알았으면 좋았을걸.
	좀 더 잘해 줄걸 그랬어요.
-네/-네요	예 분위기가 커피숍처럼 참 좋네요.
-군요/-는군요	예 여행을 다녀왔군요.
	아무도 모르는군요.

3. 대조 Contrast 对照

-(으)ㄴ/는데	예 여행을 가고 싶은데 갈 시간이 없어요.
	여자 친구를 매일 보는데 자꾸 보고 싶어요.
	형은 키가 큰데 동생은 작아요.

4. 습관적인 행동 Habitual behaviors 习惯性的行为

-곤 하다	예 너무 더울 때는 집에서 쉬곤 해요.

5. 배경 설명 Explanation of background 说明背景

-(으)ㄴ/는데	예 내일은 바쁜데 주말에 만나요.
	점심시간인데 식사하러 갑시다.
	부탁이 있는데 좀 들어줄래요?
	영화가 보고 싶은데 같이 보러 갈래요?
	잘 모르겠는데 친구들한테 한번 물어볼까요?
	프로그램 만족도 설문 조사를 만들어 봤는데 지금 확인해 주시겠어요?

6. 비교 Comparison 比较

보다	예 공부하는 것보다 노는 게 좋아.

7. 사실 진술 State a fact 事实陈述

-습니다/-ㅂ니다	예 날씨가 춥습니다.
	가격이 비쌉니다.
-네/-네요	예 오랜만이네요.
-아/어요	예 일이 끝나고 가도 늦지 않아요.
	지하철에서 핸드폰을 잃어버렸어요.
	주말에는 등산을 해요.
-더라고요	예 안 그래도 다 팔렸더라고요.
-(으)ㄴ/는 편이다	예 감기에 잘 걸리지 않는 편입니다.
	이 식당은 서비스가 좋은 편입니다.
	이 음식이 만 원이면 비싼 편입니다.
-(으)ㄹ 뻔하다	예 말하지 않았으면 잊을 뻔했어요.
	눈이 많이 와서 넘어질 뻔했어요.
-(으)ㄴ/는/ (으)ㄹ 줄 알다(모르다)	예 친구들과 함께 가는 줄 알았어요.
	그렇게 보고 싶어 하는 줄 몰랐어요.
	예 핸드폰을 찾은 줄 알았어요.
	저녁을 먹은 줄 몰랐어요.
	예 미국에 갈 줄 알았어요.
	한국에 올 줄 몰랐어요.

8. 사실 전달 Tell a fact 事实传达

-대(요)	예 이번 주 모임 장소가 바뀌었대요.
-더라	예 이번에 새로 시작한 드라마 진짜 재미있더라.

9. 사실 확인 Check on a fact 事实确认

-다면서(요)?	예 이번 체육 대회에 농구 선수로 나간다면서요?
	우리 회사 매출이 작년보다 엄청나게 늘었다면서요?
	인터넷 사이트에 등록된 개인 정보가 유출될 수도 있다면서요?

10. 상태 변화 The change to certain state 状况变化

-아/어지다	예 열심히 공부해서 성적이 좋아졌어요.
	유학생활이 많이 즐거워졌어요.
	날씨가 따뜻해졌어요.

11. 소망 Wish 希望

-(으)면 좋겠다	예 방이 좀 넓으면 좋겠어.
	시험에 합격하면 좋겠어요.
-고 싶다	예 저도 정말 가고 싶지만 힘들 것 같습니다.

12. 시도 Attempt 尝试

-아/어 보다	예 저도 한번 가 보려고요.
	한번 먹어 보세요.
	천천히 말해 보세요.

13. 요청 또는 권유 Request or Recommedation 要求或推荐

-아/어 주다	예 이것 좀 잡아 주세요.
	사진 좀 찍어 주세요.
	아이들을 칭찬해 주세요.
-아/어요	예 손잡이를 잡아요.
	물을 삼키지 말고 뱉어요.
	그럼 이제부터 공원에서 같이 운동해요.
-(으)세요	예 저기에 앉으세요.
	옷을 얇게 입고 가세요.

14. 의문 Doubt 疑问

-(으)ㄴ/는지	예 안 그래도 어디 있는지 궁금했는데 잘 됐네요.
	만나는 시간은 언제가 좋은지 말씀해 주세요.
	혹시 다친 건 아닌지 걱정이 되네요.

15. 이유 Reason 理由

-느라고	예 늦잠을 자느라고 비행기를 놓칠 뻔했어요.
-(으)니까	예 정말 좋은 기회니까 놓치지 마세요.
-아/어서	예 제시간에 도착해서 다행이에요.

16. 비슷함의 정도 The expression of degree of similarity 相似程度的表达

-(으)ㄹ 만하다	예 비빔밥은 먹을 만했어요?
	그 영화는 볼 만해요.
-(으)ㄹ 만큼	예 그동안 참을 만큼 참았나 봐요.
	매일 보러 갈 만큼 여자 친구를 좋아해요.

17. 의지 또는 목적 Will or Purpose 意志或目的

(1) 의지 Will 意志

-겠-	예 저도 전시회에 가겠어요.
-도록 하다	예 내일은 꼭 출근하도록 하겠습니다.
-아/어야겠다	예 내일 꼭 병원에 가야겠어요.
	감기 때문에 약을 먹어야겠어요.
	그럼 저쪽으로 옮겨야겠네.
-(으)ㄹ게	예 여기 앉아 있을게.
	다시 한번 찾아볼게.

(2) 목적 Purpose 目的

-(으)려고 하다	예 내일 일찍 일어나려고 해요.
	다음 달에 이사하려고 합니다.
-(으)려고	예 제가 환기하려고 창문을 열어 놔서 그런가 봐요.

18. 가정 또는 조건 Assumption or Condition 假设或条件

-(으)면 되다	예 이 약은 하루에 세 번 먹으면 됩니까?
	과일만 사면 되겠네.
-(으)려면	예 소포를 찾으려면 3층으로 가세요.
	여행준비를 하려면 바쁘겠어요.
	동대문 시장에 가려면 시청역에서 1호선으로 갈아타야 해요.
	감기가 걸리지 않으려면 코트를 입으세요.
-(으)면	예 내일 발표만 끝나면 이제 이번 학기도 끝나네요.
	주말에 날씨가 좋으면 산에 가려고 해요.
-아/어야	예 보기 좋아야 관심을 끌어요.
	좋은 글을 읽어야 좋은 글을 쓸 수 있다.
	노력을 해야 좋은 결과가 있다.

19. 추측 Conjecture 推测

-(으)ㄹ 것이다	예 열심히 공부하면 아마 합격할 거야.
-겠-	예 오늘 도착하기는 힘들겠다.
-(으)ㄹ 것 같다	예 그 바지는 세탁소에 맡기는 게 좋을 것 같아.
	일주일 더 걸릴 것 같습니다.
-나 보다	예 방문하는 사람들이 생각보다 적었나 봐요.
-(으)ㄹ지도 모른다	예 지금쯤 친구가 서울에 도착했을지도 모른다.
	내일 비가 올지도 모른다.

이어서 할 행동 고르기

공식 4 참고

'이어서 할 행동 고르기' 유형입니다.

두 사람의 대화를 잘 듣고 남자 또는 여자가 이어서 할 행동을 고르는 문제입니다.

This type of questions is 'Select the next action'.

Listen to the conversation between the man and the woman and select the next action that the man or the woman will do.

这题型是‘选择随后的行动题’。

聆听男子和女子之间的对话，选择男子或女子的随后行动。

풀이비법 • TIPS • 解題技巧

1. 듣기 전에 문제를 읽고 '누가(남자 또는 여자)' 다음 행동을 하는지 확인하세요.
2. 선택지를 확인하고 명사와 서술어에 밑줄을 치세요.
3. 대화를 들을 때 선택지에 등장하는 명사와 서술어가 포함된 부분을 메모하세요.
4. 이어지는 행동과 관계있는 문법 표현을 확인하세요.
5. 선택지에서 정답을 선택하세요.

---

1. Read the question and identify who will perform the next action before you listen to the conversation.
2. Please identify all options and underline the nouns and predicates.
3. When you listen to the conversation, write down the parts that contain nouns and predicates given in the options.
4. Identity the grammar expression related to the next action.
5. Choose one correct answer out of four possible options.

---

1. 阅读问题和确认谁将会做随后的行动。
2. 请确认所有选项和把名词和叙述语划上底线。
3. 当聆听对话时，请记下选项中出现的名词和叙述语包含的部分。
4. 确认随后的行动和有关语法的表达。
5. 在四个选择中选出一个正确的答案。

공식 4 듣고 이어지는 행동 고르기

다음을 듣고 여자가 이어서 할 행동으로 가장 알맞은 것을 고르십시오.

여자 : 편의점에서도 해외로 소포를 보낼 수 있다면서? 프랑스에 사는 친구에게 선물을 보내야 하는데 어떻게 하면 돼?
남자 : 먼저 인터넷에서 편의점의 위치를 확인하고 보낼 물건을 포장해서 가면 돼. 편의점은 24시간 문을 여니까 아무 때나 가도 돼.
여자 : 우체국에 가서 보내는 것보다 비쌀까?
남자 : 비용도 우체국에서 보내는 것과 같아.

① 친구에게 편지를 쓴다.
② 선물을 사러 편의점에 간다.
③ 소포를 보내러 우체국에 간다.
④ 인터넷에서 편의점의 위치를 찾는다.

공식

1. 선택지의 명사와 서술어를 보고 대화 상황을 생각해 보세요.
   Identify nouns and predicates of all options and guess the situation.
   确认所有选项的名词和叙述语和推测状况。

2. 51쪽을 참고하여 이어지는 행동에 관한 문법 표현을 확인하세요.
   Please refer to page 51 and identify the grammar expression on subsequent action.
   请参考51页和确认随后行动的相关语法表达。

정답

여자는 편의점에서 해외로 소포를 보내는 방법에 대해 남자에게 묻고 있습니다. 남자는 '먼저 인터넷에서 편의점의 위치를 확인하고 보낼 물건을 포장해서 가면 돼.'라고 말하고 있기 때문에 대화가 끝난 뒤에 여자가 해야 할 다음 행동은 ④번처럼 인터넷에서 편의점의 위치를 찾는 것입니다.

➡ 남자의 말에 여자의 다음 행동이 포함되어 있습니다. 답 ④

어휘

편의점	해외	소포	보내다	프랑스	선물
위치	확인하다	물건	포장하다	비용	

공식 적용하기

다음을 듣고 여자가 이어서 할 행동으로 가장 알맞은 것을 고르십시오.

선택지의 핵심어 (명사, 서술어)
Key words of the options (nouns, predicates)
选项中的核心语（名词，叙述词）

① 친구에게 편지를 쓴다.
② 선물을 사러 편의점에 간다.
③ 소포를 보내러 우체국에 간다.
④ 인터넷에서 편의점의 위치를 찾는다.

이어지는 행동에 관한 문법 표현에 집중하세요.
Pay attention to the grammar expression on subsequent action.
请专注随后行动的语法表达。

여자 : 편의점에서도 해외로 소포를 보낼 수 있다면서? 프랑스에 사는 친구에게 선물을 보내야 하는데 어떻게 하면 돼?
남자 : 먼저 인터넷에서 편의점의 위치를 확인하고 보낼 물건을 포장해서 가면 돼. 편의점은 24시간 문을 여니까 아무 때나 가도 돼.
여자 : 우체국에 가서 보내는 것보다 비쌀까?
남자 : 비용도 우체국에서 보내는 것과 같아.

연습문제 01

다음을 듣고 여자가 이어서 할 행동으로 가장 알맞은 것을 고르십시오.

① 사장님에게 전화한다.
② 복사기를 할부로 산다.
③ 전시된 복사기를 구경한다.
④ 책자를 보고 복사기를 고른다.

공 식

1. 선택지의 명사와 서술어를 보고 대화 상황을 생각해 보세요.
   Identify nouns and predicates of all options and guess the situation.
   确认所有选项的名词和叙述语和推测状况。

2. 51쪽을 참고하여 이어지는 행동에 관한 문법 표현을 확인하세요.
   Please refer to page 51 and identify the grammar expression on subsequent action.
   请参考51页和确认随后行动的相关语法表达。

정 답

여자는 회사 복사기를 임대하려고 합니다. 남자는 여자에게 '여기 책자를 보고 마음에 드는 거 있으시면 말씀하세요.'라고 말하기 때문에 여자가 해야 할 다음 행동은 ④번처럼 '책자를 보고 복사기를 고른다.'가 적절합니다.

➡ 남자의 마지막 말에 여자의 다음 행동이 포함되어 있습니다. 답 ④

어 휘

회사	복사기	제품	추천하다	임대하다	구매하다
결정하다	신제품	책자	보다	마음에 들다	

듣기지문

여자 : 저희 회사 복사기를 바꾸려고 하는데요. 괜찮은 제품 좀 추천해 주세요.
남자 : 임대를 하실지 구매를 하실지 결정하셨어요?
여자 : 음……. 임대할 거예요. 신제품도 임대가 되나요?
남자 : 네, 그러면 여기 책자를 보고 마음에 드는 거 있으시면 말씀하세요.

연습문제 02

다음을 듣고 여자가 이어서 할 행동으로 가장 알맞은 것을 고르십시오.

① 사진을 찍는다.
② 집에 다시 돌아간다.
③ 사진관 앞에서 기다린다.
④ 여권을 가지고 사진관 앞으로 간다.

공 식

1. 선택지의 명사와 서술어를 보고 대화 상황을 생각해 보세요.
   Identify nouns and predicates of all options and guess the situation.
   确认所有选项的名词和叙述语和推测状况。

2. 51쪽을 참고하여 이어지는 행동에 관한 문법 표현을 확인하세요.
   Please refer to page 51 and identify the grammar expression on subsequent action.
   请参考51页和确认随后行动的相关语法表达。

정 답

남자는 여권을 집에 두고 나왔습니다. 여자는 '제가 여권을 가지고 갈 테니까 사진관 앞에서 기다리고 있어요.'라고 말하고 있기 때문에 여자의 다음 행동은 ④번처럼 '여권을 가지고 사진관 앞으로 간다.'가 적절합니다.

➡ 여자의 마지막 말에 여자의 다음 행동이 포함되어 있습니다. 답 ④

어 휘

외국인등록증	만들다	여권	책상	위	두다
지금	어디	사진	찍다	사진관	기다리다

듣기지문

남자 : (따르릉) 여보세요? 오늘 외국인등록증을 만들어야 하는데 여권을 집에 두고 왔어요.
여자 : 책상 위에 있던데요. 지금 어디에 있어요?
남자 : 어제 사진 찍었던 사진관 근처에 있어요.
여자 : 그러면 제가 여권을 가지고 갈 테니까 사진관 앞에서 기다리고 있어요.

부록

이어지는 행동을 알 수 있는 문법 표현

1. 가능성 확인 Identify the possibility 确认可能性

-(으)ㄹ 수 있나요?	예 미술관에서 사진을 찍을 수 있나요?
	상품에 관한 책자를 볼 수 있나요?

2. 명령 또는 요청 Order or request 命令或请求

-아/어(요)	예 네가 물을 좀 줘.
	제발 전화 좀 받아요.
-(으)세요	예 인사과에 연락해서 추가 지원을 받는지 알아보세요.
-지요	예 저쪽으로 가서 신청서를 쓰시지요.
-시겠어요?	예 신분증 주시겠어요?
-도록 하다	예 자세한 상황을 알려 주도록 하십시오.
-아/어 보다	예 관리사무실에 가 보렴.
	신제품을 구경해 보세요.
	접수하고 순서를 기다려 보십시오.
-아/어 주다	예 창문을 닫아 주세요.
	신발을 신어 주세요.
	제품에 대해 설명해 주세요.
-으면 되다	예 이걸 가지고 안내 센터에 가서 신청하면 됩니다.

3. 시도 또는 의지 Attempt or will 尝试或意志

-아/어야겠다	예 잠깐 나가서 산책해야겠다.
	제품 설명서를 좀 봐야겠어요.
	아무래도 차를 잠깐 세워야겠어요.
-(으)ㄹ게(요)	예 옷 좀 갈아입고 나올게.
	이건 내가 정리하고 있을게.
	그럼 조금 이따가 다시 올게요.
	제가 가서 얼마인지 알아볼게요.
	여기 앉아서 기다리고 있을게요.

–아/어 보다	예 궁금해서 한번 사 봤다.
	선생님께 연락드려 보려고요.
	관리 사무소에 가 보겠습니다.
	제가 자료를 읽어 보겠습니다.
	제가 업체에 연락해 보겠습니다.
–(으)ㄹ 테니(까)	예 내가 찾아올 테니까 너는 시계 좀 내려 줘.
	음식은 내가 할 테니까 너는 설거지를 해 줘.
	내가 도와줄 테니까 걱정하지 마세요.
	서류를 준비해 놓을 테니까 가져가세요.

4. 제안 Suggestion 提案

–(으)ㄹ까(요)?	예 제가 잠깐 볼까요?

5. 행동의 순서 The order of actions 行动的顺序

일단~	예 일단 인터넷으로 신청부터 하세요.
먼저~	예 먼저 침대 사진을 찍어서 가게 홈페이지에 올리세요.
우선~	예 우선 접수부터 해 놓고 나갔다 오세요.
빨리~	예 그 수업은 인기가 많으니까 빨리 신청해야 할 거예요.
–고 나서	예 복사하고 나서 회의실로 오세요.

유형 4 내용과 같은 것 고르기

공식 5 참고

'듣고 내용과 같은 것 고르기' 유형입니다.
대화나 담화를 듣고 내용과 같은 것을 고르는 것입니다. 듣기에 등장하는 지문 유형은 개인적인 대화 또는 강의, 뉴스, 인터뷰 등과 같은 담화입니다.

This type of question is the 'Select the statement that best describes the conversation or speech'.
Listen to the conversation or speech and select the option of the same content with a conversation or speech. Text type in listening is an informal conversation or a speech such as lectures, news items and interviews etc.

这题型是‘选择对话或演讲中描述最好的语句’。
聆听对话或演讲，选择该对话或演讲中相同内容的选项。在听力文本中是一个非正式的对话或演讲，如讲课、新闻条目和面试等。

풀이비법 • TIPS • 解題技巧

1. 대화를 듣기 전에 선택지를 모두 읽으세요.
   핵심어를 확인하여 밑줄을 치고 듣기의 내용을 예측하세요.
2. 핵심어에 집중해서 들으세요.
   (1) 이 유형의 일부 문제에서는 선택지의 밑줄 친 정보가 대화에서 다른 말로 표현될 수 있습니다. 따라서 동의어나 다른 말로 바꾸어 말한 것을 잘 들어야 합니다. 대화를 들을 때에는 같은 의미로 쓰인 다른 단어나 표현에 주의하세요.
   (2) 선택지에서 밑줄 친 핵심 단어에 대한 더 자세한 정보에 집중하세요.
   (3) 장소, 날짜, 시간, 숫자, 이유, 수단, 일어난 일과 같은 구체적인 정보에 집중하세요.
3. 선택지에서 정답을 선택하세요.

---

1. Read the options carefully before you listen to the conversation.
   Identify and underline key words in order to predict what you are going to hear.
2. When you listen to the conversation or speech, pay close attention to the key words.
   (1) In some questions in this type, the information that you underline in the option will be expressed in the different words in the conversation. So you will need to listen out for synonyms and paraphrasing. When you listen, pay close attention to different words and expressions with the same meaning.

(2) When you have identified key words in the options, listen carefully for more detailed information.

(3) You must listen for specific information, such as places, dates, times, numbers, reason, means, and things that happened.

3. Choose one correct answer out of four possible options.

---

1. 在聆听对话前请仔细阅读选项。
为了预计你将会听到的内容，请确认核心语并把它划上底线。
2. 当你聆听时，请密切注意核心语。
  (1) 在这题型某部分问题，你在选项中划下底线的资料会在对话中用其他词语表达出来，请聆听时分辨出同义词和重述。当你聆听时，请密切注意不同的词语和具有相同的意思表达。
  (2) 当你选出主要核心语之后，细心聆听其他资讯。
  (3) 请聆听具体的资料，如场所、日期、时间、数字、原因、手段和事件的发生。
3. 在四个选择中选出一个正确的答案。

공식 5 듣고 내용과 같은 것 고르기

다음을 듣고 들은 내용과 같은 것을 고르십시오.

여자 : 인터넷으로 자동차 보험에 가입하면 보험료가 싸다면서?
남자 : 응. 상품들을 직접 비교해 보고 꼼꼼하게 따져봐야 하지만 보험료는 훨씬 더 싸.
여자 : 가입하기 복잡하지 않아? 이번 보험 계약이 끝나면 나도 한번 해 볼까 하는데.
남자 : 별로 복잡하지 않던데. 신용카드가 있으면 할인을 더 받을 수 있으니까 잘 알아보고 해.

① 인터넷 자동차 보험은 보험료가 비싸다.
② 인터넷 자동차 보험은 가입 절차가 복잡하다.
③ 인터넷 자동차 보험은 회사에서 보험료를 직접 비교해 준다.
④ 인터넷 자동차 보험은 신용카드가 있으면 더 할인받을 수 있다.

공식

내용 비교하기 Compare the contents 内容比较	선택지의 핵심어에 밑줄 치기 Underline key words of the options 选项中核心词语下划底线
	⬇
	들은 내용 메모하기 Write down the contents of listening text 记录聆听文本的内容

정답

① 인터넷 자동차 보험은 보험료가 ~~비싸다~~. ➡ 싸다.
② 인터넷 자동차 보험은 가입 절차가 ~~복잡하다~~. ➡ 복잡하지 않던데
③ 인터넷 자동차 보험은 ~~회사에서~~ 보험료를 직접 비교해 준다. ➡ 상품들을 직접 비교해 보고
④ 인터넷 자동차 보험은 신용카드가 있으면 더 할인받을 수 있다.

답 ④

어휘

자동차 보험	가입하다	보험료	상품	직접	비교하다
꼼꼼하다	계약	따지다	복잡하다	끝나다	신용카드
할인	알아보다				

공식 적용하기

다음을 듣고 들은 내용과 같은 것을 고르십시오.

여자 : 인터넷으로 자동차 보험에 가입하면 보험료가 싸다면서?

남자 : 응. 상품들을 직접 비교해 보고(③) 꼼꼼하게 따져봐야 하지만 보험료는 훨씬 더 싸(①).

여자 : 가입하기 복잡하지 않아? 이번 보험 계약이 끝나면 나도 한번 해 볼까 하는데.

남자 : 별로 복잡하지 않던데(②). 신용카드가 있으면 할인을 더 받을 수 있으니까 잘 알아보고 해.

① 인터넷 자동차 보험은 보험료가 ~~비싸다~~.
② 인터넷 자동차 보험은 가입 절차가 ~~복잡하다~~.
③ 인터넷 자동차 보험은 ~~회사에서~~ 보험료를 직접 비교해 준다.
④ 인터넷 자동차 보험은 신용카드가 있으면 더 할인받을 수 있다.

TIP

선택지에 밑줄 친 부분을 중심으로 잘 듣고 선택지의 내용과 들은 내용이 일치하는지 확인하세요.
Listen carefully to the underlined part in the options and identify that the contents match each other.
以选项中划上底线的内容为中心，确认选项是否与听力文本的内容一致。

연습문제 01

다음을 듣고 들은 내용과 같은 것을 고르십시오.

① '행복 나눔 시장'은 기업에서 운영합니다.
② '행복 나눔 시장'은 이번 주에만 열립니다.
③ '행복 나눔 시장'에서는 어려운 이웃을 돕는 일을 합니다.
④ 기쁨 시장에서 '행복 나눔 시장'에 옷과 전자제품을 기부했습니다.

공 식

내용 비교하기 Compare the contents 内容比较	선택지의 핵심어에 밑줄 치기 Underline key words of the options 选项中核心词语下划底线
	⬇
	들은 내용 메모하기 Write down the contents of listening text 记录聆听文本的内容

정 답

① '행복 나눔 시장'은 ~~기업~~에서 운영합니다. ➡ 아파트 관리 사무소
② '행복 나눔 시장'은 ~~이번 주에만~~ 열립니다. ➡ 매주
③ '행복 나눔 시장'에서는 어려운 이웃을 돕는 일을 합니다. ➡ 어려운 이웃을 돕는 '행복 나눔 시장'
④ 기쁨 시장에서 '행복 나눔 시장'에 ~~옷과 전자제품~~을 기부했습니다. ➡ 농산물

답 ③

어 휘

안내	말씀 드리다	운영하다	행복	나눔	시장
열리다	기쁨	기부하다	농산물	저렴하다	판매하다
예정	이웃	따뜻하다	마음	전하다	바라다

듣기지문

남자 : (딩동댕) 아파트 관리 사무소에서 안내 말씀 드리겠습니다. 매주 수요일에는 아파트 관리 사무소에서 운영하는 '행복 나눔 시장'이 열립니다. '행복 나눔 시장'은 관리 사무소 앞에서 오전 10시부터 오후 5시까지 운영합니다. 오늘은 기쁨 시장에서 기부한 농산물을 저렴한 가격에 판매할 예정입니다. 어려운 이웃을 돕는 '행복 나눔 시장'에 오셔서 주민 여러분의 따뜻한 마음을 전해 주시기 바랍니다.

연습문제 02

다음을 듣고 들은 내용과 같은 것을 고르십시오.

① 노인들의 체온 조절 능력은 뛰어납니다.
② 최근에 장마로 인한 사망 사고가 많았습니다.
③ 이번 주에는 무더위로 인한 사망 사고가 없었습니다.
④ 무더위에 노인들이 야외 활동을 오래하면 사망할 수도 있습니다.

공식

내용 비교하기 Compare the contents 内容比较	선택지의 핵심어에 밑줄 치기 Underline key words of the options 选项中核心词语下划底线
	⬇
	들은 내용 메모하기 Write down the contents of listening text 记录聆听文本的内容

정답

① 노인들의 체온 조절 능력은 ~~뛰어납니다~~. ➡ 떨어집니다.
② 최근에 ~~장마~~로 인한 사망 사고가 많았습니다. ➡ 무더위
③ 이번 주에는 무더위로 인한 사망 사고가 ~~없었습니다~~.
➡ 이번 주에도 비슷한 사고가 일어났습니다.
④ 무더위에 노인들이 야외 활동을 오래하면 사망할 수도 있습니다.
➡ 광주에서는 밭에서 일을 하던 70대 노인이 호흡 곤란을 느끼며 쓰러져 숨졌고

답 ④

어휘

장마	끝나다	최고	기온	오르다	무더위
사망	사고	위험하다	여름철	건강	관리법
뜨겁다	햇볕	야외	활동	오래하다	체온
상승	호흡	곤란하다	느끼다	쓰러지다	숨지다
비슷하다	일어나다	조절	능력	떨어지다	삼가다

듣기지문

남자 : 장마가 끝나고 낮 최고 기온이 35도까지 오르면서 무더위로 인한 사망 사고가 계속되고 있습니다. 특히 어르신들의 경우에는 더 위험한데요. 어르신들을 위한 여름철 건강 관리법을 김수림 기자가 전해 드립니다.

여자 : 이렇게 뜨거운 햇볕 속에서 야외 활동을 오래하면 체온이 상승하면서 호흡이 곤란해지고 어지러움을 느끼게 됩니다. 최근 광주에서는 밭에서 일을 하던 70대 노인이 호흡 곤란을 느끼며 쓰러져 숨졌고, 이번 주에도 비슷한 사고가 일어났습니다. 특히 노인들은 체온 조절 능력이 떨어지기 때문에 오전 11시부터 오후 2시까지는 야외 활동을 삼가고 물을 많이 마셔야 합니다.

중심 생각 고르기

공식 6 참고

'중심 생각을 고르는 유형'은 두 사람의 대화를 듣고 '남자' 또는 '여자'의 중심 생각을 고르는 문제입니다. 중심 생각은 화자가 전달하고자 하는 특정한 정보입니다.

This type of question is 'Select the main idea from the specific speaker ('man' or 'woman')'.
The main idea is the particular information the speaker is trying to deliver.

这题型是‘选择男子或女子的中心思想’。
说话的人尝试传递的中心思想是一个特定的信息。

풀이비법 • TIPS • 解題技巧

1. 대화를 듣기 전에 문제를 읽으세요.
   '남자' 또는 '여자'의 중심 생각 중 질문이 무엇인지 확인하세요.
2. 핵심어를 확인하여 밑줄을 치고 대화의 내용을 생각해 보세요.
3. 들을 때 [1.]에서 결정한 사람의 말에 집중하세요.
   (1) 의문사로 묻고 답하는 경우 대답에 주의하세요.
   (2) 생각이나 느낌을 의미하는 단어에 집중하세요.
4. 선택지에서 정답을 선택하세요.

---

1. Read the question at first before listen to the conversation.
   Identify what the question ask for the main idea of 'man' or 'woman'.
2. Identify and underline key words in order to predict what you are going to hear.
3. When you listen to the conversation, please concentrate on the speaker who is decided to [1.].
   (1) Pay attention to the question word when you answer questions.
   (2) Please concentrate on words about thoughts and feelings.
4. Choose one correct answer out of four possible options.

---

1. 聆听对话前，先阅读问题。
   男子或女子的中心思想，确认问题中问的是哪一个。
2. 为了预计你将会听到的内容，请确认核心语并把它划上底线。
3. 当你聆听对话时，请集中[1.]中决定性人物所要说的话。
   (1) 注意以疑问词来提问的应答。
   (2) 请集中于想法和感觉的词语。
4. 在四个选择中选出一个正确的答案。

공식 6 인물의 중심 생각 고르기

다음을 듣고 남자의 중심 생각으로 가장 알맞은 것을 고르십시오.

여자 : 선생님, 요리할 때 조미료를 사용하는데요. 조미료를 사용할 때도 순서가 있다면서요?
남자 : 네, 그렇습니다. 각각의 조미료는 특성을 가지고 있습니다. 따라서 조미료의 특성을 고려해서 사용 순서를 정해야 합니다.
여자 : 우리가 흔히 쓰는 소금과 설탕은 어떤가요?
남자 : 국물에 설탕과 소금을 사용할 때에는 설탕을 소금보다 먼저 넣어야 합니다. 왜냐하면 설탕은 소금보다 크기가 작기 때문에 재료에 더 빨리 흡수되기 때문입니다. 게다가 소금은 재료를 꽉 조여 주는 효과가 있어 소금을 먼저 넣으면 설탕의 흡수를 방해합니다.

① 조미료는 사용하면 안 된다.
② 조미료는 서로 영향을 주지 않는다.
③ 조미료는 한 가지 특성을 가지고 있다.
④ 조미료는 특성에 따라 사용 순서가 다르다.

공 식

중심 생각과 관계있는 문장 찾기 Find a sentence related to main idea 找出与中心思想有关系的句子	
여자 Woman 女子	조미료를 사용할 때도 순서가 있다면서요?
남자 Man 男子	각각의 조미료는 특성을 가지고 있습니다.
	따라서 조미료의 특성을 고려해서 사용 순서를 정해야 합니다.
⇨ 중심 생각 Main idea 中心思想	

정 답

① 조미료는 사용하면 ~~안 된다~~. ➡ 이 글과 관련없는 내용
② 조미료는 서로 영향을 ~~주지 않는다~~. ➡ 소금을 먼저 넣으면 설탕의 흡수를 방해합니다.
③ 조미료는 ~~한 가지~~ 특성을 가지고 있다. ➡ 각각의 조미료는
④ 조미료는 특성에 따라 사용 순서가 다르다. ➡ 중심 생각

답 ④

어 휘

요리하다	조미료	사용하다	순서	각각	특성
가지다	고려하다	정하다	흔히	소금	설탕
국물	~보다	먼저	넣다	크기	작다
흡수되다	조이다	효과	방해하다		

공식 적용하기

다음을 듣고 남자의 중심 생각으로 가장 알맞은 것을 고르십시오.

여자 : 선생님, 요리할 때 조미료를 사용하는데요. 조미료를 사용할 때도 순서가 있다면서요?
①

남자 : 네, 그렇습니다. 각각의 조미료는 특성을 가지고 있습니다. 따라서 조미료의 특성을 고려해서 사용 순서를 정해야 합니다.
③

여자 : 우리가 흔히 쓰는 소금과 설탕은 어떤가요?

남자 : 국물에 설탕과 소금을 사용할 때에는 설탕을 소금보다 먼저 넣어야 합니다. 왜냐하면 설탕은 소금보다 크기가 작기 때문에 재료에 더 빨리 흡수되기 때문입니다. 게다가 소금은 재료를 꽉 조여 주는 효과가 있어 소금을 먼저 넣으면 설탕의 흡수를 방해합니다.

① 조미료는 사용하면 ~~안 된다~~.
② 조미료는 서로 영향을 ~~주지 않는다~~.
③ 조미료는 ~~한 가지~~ 특성을 가지고 있다.
④ 조미료는 특성에 따라 사용 순서가 다르다.

TIP

65쪽을 참고하여 생각이나 느낌을 표현하는 단서를 확인하세요.

Please refer to page 65 and identify the clues to express the thoughts or feelings.

请参考65页和确认想法或感觉表达的提示。

연습문제 01

다음을 듣고 남자의 중심 생각으로 가장 알맞은 것을 고르십시오.

① 과일을 많이 먹어야 한다.
② 흐린 날에는 자외선이 없다.
③ 자외선은 눈 건강에 영향을 주지 않는다.
④ 눈 건강을 위해 흐린 날에도 선글라스를 챙겨야 한다.

공 식

중심 생각과 관계있는 문장 찾기 Find a sentence related to main idea 找出与中心思想有关系的句子	
여자 Woman 女子	꼭 지켜야 하는 관리법이 있을까요?
남자 Man 男子	그래서 저는 선글라스를 이용합니다.
	그래서 흐린 날에도 선글라스를 챙기는 것이 좋습니다.
⇨ 중심 생각 Main idea 中心思想	

정 답

① ~~과일을 많이 먹어야 한다.~~ ➡ 여자의 생각
② 흐린 날에는 자외선이 ~~없다.~~ ➡ 흐린 날에도 피부는 자외선의 영향을 받습니다.
③ 자외선은 눈 건강에 ~~영향을 주지 않는다.~~ ➡ 자외선은 눈 건강에 좋지 않습니다.
④ 눈 건강을 위해 흐린 날에도 선글라스를 챙겨야 한다. ➡ 중심 생각

답 ④

어 휘

건강	관리법	평소	자외선	선글라스	이용하다
외출하다	쓰다	피로	줄이다	차단하다	흐리다
챙기다					

듣기지문

여자 : 선생님, 저는 눈 건강을 위해 평소에 과일을 많이 먹는데요. 건강한 눈 관리를 위해 꼭 지켜야 하는 관리법이 있을까요?

남자 : 자외선은 눈 건강에 좋지 않습니다. 그래서 저는 선글라스를 이용합니다. 외출할 때 선글라스를 쓰면 눈의 피로를 줄이고 자외선을 차단할 수 있습니다.

여자 : 흐린 날에도 선글라스를 써야 하나요?

남자 : 흐린 날에도 피부는 자외선의 영향을 받습니다. 그래서 흐린 날에도 선글라스를 챙기는 것이 좋습니다.

연습문제 02

다음을 듣고 남자의 중심 생각으로 가장 알맞은 것을 고르십시오.

① 수업에 흥미가 없는 학생들이 너무 많다.
② 체험 활동은 학교생활의 흥미를 잃게 한다.
③ 학생들이 행복하게 학교생활을 해야 한다.
④ 선생님들이 너무 많은 학생들을 가르친다.

공 식

중심 생각과 관계있는 문장 찾기 Find a sentence related to main idea 找出与中心思想有关系的句子	
여자 Woman 女子	'행복 교실'을 운영하시는 특별한 이유가 있나요?
남자 Man 男子	저는 학생들이 행복하게 학교생활을 했으면 좋겠습니다.
⇨ 중심 생각 Main idea 中心思想	

정 답

① 수업에 흥미가 없는 학생들이 ~~너무 많다~~. ➡ 수업에 흥미를 느끼지 못하는 학생도 있습니다.
② 체험 활동은 학교생활의 흥미를 ~~잃게 한다~~.
➡ 체험 활동을 통해 배우는 즐거움을 느끼게 하고 싶었습니다.
③ 학생들이 행복하게 학교생활을 해야 한다. ➡ 중심 생각
④ 선생님들이 너무 많은 학생들을 가르친다.
➡ 선생님 한 명이 스무 명이 넘는 학생들을 가르쳐야 하는 상황(세부 내용)

답 ③

어 휘

학교생활	적응하다	특별히	행복	운영하다	이유
개인	속도	다르다	환경	가르치다	상황
수업	흥미	잃다	생기다	다양하다	체험
활동	배우다	즐거움	느끼다		

듣기지문

여자 : 선생님께서는 학교생활에 적응하지 못하는 학생들을 위해 특별히 '행복 교실'을 운영하고 계신데요. '행복 교실'을 운영하시는 특별한 이유가 있나요?

남자 : 저는 학생들이 행복하게 학교생활을 했으면 좋겠습니다. 학생들은 개인마다 공부를 받아들이는 속도도 다르고 환경도 다르기 때문에 수업에 흥미를 느끼지 못하는 학생도 있습니다. 또 선생님 한 분이 스무 명이 넘는 학생들을 가르쳐야 하는 지금의 상황에서는 수업을 잘 따라가지 못하는 학생이 생길 수밖에 없습니다. 이런 학생들이 행복 교실의 다양한 체험 활동을 통해 배우는 즐거움을 느끼게 하고 싶었습니다.

부록

중심 생각과 어울리는 표현

1. 접속부사 Conjunctive adverbs 连接副词

1) 그래서 / 따라서 + 중심 생각

앞의 내용이 원인 또는 이유임을 표시합니다.
It marks that the previous contents is the cause or reason.
它表示前面的内容是原因或理由。

2) 하지만 + 중심 생각

앞의 내용을 인정하면서 반대 관계임을 표시합니다.
It means that the previous sentence and the next sentence are the opposite relationship while admitting the previous contents.
它表示前面句子和后面句子是相反关系，同时承认先前的内容。

2. 생각과 느낌을 표현하는 문장 The sentence that express the thoughts and feeling 句子表达了想法和感受

1) 중심 생각 + 좋다

- –는 게 좋죠.
- ~게 좋다고 봐.
- ~건 좋은 것 같아요.
- ~은 좋은 일이잖아요.

2) 중심 생각 + 중요하다

- ~이 무엇보다 중요합니다.
- ~이 중요한데
- –는 게 중요하다고 봅니다.
- ~것을 중요하게 생각했습니다.

3) 중심 생각 + 생각하다 / 생각보다 괜찮다

- ~고 생각합니다.
- ~도 생각보다 괜찮아.

4) 기타

- –고 싶은
- –고 싶기 때문입니다.
- –(으)ㄹ 필요가 있어.
- ~해 보세요.
- 무엇보다~
- 오히려~
- ~을 최우선으로 생각했습니다.

유형 6

듣고 두 문제에 답하기 (1)

공식 7~11 참고

'듣고 두 문제에 답하기' 유형입니다.
이 유형의 지문은 개인적 대화, 인터뷰, 연설, 토론, 축사 등으로 구성됩니다.

This type of question is 'Listen to the text and answer two questions'.
The text type consists of personal conversations, interviews, speeches, debates and congratulatory address etc.

这题型是‘聆听文本并回答两条问题’。
文本题型包括有个人对话、面谈、演讲、辩论及恭贺等构成的。

풀이비법 • TIPS • 解題技巧

1. 대화를 듣기 전에 문제와 선택지를 모두 읽으세요.
   (1) 67쪽을 참고하여 문제의 유형을 확인하세요.
   (2) 핵심어를 확인하여 밑줄을 치고 대화의 내용을 생각해 보세요.
2. 핵심어에 집중해서 들으세요.
   (1) 이 유형의 일부 문제에서는 선택지의 밑줄 친 정보가 대화에서 다른 말로 표현될 수 있습니다. 따라서 동의어나 다른 말로 바꾸어 말한 것을 잘 들어야 합니다. 대화를 들을 때에는 같은 의미로 쓰인 다른 단어나 표현에 주의하세요.
   (2) 선택지에서 밑줄 친 핵심 단어에 대한 더 자세한 정보에 집중하세요.
   (3) 장소, 날짜, 시간, 숫자, 이유, 수단, 일어난 일과 같은 구체적인 정보에 집중하세요.
3. 선택지에서 정답을 선택하세요.

---

1. Read the question and options carefully before you listen to the conversation.
   (1) Please refer to page 67 and identify the type of questions.
   (2) Identify and underline key words in order to predict what you are going to hear.
2. When you listen to the conversation, pay close attention to the key words.
   (1) In some questions in this type, the information that you underline in the option will be expressed in the different words in the conversation. So you will need to listen out for synonyms and paraphrasing. When you listen, pay close attention to different words and expressions with the same meaning.
   (2) When you have identified key words in the options, listen carefully for more detailed information.

(3) You must listen for specific information, such as places, dates, times, numbers, reason, means, and things that happened.

3. Choose one correct answer out of four possible options.

---

1. 聆听对话前请细心阅读选项和问题。
   (1) 请参考67页并确认问题的题型。
   (2) 为了预计你将会听到的内容，请确认核心语并把它划上底线。
2. 当你聆听时，请密切注意核心语。
   (1) 在这题型某部分问题，你在选项中划下底线的资料会在对话中用其他词语表达出来，请聆听时分辨出同义词和重述。当你聆听时，请密切注意不同的词语和具有相同的意思表达。
   (2) 当你选出主要核心语之后，细心聆听其他资讯。
   (3) 请聆听具体的资料，如场所、日期、时间、数字、原因、手段和事件的发生。
3. 在四个选择中选出一个正确的答案。

<table>
<tr><th colspan="2">문제 유형 The type of question 问题的题型</th></tr>
<tr><th>문제 1 Question 1 问题 1</th><th>문제 2 Question 2 问题 2</th></tr>
<tr><td>인물의 중심 생각 고르기
Select the main idea
选择人物的中心思想

➡ 유형 5를 참고하세요.
Refer to type 5.
参考题型5。</td><td rowspan="5">듣고 내용과 같은 것 고르기
Select the same content with a conversation or speech
选择与对话或演讲一致的内容

➡ 유형 4를 참고하세요.
Refer to type 4.
参考题型4。</td></tr>
<tr><td>인물의 말하기 방식 고르기
Select a way of speaking
选择人物说话的方式</td></tr>
<tr><td>인물의 의도 고르기
Select the person's intention
选择人物的意图</td></tr>
<tr><td>인물의 직업 고르기
Select the person's occupation
选择人物的职业</td></tr>
<tr><td>제목 고르기
Select the best title
选择标题</td></tr>
<tr><td>인물의 생각 고르기
Select the person's opinion
选择人物的想法</td><td>인물의 태도 고르기
Select the person's attitude
选择人物的态度</td></tr>
</table>

공식 7 인물의 말하기 방식 고르기 + 듣고 내용과 같은 것 고르기

다음을 듣고 물음에 답하십시오.

남자 : (전화벨 소리) 거기 문화호텔이죠? 10월 10일에 결혼할 예정인데요. 야외 결혼식장을 예약할 수 있나요?
여자 : 네, 고객님. 야외 결혼식장은 200명까지 가능하고요. 야외 예식을 위해 각종 장비와 조명 시설을 모두 갖추고 있습니다.
남자 : 야외 예식이 인기가 많은가요?
여자 : 네, 요즘에는 야외에서 파티를 겸해서 하는 예식이 유행이어서 야외 예식이 인기가 많습니다. 그리고 저녁 예식의 경우에는 이번 달까지 예약하시면 추가 할인까지 받으실 수 있습니다. 결혼식장도 둘러보실 겸 직접 방문해 주시면 자세하게 상담해 드리겠습니다.

▌문제 1▐ 남자가 무엇을 하고 있는지 고르십시오.

① 결혼식장을 홍보하고 있다.
② 결혼식장을 문의하고 있다.
③ 결혼식장을 소개하고 있다.
④ 결혼식장의 위치를 묻고 있다.

▌문제 2▐ 들은 내용과 같은 것을 고르십시오.

① 남자는 문화호텔에 근무합니다.
② 자세한 상담은 인터넷으로 해야 합니다.
③ 야외 결혼식장은 조명 시설을 갖추고 있습니다.
④ 다음 달까지 예약하면 추가로 할인을 받을 수 있습니다.

공 식

▌문제 1▐

아래 표를 참고하여 인물이 무엇을 하고 있는지 고르세요.

Refer to the following table and select the work that a person is doing.

请参考以下列表和选择人物正在做什么。

강조	emphasis	强调
동조	sympathy	同情
부탁	request	拜托
설명	instruction	说明
수정	modification	修改
전달	transmission	转达
책임	responsibility	责任
확인	confirmation	确认

권유	suggestion	建议
반박	refutation	反驳
비판	criticism	接纳/接受
수용	acceptance	收容
위로	consolation	安慰
조언	advice	忠告
홍보	promotion	宣传
기타	others	其他

▌문제 2▐

선택지에 밑줄 친 부분을 중심으로 잘 듣고 선택지의 내용과 들은 내용이 일치하는지 확인하세요. 유형 4를 참고하세요.

Listen carefully to the underlined part in the options and identify that the contents match each other. Refer to type 4.

以选项中划上底线的内容为中心，确认选项是否与听力文本的内容一致。参考题型4。

정 답

▌문제 1▐ 남자가 무엇을 하고 있는지 고르십시오.

① 결혼식장을 홍보하고 있다.
② 결혼식장을 문의하고 있다.
③ 결혼식장을 소개하고 있다.
④ 결혼식장의 위치를 묻고 있다.

➡ 야외 결혼식장을 예약할 수 있나요?

답 ②

▌문제 2▐ 들은 내용과 같은 것을 고르십시오.

① ~~남자~~는 문화호텔에 근무합니다. ➡ 여자
② 자세한 상담은 ~~인터넷으로~~ 해야 합니다. ➡ 직접 방문
③ 야외 결혼식장은 조명 시설을 갖추고 있습니다.
④ ~~다음 달~~까지 예약하면 추가로 할인을 받을 수 있습니다. ➡ 이번 달

답 ③

어 휘

결혼하다	예정	야외	결혼식장	사용	가능하다
상담하다	참석하다	인원	예식	각종	장비
조명 시설	갖추다	요즘	겸하다	유행	인기
예약하다	추가	할인	둘러보다	방문하다	

공식 적용하기

다음 글을 읽고 물음에 답하십시오.

남자 : (전화벨 소리) 거기 문화호텔이죠? 10월 10일에 결혼할 예정인데요. 야외 결혼식장을 예약할 수 있나요?

여자 : 네, 고객님. 야외 결혼식장은 200명까지 가능하고요. 야외 예식을 위해 각종 장비와 조명 시설을 모두 갖추고 있습니다.
①

남자 : 야외 예식이 인기가 많은가요?

여자 : 네, 요즘에는 야외에서 파티를 겸해서 하는 예식이 유행이어서 야외 예식이 인기가 많습니다. 그리고 저녁 예식의 경우에는 이번 달까지 예약하시면 추가 할인까지 받으실 수 있습니다. 결혼식장도 둘러보실 겸 직접 방문해 주시면 자세하게 상담해 드리겠습니다.
④

▌문제 1▐ 남자가 무엇을 하고 있는지 고르십시오.

① 결혼식장을 홍보하고 있다.
② 결혼식장을 문의하고 있다.
③ 결혼식장을 소개하고 있다.
④ 결혼식장의 위치를 묻고 있다.

▌문제 2▐ 들은 내용과 같은 것을 고르십시오.

① ~~남자는~~ 문화호텔에 근무합니다.
② 자세한 상담은 ~~인터넷으로~~ 해야 합니다.
③ 야외 결혼식장은 조명 시설을 갖추고 있습니다.
④ ~~다음 달까지~~ 예약하면 추가로 할인을 받을 수 있습니다.

내용 비교하기 Compare the contents 内容比较	선택지의 핵심어에 밑줄치기 Underline key words of the options 选项中核心词语下划底线
	⬇
	들은 내용 메모하기 Write down the contents of listening text 记录聆听文本的内容

연습문제 01

다음을 듣고 물음에 답하십시오.

▌문제 1▌ 남자가 무엇을 하고 있는지 고르십시오.

① 중소기업인들의 노력을 평가하고 있다.
② 중소기업의 어려움을 보고하고 있다.
③ 중소기업의 문제점을 분석하고 있다.
④ 중소기업에 대한 세금 문제를 제기하고 있다.

▌문제 2▌ 들은 내용과 같은 것을 고르십시오.

① 간담회는 중소기업인의 날에 마련되었다.
② 모든 중소기업이 세금 혜택을 받을 것이다.
③ 중소기업은 어려운 환경에서도 일자리 창출에 힘썼다.
④ 대기업은 중소기업에 비해 자본과 인력 등에서 어려움을 겪고 있다.

공 식

▌문제 1▌

강조	emphasis	强调
동조	sympathy	同情
부탁	request	拜托
설명	instruction	说明
수정	modification	修改
전달	transmission	转达
책임	responsibility	责任
확인	confirmation	确认

권유	suggestion	建议
반박	refutation	反驳
비판	criticism	批判
수용	acceptance	接纳/接受
위로	consolation	安慰
조언	advice	忠告
홍보	promotion	宣传
기타	others	其他

▌문제 2▌

선택지에 밑줄 친 부분을 중심으로 잘 듣고 선택지의 내용과 들은 내용이 일치하는지 확인하세요. 유형 4를 참고하세요.

Listen carefully to the underlined part in the options and identify that the contents match each other. Refer to type 4.

以选项中划上底线的内容为中心，确认选项是否与听力文本的内容一致。参考题型4。

정 답

▌문제 1▐ 남자가 무엇을 하고 있는지 고르십시오.

자본과 인력 등에서 대기업에 비해 많은 어려움을 겪으면서도 수출과 일자리 창출에 힘쓰시는 여러 분들의 노력을 전 국민을 대표해서 감사하게 생각합니다.
➡ 중소기업인들의 노력을 평가하고 있습니다.

답 ①

▌문제 2▐ 들은 내용과 같은 것을 고르십시오.

① 간담회는 ~~중소기업인의 날~~에 마련되었다. ➡ 중소기업인의 날을 하루 앞두고 마련된
② ~~모든~~ 중소기업이 세금 혜택을 받을 것이다. ➡ 우수
③ 중소기업은 어려운 환경에서도 일자리 창출에 힘썼다.
④ ~~대기업은 중소기업~~에 비해 자본과 인력 등에서 어려움을 겪고 있다. ➡ 중소기업은 대기업에

답 ③

어 휘

간담회	경제	상황	활동	애쓰다	중소기업
환영하다	기업인	앞두다	자리	기쁘다	참석하다
자본	인력	대기업	겪다	수출	일자리
창출	힘쓰다	노력	정부	우수	대상
세금	혜택	늘리다	부담	줄이다	현장
목소리	정책	반영되다			

듣기지문

남자 : 간담회에 참석해 주신 여러분, 그리고 어려운 경제 상황에서도 기업 활동에 애쓰시는 중소기업 대표님, 진심으로 환영합니다. 중소기업인의 날을 하루 앞두고 이 자리에 참석하게 된 것을 기쁘게 생각합니다. 자본과 인력 등에서 대기업에 비해 많은 어려움을 겪으면서도 수출과 일자리 창출에 힘쓰시는 여러분들의 노력을 전 국민을 대표해서 감사하게 생각합니다. 정부는 앞으로 우수 중소기업을 대상으로 세금 혜택을 늘려 경제적 부담을 줄여 드리도록 하겠습니다. 그리고 기업 현장의 목소리가 정책에 반영될 수 있도록 노력하겠습니다. 감사합니다.

연습문제 02

다음을 듣고 물음에 답하십시오.

▌문제 1▐ 남자가 무엇을 하고 있는지 고르십시오.

① 공원의 위치를 확인하고 있다.
② 공원까지 가는 길에 대해 묻고 있다.
③ 캠핑하려는 곳에 숙박 예약을 하고 있다.
④ 공원에서 진행하는 프로그램에 대해 문의하고 있다.

▌문제 2▐ 들은 내용과 같은 것을 고르십시오.

① '나무로 만들기'는 단체만 이용할 수 있다.
② 남자는 가족과 주중에 캠핑장을 이용할 예정이다.
③ 생태 학습 프로그램은 전화로 사전에 예약해야 한다.
④ 공원에서는 가족을 위한 체험 프로그램을 운영 중이다.

공식

▌문제 1▐

강조	emphasis	强调
동조	sympathy	同情
부탁	request	拜托
설명	instruction	说明
수정	modification	修改
전달	transmission	转达
책임	responsibility	责任
확인	confirmation	确认

권유	suggestion	建议
반박	refutation	反驳
비판	criticism	批判
수용	acceptance	接纳/接受
위로	consolation	安慰
조언	advice	忠告
홍보	promotion	宣传
기타	others	其他

▌문제 2▐

선택지에 밑줄 친 부분을 중심으로 잘 듣고 선택지의 내용과 들은 내용이 일치하는지 확인하세요. 유형 4를 참고하세요.

Listen carefully to the underlined part in the options and identify that the contents match each other. Refer to type 4.

以选项中划上底线的内容为中心，确认选项是否与听力文本的内容一致。参考题型4。

정 답

▌문제 1▌ 남자가 무엇을 하고 있는지 고르십시오.

남자의 두 번째 말에서 힌트를 찾을 수 있습니다. 즉 '공원에서 진행하는 생태 학습 프로그램을 예약하고 싶어서요.'라고 말했기 때문에 정답은 ④입니다. 답 ④

▌문제 2▌ 들은 내용과 같은 것을 고르십시오.

① '나무로 만들기'는 ~~단체만~~ 이용할 수 있다. ➡ 가족 체험 프로그램
② 남자는 가족과 ~~주중에~~ 캠핑장을 이용할 예정이다. ➡ 일요일에
③ 생태 학습 프로그램은 ~~전화로~~ 사전에 예약해야 한다. ➡ 인터넷으로만
④ 공원에서는 가족을 위한 체험 프로그램을 운영 중이다. 답 ④

어 휘

고객	캠핑장	진행하다	생태	학습	프로그램
체험	홈페이지	방문하다	자세하다	확인하다	

듣기지문

남자 : 여보세요. 하늘공원이죠?
여자 : 네, 고객님. 무엇을 도와 드릴까요?
남자 : 다음 주 일요일에 가족 캠핑장을 예약했는데요. 공원에서 진행하는 생태 학습 프로그램을 예약하고 싶어서요.
여자 : 네, 생태 학습 프로그램은 신청하는 사람이 많아서 인터넷으로만 예약할 수 있습니다.
남자 : 아, 그렇군요. 그러면 아이들과 함께 할 수 있는 가족 체험 프로그램도 있나요?
여자 : 네, 주말에는 오후 1시부터 3시까지 '나무로 만들기' 프로그램이 있습니다. 공원 홈페이지에 방문하시면 자세한 내용을 확인할 수 있습니다.

공식 8 인물의 의도 고르기

다음을 듣고 물음에 답하십시오.

여자 : 선생님, 제가 다음 달에 한국어 말하기 대회에 나가게 됐는데 조언 좀 해 주세요.
남자 : 준비는 많이 했어요?
여자 : 주제는 정했는데 자료 구하기가 너무 어려워요. 그래서 한국에 와서 친구들과 다양한 체험을 하면서 찍은 사진이나 비디오를 활용하려고 하는데요. 괜찮을까요?
남자 : 좋은 생각이에요. 하지만 시간이 제한되어 있어서 꼭 필요한 자료가 아니면 오히려 도움이 안될 수도 있어요. 우선 주제에 맞게 자료를 정리하고 내용을 구성해 보세요.

여자가 말하는 의도로 알맞은 것을 고르십시오.

① 한국어 말하기 대회의 중요성을 홍보하기 위해
② 한국어 말하기 대회에 사용할 자료를 확인하기 위해
③ 한국어 말하기 대회 참가에 필요한 조언을 얻기 위해
④ 한국어 말하기 대회에 필요한 자료를 부탁하기 위해

공 식

인물의 말을 집중해서 듣고 선택지에 밑줄 친 부분이 대화의 목적인지 확인하세요.
Please pay attention to the person's words and identify whether the underlined part in all options is the purpose of conversation.
请专注聆听人物的说话和确认划了底线的选项部分是否是对话的目的。

정 답

여자 : 선생님, 제가 다음 달에 한국어 말하기 대회에 나가게 됐는데 조언 좀 해 주세요.
➡ 한국어 말하기 대회 참가에 필요한 조언을 얻기 위해

답 ③

어 휘

나가다	조언	준비	주제	정하다	자료
구하다	다양하다	체험	사진	비디오	활용하다
생각	제한되다	필요하다	정리하다	내용	구성하다

공식 적용하기

여자가 말하는 의도로 알맞은 것을 고르십시오.

여자 : 선생님, 제가 다음 달에 한국어 말하기 대회에 나가게 됐는데 조언 좀 해주세요.
남자 : 준비는 많이 했어요?
여자 : 주제는 정했는데 자료 구하기가 너무 어려워요. 그래서 한국에 와서 친구들과 다양한 체험을 하면서 찍은 사진이나 비디오를 활용하려고 하는데요. 괜찮을까요?
남자 : 좋은 생각이에요. 하지만 시간이 제한되어 있어서 꼭 필요한 자료가 아니면 오히려 도움이 안될 수도 있어요. 우선 주제에 맞게 자료를 정리하고 내용을 구성해 보세요.

인물의 의도 The person's intentions 人物的意图	
여자 Woman 女子	남자 Man 男子
한국어 말하기 대회에 나가게 됐는데 조언 좀 해주세요.	

① 한국어 말하기 대회의 중요성을 홍보하기 위해
② 한국어 말하기 대회에 사용할 자료를 확인하기 위해
③ 한국어 말하기 대회 참가에 필요한 조언을 얻기 위해
④ 한국어 말하기 대회에 필요한 자료를 부탁하기 위해

연습문제 01

여자가 말하는 의도로 알맞은 것을 고르십시오.

① 면접의 중요성을 알리기 위해서
② 모의 면접 결과를 확인하기 위해서
③ 면접에 대한 자료를 부탁하기 위해서
④ 면접 예상 질문에 대한 점검을 부탁하기 위해서

공 식

인물의 말을 집중해서 듣고 선택지에 밑줄 친 부분이 대화의 목적인지 확인하세요.
Please pay attention to the person's words and identify whether the underlined part in all options is the purpose of conversation.
请专注聆听人物的说话和确认划了底线的选项部分是否是对话的目的。

정 답

여자 : 이건 예상 질문인데 점검 좀 부탁드려도 될까요?
➡ 면접 예상 질문에 대한 점검을 부탁하기 위해서

답 ④

어 휘

면접	걱정	역할	연습	모의	시험
결과	발음	정확하다	준비	예상	점검
부탁하다	철저히	필요	떨어지다		

듣기지문

여자 : 선생님, 이번 주가 면접인데 어떻게 하면 좋죠? 너무 걱정돼요.
남자 : 그동안 다른 친구들과 연습 많이 했잖아. 그리고 지난번 모의 면접시험에서 결과도 좋았는데, 뭐가 걱정이야?
여자 : 다른 친구들은 발음도 정확하고 저보다 연습도 많이 했는데 저는 준비를 많이 못했어요. 이건 예상 질문인데 점검 좀 부탁드려도 될까요?
남자 : 좋아. 음…. 그래도 준비를 철저히 했는데? 이 정도 준비했으면 걱정할 필요가 없을 것 같아.
여자 : 그래도 지난번처럼 또 떨어질까 봐 걱정이에요.

연습문제 02

여자가 말하는 의도로 알맞은 것을 고르십시오.

① 골목길의 중요성을 알리기 위해
② 관광하는 방법을 설명하기 위해
③ 골목길 관광에 참여할 것을 권유하기 위해
④ 관광객의 잘못된 행동에 불만을 표시하기 위해

공 식

인물의 말을 집중해서 듣고 선택지에 밑줄 친 부분이 대화의 목적인지 확인하세요.
Please pay attention to the person's words and identify whether the underlined part in all options is the purpose of conversation.
请专注聆听人物的说话和确认划了底线的选项部分是否是对话的目的。

정 답

여자 : 그런데 기다리는 사람들이 저렇게 큰 소리로 말하면 마을 사람들이 생활하는 데 불편하지 않을까? 안내 표지판이 있는데도 사람들이 그냥 무시하는 것 같아.
➡ 관광객의 잘못된 행동에 불만을 표시하기 위해 답 ④

어 휘

유명하다	골목길	벽화	텔레비전	소개되다	관광객
기다리다	크다	소리	생활하다	불편하다	안내
표지판	무시하다	시끄럽다	멋지다	추억	

듣기지문

남자 : 여기는 원래 유명하지 않은 곳이었는데 골목길에 벽화가 그려진 이후로 유명해진 곳이야. 텔레비전에 소개되고 나서 관광객이 많아졌어. 우리도 사진 찍고 가자.
여자 : 그런데 기다리는 사람들이 저렇게 큰 소리로 말하면 마을 사람들이 생활하는 데 불편하지 않을까? 안내 표지판이 있는데도 사람들이 그냥 무시하는 것 같아.
남자 : 관광객을 안내하는 사람들이 미리 말해 주면 좋을 텐데. 너무 시끄럽다.
여자 : 맞아. 이 골목이 멋진 추억의 장소가 되려면 관광도 좋지만 주민들이 불편해하지 않도록 해야 할 것 같아.

공식 9 인물의 직업 고르기

다음을 듣고 물음에 답하십시오.

여자 : 세기의 바둑 대결에서 비록 세 번의 패배를 했지만 오늘 드디어 승리를 하셨는데요. 축하드립니다. 오늘 경기를 앞두고 특별히 준비하신 점이 있으셨는지요?
남자 : 한 게임을 승리했을 뿐인데 이렇게 많은 축하를 받아 보기는 처음입니다. 어제까지의 패배는 제가 진 것이지 인간의 패배가 아닙니다. 패배의 가장 중요한 요인은 역시 실력 문제라고 생각합니다. 확실히 인공 지능 로봇은 제가 예상했던 것보다 강합니다. 그래서 마지막까지 단점을 파악하기 위해 최선을 다했습니다. 오늘 승리는 어떤 승리와도 바꿀 수 없을 것 같습니다.
여자 : 내일 경기를 앞두고 부담이 크실 텐데요. 내일 경기도 좋은 모습 보여 주시길 바랍니다.

남자가 누구인지 고르십시오.

① 바둑 선수
② 바둑 해설가
③ 바둑 심판
④ 바둑 감독

공식

인물의 말 중에서 직업과 관계있는 단어에 집중하세요.
Please pay attention to the person's word related to occupation.
请专注人物说话中与职业有关的词语。

정답

여자 : 세기의 바둑 대결에서 비록 세 번의 패배를 했지만 오늘 드디어 승리를 하셨는데요.
남자 : 한 게임을 승리했을 뿐인데 이렇게 많은 축하를 받아 보기는 처음입니다.
➡ 바둑 선수

답 ①

어휘

세기	바둑	대결	패배	승리	축하
경기	특별히	준비하다	게임	처음	인간
실력	문제	로봇	강하다	마지막	파악하다
최선	바꾸다	부담	크다	바라다	

공식 적용하기

남자가 누구인지 고르십시오.

직업을 알 수 있는 단어 또는 문장
Words or sentences related to the occupation
有关职业的词语或句子

여자 : 세기의 바둑 대결에서 비록 세 번의 패배를 했지만 오늘 드디어 승리를 하셨는데요. 축하드립니다. 오늘 경기를 앞두고 특별히 준비하신 점이 있으셨는지요?

남자 : 한 게임을 승리했을 뿐인데 이렇게 많은 축하를 받아 보기는 처음입니다. 어제까지의 패배는 제가 진 것이지 인간의 패배가 아닙니다. 패배의 가장 중요한 요인은 역시 실력 문제라고 생각합니다. 확실히 인공 지능 로봇은 제가 예상했던 것보다 강합니다. 그래서 마지막까지 단점을 파악하기 위해 최선을 다했습니다. 오늘 승리는 어떤 승리와도 바꿀 수 없을 것 같습니다.

여자 : 내일 경기를 앞두고 부담이 크실 텐데요. 내일 경기도 좋은 모습 보여 주시길 바랍니다.

① 바둑 선수
② 바둑 해설가
③ 바둑 심판
④ 바둑 감독

연습문제 01

남자가 누구인지 고르십시오.

① 한국대학교 직원
② 한국대학교 의사
③ 한국대학교 교수
④ 한국대학교 학생

공 식

인물의 말 중에서 직업과 관계있는 단어에 집중하세요.
Please pay attention to the person's word related to occupation.
请专注人物说话中与职业有关的词语。

정 답

남자 : 저는 아픈 사람이 없는 세상을 만들기 위해 의대에 진학했습니다.
저희 한국대학교 예비 의사들은 매년 여름 방학을 이용하여 농촌 지역에서 봉사 활동을 하며 봉사의 진정한 의미를 실천하고 있습니다.

➡ 한국대학교 학생

답 ④

어 휘

대학교	매년	농촌	지역	노인	대상
의료 봉사	실천하다	느끼다	이야기하다	아프다	세상
의대	진학하다	병원	참다	경제적	여유
심각하다	예비	의사	매년	방학	이용하다
진정하다	의미	실천하다	힘들다	젊다	열정

듣기지문

여자 : 한국대학교에서는 지난 2000년 이후로 매년 농촌 지역의 노인을 대상으로 의료 봉사를 실천하고 있는데요. 의료 봉사 활동을 하시면서 느낀 점은 무엇인지 이야기해 주시겠습니까?

남자 : 저는 아픈 사람이 없는 세상을 만들기 위해 의대에 진학했습니다. 도시와 달리 농촌 지역에는 병원이 많지 않습니다. 그래서 병원에 가고 싶어도 그냥 참고 지내는 노인 분들이 많습니다. 특히 경제적 여유가 없는 노인들의 경우에는 더 심각합니다. 저희 한국대학교 예비 의사들은 매년 여름 방학을 이용하여 농촌 지역에서 봉사 활동을 하며 봉사의 진정한 의미를 실천하고 있습니다.

여자 : 봉사 활동을 하시면서 비록 몸은 힘들겠지만 앞으로도 젊은 열정으로 진정한 사랑을 실천해 주시기 바랍니다.

연습문제 02 6-09.mp3

남자가 누구인지 고르십시오.

① 교육 전문가 ② 정책 연구가
③ 정부 관계자 ④ 진로 상담가

공 식

인물의 말 중에서 직업과 관계있는 단어에 집중하세요.
Please pay attention to the person's word related to occupation.
请专注人物说话中与职业有关的词语。

정 답

여자 : 고등학교 수학 시간에 계산기를 사용하자는 주장에 대해 찬반 의견이 팽팽한데요. 어떻게 생각하십니까?
남자 : 왜냐하면 현실적으로 시험 관리에 대한 공정성이 문제될 수 있기 때문입니다. 그러므로 학생들이 수학에 흥미를 느낄 수 있도록 다양한 교육 프로그램을 개발하는 것이 더 중요하다고 생각합니다.
➡ 교육 전문가 답 ①

어 휘

수학	단순하다	계산	능력	고등학교	계산기
사용하다	주장	찬반	의견	팽팽하다	초등학교
중학교	기본적	중요하다	해결	사고력	논리력
포기하다	비율	증가하다	반대하다	현실적	관리
공정성	흥미	느끼다	다양하다	프로그램	개발하다

듣기지문

여자 : 수학은 단순한 계산 능력이 아니므로 고등학교 수학 시간에 계산기를 사용하자는 주장에 대해 찬반 의견이 팽팽한데요. 어떻게 생각하십니까?
남자 : 초등학교와 중학교에서는 기본적인 계산 능력이 중요하지만 고등학교에서는 문제 해결에 대한 사고력과 논리력이 중요합니다. 하지만 수학을 포기하는 학생의 비율이 고등학교로 갈수록 증가한다는 이유로 고등학교 수학 시간에 계산기를 허용하자는 의견에 대해 저는 반대합니다. 왜냐하면 현실적으로 시험 관리에 대한 공정성이 문제될 수 있기 때문입니다. 그러므로 학생들이 수학에 흥미를 느낄 수 있도록 다양한 교육 프로그램을 개발하는 것이 더 중요하다고 생각합니다.

공식 10 제목 고르기

다음을 듣고 물음에 답하십시오.

여자 : 저는 젊은이들에게 성공이라는 단어보다는 실패라는 단어를 강조합니다. 모두가 성공할 수 있다면 좋겠지만 현실적으로 실패한 사람들이 세상에는 더 많기 때문입니다. 많은 사람들이 청춘은 다양한 경험을 해 볼 수 있는 시기라고 말합니다. 경험을 통해서 실수도 하고 많은 것을 배울 수 있기 때문입니다. 지금 여러분이 조금 어렵고 힘든 청춘의 시기에 있다면 두려워하지 마십시오. 그리고 무엇이든 결정해서 실천하십시오. 여러분이 가진 젊음의 특권으로 세상을 보고 새로운 것에 도전하십시오. 그러면 여러분은 성공의 기회를 얻을 수 있을 것입니다.

무엇에 대한 내용인지 알맞은 것을 고르십시오.

① 성공한 사람들의 특징
② 실패를 극복하는 방법
③ 성공보다 실패가 많은 이유
④ 청춘의 시기에 도전해야 하는 이유

공식

세부 내용 Detailed contents 详细内容	중심 내용 Main contents 中心内容
중심 생각 Main idea 中心思想 / 화제 Topic 话题	
⬇	
제목 Title 标题	

정답

많은 사람들이 청춘은 다양한 경험을 해볼 수 있는 시기라고 말합니다.
지금 여러분이 조금 어렵고 힘든 청춘의 시기에 있다면 두려워하지 마십시오.
여러분이 가진 젊음의 특권으로 세상을 보고 새로운 것에 도전하십시오. 그러면 여러분은 성공의 기회를 얻을 수 있을 겁니다.
➡ 청춘의 시기에 도전해야 하는 이유

답 ④

어휘

성공	실패	강조하다	현실	세상	청춘
다양하다	경험	실수	시기	두렵다	결정하다
실천하다	젊음	특권	도전하다	기회	얻다

공식 적용하기

무엇에 대한 내용인지 알맞은 것을 고르십시오.

여자 : 저는 젊은이들에게 성공이라는 단어보다는 실패라는 단어를 강조합니다. 모두가 성공할 수 있다면 좋겠지만 현실적으로 실패한 사람들이 세상에는 더 많기 때문입니다. 많은 사람들이 청춘은 다양한 경험을 해 볼 수 있는 시기라고 말합니다. 경험을 통해서 실수도 하고 많은 것을 배울 수 있기 때문입니다. 지금 여러분이 조금 어렵고 힘든 청춘의 시기에 있다면 두려워하지 마십시오. 그리고 무엇이든 결정해서 실천하십시오. 여러분이 가진 젊음의 특권으로 세상을 보고 새로운 것에 도전하십시오. 그러면 여러분은 성공의 기회를 얻을 수 있을 것입니다.

① 성공한 사람들의 특징
② 실패를 극복하는 방법
③ 성공보다 실패가 많은 이유
④ 청춘의 시기에 도전해야 하는 이유

TIP

듣기 지문에 나타난 중요한 내용들을 가장 잘 요약한 선택지를 고르세요.

Select the options which best sums up the important contents in the listening text.

选择一个最能概括听力文本出现的重要内容的选项。

연습문제 01

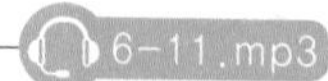

무엇에 대한 내용인지 알맞은 것을 고르십시오.

① 휴대폰 사용의 문제점
② 휴대폰 중독의 치료 방법
③ 휴대폰 중독 진단 프로그램
④ 휴대폰 중독에서 벗어나기 위한 방법

공식

세부 내용 Detailed contents 详细内容	**중심 내용** Main contents 中心内容
중심 생각 Main idea 中心思想 / 화제 Topic 话题	
⬇	
제목 Title 标题	

정답

그러면 자녀들을 휴대폰 중독에서 벗어나게 하려면 어떻게 해야 할까요?
➡ 휴대폰 중독에서 벗어나기 위한 방법

답 ④

어휘

부모	휴대폰	중독	진단	프로그램	자녀
의존도	가능성	결과	지나치다	사용	대화
단절	방해	벗어나다	취미	운동	독서
정하다	건전하다	여가	활동	심하다	치료
질병	인식하다				

듣기지문

남자 : 부모들이 '휴대폰 중독 진단' 프로그램을 통해서 자녀들의 휴대폰 의존도를 진단해 보았더니 자녀의 30%가 중독 가능성이 있다는 결과가 나왔습니다. 지나친 휴대폰 사용은 가족 간의 대화를 단절시키고 공부에도 방해가 된다고 합니다. 그러면 자녀들을 휴대폰 중독에서 벗어나게 하려면 어떻게 해야 할까요? 먼저 운동이나 독서 등의 취미를 갖게 해야 합니다. 그리고 휴대폰 사용 시간을 정해서 휴대폰을 사용하게 해야 합니다. 무엇보다도 중요한 것은 부모와 자녀 모두 지나친 휴대폰 사용은 건전한 여가 활동이 아니라 심한 경우 치료가 필요한 질병이라는 사실을 인식해야 합니다.

연습문제 02 

무엇에 대한 내용인지 알맞은 것을 고르십시오.

① 아이들과 공감하는 방법
② 재미있는 책을 고르는 방법
③ 그림책 봉사 활동을 하는 방법
④ 아이들에게 책을 읽어 주는 방법

공 식

세부 내용 Detailed contents 详细内容	**중심 내용** Main contents 中心内容
	중심 생각 Main idea 中心思想 / 화제 Topic 话题
	⬇
	제목 Title 标题

정 답

여자 : 어린 자녀들에게 책을 읽어 줄 때에는 책의 내용을 다 읽어 주기보다는 그림을 보며 이야기하듯 놀아 주세요. ~이때는 나이에 맞게 책을 읽어 주면 저절로 아이가 독서에 재미를 붙이게 됩니다.

➡ 아이들에게 책을 읽어 주는 방법 답 ④

어 휘

어린이	동화책	봉사 활동	어리다	내용	이야기하다
아이들	장난감	목소리	단계	지나다	시기
저절로	붙이다	가까이	깊어지다	눈높이	공감하다
세상	열리다				

듣기지문

여자 : 저는 어린이와 부모에게 동화책을 읽어 주는 봉사 활동을 하고 있습니다. 어린 자녀들에게 책을 읽어 줄 때에는 책의 내용을 다 읽어 주기보다는 그림을 보며 이야기하듯 놀아 주세요. 아이들에게는 책이 장난감이거든요. 엄마 목소리로 읽어 주면 아이들이 가장 좋아합니다. 책과 노는 놀이 단계가 지나면 책의 내용을 듣는 시기가 옵니다. 이때는 나이에 맞게 책을 읽어 주면 저절로 아이가 독서에 재미를 붙이게 됩니다. 어릴 때부터 책을 가까이한 아이들이 공부를 잘하는지는 모르겠지만 생각이 깊어지는 건 느낄 수 있었습니다. 아이의 눈높이에서 아이들과 이야기를 하면 아이들이 공감하는 세상이 열리게 됩니다.

공식 11 인물의 생각 고르기 + 인물의 태도 고르기

다음을 듣고 물음에 답하십시오.

여자 : 부모가 허락하면 심야 시간에 청소년이 인터넷 게임을 할 수 있도록 한다고 합니다.
남자 : 청소년의 건강을 위해 금지했던 심야 시간에 게임을 다시 허용한다고요?
여자 : 게임 산업 발전을 강조하는 업체 입장에서는 찬성할지 모르지만 게임 때문에 자녀와 관계가 좋지 못한 현실을 생각하면 너무 무책임한 정책이라고 생각합니다.
남자 : (동조하는 어투로) 네, 그렇습니다. 청소년의 자유를 존중하는 것도 좋지만 청소년 보호를 위해 심야 시간에는 게임을 금지하는 것이 좋다고 생각합니다. 게임 중독은 청소년 자신뿐만 아니라 가정과 사회에 더 심각한 문제를 일으킬 수 있다는 연구 결과도 있습니다.

▌문제 1▐ 남자의 중심 생각으로 가장 알맞은 것을 고르십시오.

① 게임 중독은 청소년에게만 해당되는 문제다.
② 게임 산업 발전을 위해 심야 시간에 청소년의 게임을 허용해야 한다.
③ 청소년 보호를 위해 심야 시간에 청소년의 게임을 허용하면 안 된다.
④ 청소년의 자유를 존중하기 위해 심야 시간에 청소년의 게임을 허용해야 한다.

▌문제 2▐ 남자의 태도로 가장 알맞은 것을 고르십시오.

① 연구 결과를 비판하고 있다.
② 상대방의 의견에 동의하고 있다.
③ 상대방의 의견을 비판하고 있다.
④ 게임 업체의 입장을 지지하고 있다.

공 식

▌문제 1▐

인물의 말을 집중해서 듣고 선택지에 밑줄 친 부분이 인물의 생각인지 확인하세요.
Please pay attention to the person's words and identify whether the underlined part in all options is the person's thought.
请专注聆听人物的说话和确认划了底线的选项部分是否是人物的想法。

▌문제 2▐

상대방에 대한 인물의 태도나 인물의 말하기 방식을 확인하세요.
Identify the person's attitude toward others or a talking method of the person.
确认人物对别人的态度或人物的说话方式。

정 답

❚ 문제 1 ❚ 남자의 중심 생각으로 가장 알맞은 것을 고르십시오.

① 게임 중독은 ~~청소년에게만~~ 해당되는 문제다.
② ~~게임 산업 발전을 위해 심야 시간에 청소년의 게임을 허용해야 한다~~.
③ 청소년 보호를 위해 심야 시간에 청소년의 게임을 허용하면 안 된다.
④ 청소년의 자유를 존중하기 위해 ~~심야 시간에 청소년의 게임을 허용해야 한다~~.
➡ 남자는 '청소년의 자유를 존중하는 것도 좋지만 청소년 보호를 위해 심야 시간에는 게임을 금지하는 것이 좋다고 생각합니다.'라고 말하고 있으므로 정답은 ③입니다. 답 ③

❚ 문제 2 ❚ 남자의 태도로 가장 알맞은 것을 고르십시오.

① 연구 결과를 비판하고 있다.
② 상대방의 의견에 동의하고 있다.
③ 상대방의 의견을 비판하고 있다.
④ 게임 업체의 입장을 지지하고 있다.
➡ '너무 무책임한 정책이라고 생각합니다.'라는 여자의 말에 대해 남자는 '네, 그렇습니다.'라고 대답하고 있으므로 정답은 ②입니다. 답 ②

어 휘

부모	허락하다	청소년	허용하다	금지하다	산업
발전	강조하다	업체	입장	찬성하다	자녀
관계	현실	무책임	정책	자유	존중하다
보호	중독	자신	가정	사회	심각하다
문제					

공식 적용하기

다음 글을 읽고 물음에 답하십시오.

여자 : 부모가 허락하면 심야 시간에 청소년이 인터넷 게임을 할 수 있도록 한다고 합니다.

남자 : 청소년의 건강을 위해 금지했던 심야 시간 게임을 다시 허용한다고요?

여자 : 게임 산업 발전을 강조하는 업체 입장에서는 찬성할지 모르지만 ② 게임 때문에 자녀와 관계가 좋지 못한 현실을 생각하면 너무 무책임한 정책이라고 생각합니다.

남자 : (동조하는 어투로) 네, 그렇습니다. 청소년의 자유를 존중하는 것도 좋지만 청소년 보호를 위해 심야 시간에는 게임을 금지하는 것이 좋다 ④ 고 생각합니다. 게임 중독은 청소년 자신뿐만 아니라 가정과 사회에 더 심각한 문제를 일으킬 수 있다 ① 는 연구 결과도 있습니다.

▌문제 1▐ 남자의 중심 생각으로 가장 알맞은 것을 고르십시오.

① 게임 중독은 ~~청소년에게만~~ 해당되는 문제다.
② ~~게임 산업 발전을 위해 심야 시간에 청소년의 게임을 허용해야 한다~~.
③ 청소년 보호를 위해 심야 시간에 청소년의 게임을 허용하면 안 된다.
④ 청소년의 자유를 존중하기 위해 ~~심야 시간에 청소년의 게임을 허용해야 한다~~.

▌문제 2▐ 남자의 태도로 가장 알맞은 것을 고르십시오.

① 연구 결과를 비판하고 있다.
② 상대방의 의견에 동의하고 있다.
③ 상대방의 의견을 비판하고 있다.
④ 게임 업체의 입장을 지지하고 있다.

연습문제 01

다음을 듣고 물음에 답하십시오.

▌문제 1▐ 남자의 중심 생각으로 가장 알맞은 것을 고르십시오.

① 인공조명에 대한 인식을 바꿔야 한다.
② 인공조명을 설치할 때 주의할 점이 있다.
③ 인공조명에 대한 정부의 정책이 필요하다.
④ 인공조명에 대한 다양한 연구가 필요하다.

▌문제 2▐ 남자의 태도로 가장 알맞은 것을 고르십시오.

① 연구 결과를 비판하고 있다.
② 상대방과 타협점을 찾고 있다.
③ 상대방의 의견을 비판하고 있다.
④ 예시를 들어 대책을 제시하고 있다.

공식

▌문제 1▐

인물의 말을 집중해서 듣고 선택지에 밑줄 친 부분이 인물의 생각인지 확인하세요.
Please pay attention to the person's words and identify whether the underlined part in all options is the person's thought.
请专注聆听人物的说话和确认划了底线的选项部分是否是人物的想法。

▌문제 2▐

상대방에 대한 인물의 태도나 인물의 말하기 방식을 확인하세요.
Identify the person's attitude toward others or a talking method of the person.
确认人物对别人的态度或人物的说话方式。

정답

▌문제 1▐ 남자의 중심 생각으로 가장 알맞은 것을 고르십시오.

① 인공조명에 대한 인식을 바꿔야 한다.
② 인공조명을 설치할 때 주의할 점이 있다.
③ 인공조명에 대한 정부의 정책이 필요하다.
④ 인공조명에 대한 다양한 연구가 필요하다.
➡ 따라서 인공조명을 설치할 때에는 이러한 피해가 없도록 주의해야 합니다. 답 ②

▌문제 2▐ 남자의 태도로 가장 알맞은 것을 고르십시오.

여자 : 그러면 이런 피해를 줄이는 대책에는 어떤 것들이 있나요?

남자 : 최근에는 곤충이나 나무에 피해를 적게 주는 인공조명이 등장했습니다. 사람이 지나가면 자동으로 켜지는 가로등이나 시간을 설정할 수 있는 가로등도 있습니다.

➡ 남자는 구체적인 예를 들어 대책을 제시하고 있습니다. 답 ④

어 휘

요즘	인공조명	설치하다	야간	공원	이용하다
편리하다	곤충	나무	영향	지나치다	상태
계속되다	고통	모여들다	거부하다	받다	성장
리듬	깨지다	수명	피해	주의하다	줄이다
대책	최근	등장하다	지나가다	자동	켜다
가로등	설정하다				

듣기지문

여자 : 요즘에는 인공조명이 곳곳에 설치돼서 야간에도 공원을 이용할 수 있어 편리합니다. 그런데 곤충이나 나무에는 영향이 없을까요?

남자 : 지나친 인공조명으로 밤에도 낮처럼 밝은 상태가 계속된다면 곤충이나 나무들도 고통을 받게 됩니다. 밝은 인공조명에 곤충들이 모여드는 것은 곤충이 빛을 좋아해서가 아니라 밝은 빛을 거부할 수 없기 때문입니다. 또 지나치게 밝은 인공조명 옆에서 오랜 시간 빛을 받는 나무들은 성장 리듬이 깨져 수명이 짧아질 수 있습니다. 따라서 인공조명을 설치할 때에는 이러한 피해가 없도록 주의해야 합니다.

여자 : 그러면 이런 피해를 줄이는 대책에는 어떤 것들이 있나요?

남자 : 최근에는 곤충이나 나무에 피해를 적게 주는 인공조명이 등장했습니다. 사람이 지나가면 자동으로 켜지는 가로등이나 시간을 설정할 수 있는 가로등도 있습니다.

연습문제 02

다음을 듣고 물음에 답하십시오.

▮문제 1▮ 남자의 중심 생각으로 가장 알맞은 것을 고르십시오.

① '온라인 투표'는 비밀 선거를 위해 필요하다.
② '온라인 투표'로 선거에 참여하는 사람들이 증가했다.
③ '온라인 투표'로 언제 어디서나 선거에 참여할 수 있다.
④ '온라인 투표'는 보안에 취약하여 선거에서 허용할 수 없다.

▮문제 2▮ 남자의 태도로 가장 알맞은 것을 고르십시오.

① 새로운 투표 방식의 시행을 촉구하고 있다.
② 새로운 투표 방식의 확대를 염려하고 있다.
③ 새로운 투표 방식의 필요성에 공감하고 있다.
④ 새로운 투표 방식의 문제점을 비판하고 있다.

공식

▮문제 1▮

인물의 말을 집중해서 듣고 선택지에 밑줄 친 부분이 인물의 생각인지 확인하세요.
Please pay attention to the person's words and identify whether the underlined part in all options is the person's thought.
请专注聆听人物的说话和确认划了底线的选项部分是否是人物的想法。

▮문제 2▮

상대방에 대한 인물의 태도나 인물의 말하기 방식을 확인하세요.
Identify the person's attitude toward others or a talking method of the person.
确认人物对别人的态度或人物的说话方式。

정답

▮문제 1▮ 남자의 중심 생각으로 가장 알맞은 것을 고르십시오.

① '온라인 투표'는 비밀 선거를 위해 필요하다.
② '온라인 투표'로 선거에 참여하는 사람들이 증가했다.
③ '온라인 투표'로 언제 어디서나 선거에 참여할 수 있다.
④ '온라인 투표'는 보안에 취약하여 선거에서 허용할 수 없다.
➡ 사이버 공격의 위험성이 크기 때문에 선거의 공정성을 훼손할 수 있습니다. 답 ④

▌문제 2▐ 남자의 태도로 가장 알맞은 것을 고르십시오.

여자 : 많은 사람들이 선거에 참여할 수 있도록 '온라인 투표'를 허용해야 한다고 생각합니다.
남자 : 하지만 '온라인 투표'는 투표의 비밀을 보장할 수 없고 사이버 공격의 위험성이 크기 때문에 선거의 공정성을 훼손할 수 있습니다.

➡ 남자는 새로운 투표 방식의 문제점을 비판하고 있습니다.

답 ④

어 휘

영역	온라인	투표	절감하다	대표	뽑다
허용하다	의견	합리적	제도	비밀	보장하다
사이버	공격	위험성	선거	공정성	훼손하다

듣기지문

남자 : 최근 다양한 영역에서 '온라인 투표'가 활용되고 있습니다. 휴대 전화나 컴퓨터로 쉽고 편리하게 투표가 진행되므로 시간과 비용을 크게 절감할 수 있기 때문입니다. 하지만 국민의 대표를 뽑는 선거에 '온라인 투표'를 허용하자는 의견은 문제가 있다고 생각합니다.

여자 : 제 생각에는 '온라인 투표'가 매우 합리적인 제도인 것 같습니다. 유권자들이 특정 장소에 모이는 대신 휴대 전화나 컴퓨터로 어디서나 투표를 할 수 있기 때문입니다. 따라서 많은 사람들이 선거에 참여할 수 있도록 '온라인 투표'를 허용해야 한다고 생각합니다.

남자 : 하지만 '온라인 투표'는 투표의 비밀을 보장할 수 없고 사이버 공격의 위험성이 크기 때문에 선거의 공정성을 훼손할 수 있습니다. 따라서 안전하고 공정한 선거를 위해서 '온라인 투표'는 허용할 수 없습니다.

듣고 두 문제에 답하기 (2)

공식 12~13 참고

'듣고 두 문제에 답하기' 유형입니다.
이 유형의 지문은 교양 프로그램, 대담, 강연, 다큐멘터리 등으로 구성됩니다.

This type of question is 'Listen to the text and answer two questions'.
The text type consists of educational programs, talks, lectures and documentaries etc.
这题型是'聆听文本并回答两条问题'，文本题型包括有：教育节目、对话、演讲及访谈实录等构成的。

풀이비법 • TIPS • 解题技巧

1. 대화를 듣기 전에 문제와 선택지를 모두 읽으세요.
   (1) 96쪽을 참고하여 문제의 유형을 확인하세요.
   (2) 핵심어를 확인하여 밑줄을 치고 대화의 내용을 생각해 보세요.
2. 핵심어에 집중해서 들으세요.
   (1) 이 유형의 일부 문제에서는 선택지의 밑줄 친 정보가 대화에서 다른 말로 표현될 수 있습니다. 따라서 동의어나 다른 말로 바꾸어 말한 것을 잘 들어야 합니다. 대화를 들을 때에는 같은 의미로 쓰인 다른 단어나 표현에 주의하세요.
   (2) 선택지에서 밑줄 친 핵심 단어에 대한 더 자세한 정보에 집중하세요.
   (3) 장소, 날짜, 시간, 숫자, 이유, 수단, 일어난 일과 같은 구체적인 정보에 집중하세요.
3. 선택지에서 정답을 선택하세요.

---

1. Read the question and options carefully before you listen to the conversation.
   (1) Please refer to page 96 and identify the type of questions.
   (2) Identify and underline key words in order to predict what you are going to hear.
2. When you listen to the conversation, pay close attention to the key words.
   (1) In some questions in this type, the information that you underline in the option will be expressed in the different words in the conversation. So you will need to listen out for synonyms and paraphrasing. When you listen, pay close attention to different words and expressions with the same meaning.
   (2) When you have identified key words in the options, listen carefully for more detailed information.
   (3) You must listen for specific information, such as places, dates, times, numbers, reason, means, and things that happened.
3. Choose one correct answer out of four possible options.

1. 聆听对话前请细心阅读选项和问题。
   (1) 请参考96页并确认问题的题型。
   (2) 为了预计你将会听到的内容，请确认核心语并把它划上底线。
2. 当你聆听时，请密切注意核心语。
   (1) 在这题型某部分问题，你在选项中划下底线的资料会在对话中用其他词语表达出来，请聆听时分辨出同义词和重述。当你聆听时，请密切注意不同的词语和具有相同的意思表达。
   (2) 当你选出主要核心语之后，细心聆听其他资讯。
   (3) 请聆听具体的资料，如场所、日期、时间、数字、原因、手段和事件的发生。
3. 在四个选择中选出一个正确的答案。

<table>
<tr><th colspan="2">문제 유형 The type of question 问题的题型</th></tr>
<tr><th>문제 1 Question 1 问题 1</th><th>문제 2 Question 2 问题 2</th></tr>
<tr><td>중심 생각 고르기
Select the main idea
选择人物的中心思想

➡ 유형 5를 참고하세요.
Refer to type 5.
参考题型5。</td><td rowspan="2">듣고 내용과 같은 것 고르기
Select the same content
with a conversation or speech
选择与对话或演讲一致的内容

➡ 유형 4를 참고하세요.
Refer to type 4.
参考题型4。</td></tr>
<tr><td>인물의 태도 고르기
Select the person's attitude
选择人物的态度

➡ 유형 6을 참고하세요.
Refer to type 6.
参考题型6。</td></tr>
<tr><td>앞의 내용 추론하기
Please infer the previous content
推论对话之前的内容</td><td rowspan="2">중심 내용 고르기
Select the main content
选择中心内容</td></tr>
<tr><td>이유 고르기
Select the reason
选择理由</td></tr>
</table>

공식 12 앞의 내용 추론하기 + 듣고 내용과 같은 것 고르기

다음은 대담입니다. 잘 듣고 물음에 답하십시오.

여자 : 노년층의 소득 감소가 증가한다고 하셨는데요. 고령화로 인한 노년층의 소득 감소가 소비에 어떤 영향을 줄 수 있습니까?

남자 : 고령화 이전의 인구 모델은 다이아몬드 형태를 유지한 경우가 많습니다. 그래서 김밥집, 빵집, 커피 전문점 등과 같은 외식 산업이 유리했습니다. 하지만 인구 구조가 역삼각형 모양인 고령화 사회로 진입하면 다이아몬드의 중간층이 누렸던 산업이 몰락할 가능성이 커집니다. 장기 불황에 따른 미래에 대한 불안감으로 낮은 가격의 제품을 구입하며 절약을 지향하고 충동적 소비보다는 계획적 소비를 중시하게 됩니다. 이러한 현상은 일시적 현상이라기보다는 구조적 변화로 해석할 필요가 있습니다.

문제 1 이 대화 전의 내용으로 가장 알맞은 것을 고르십시오.

① 노년층의 소득이 감소하고 있다.
② 노년층의 소비가 증가하고 있다.
③ 노년층의 취업률이 감소하고 있다.
④ 노년층의 여성 비율이 증가하고 있다.

문제 2 들은 내용과 같은 것을 고르십시오.

① 고령화 사회는 일시적 현상이다.
② 고령화 사회에서는 외식 산업이 발전한다.
③ 고령화 사회의 인구 모델은 다이아몬드형이다.
④ 고령화 사회에서는 절약을 지향하고 계획적 소비가 중요하다.

공 식

▌문제 1▐

대화의 앞부분을 잘 듣고 이전 내용을 추측하세요.

Listen to the beginning of the conversation and guess the previous content.

聆听对话的开始部分并推测之前的内容。

▌문제 2▐

선택지에 밑줄 친 부분을 중심으로 잘 듣고 선택지의 내용과 들은 내용이 일치하는지 확인하세요. 유형 4를 참고하세요.

Listen carefully to the underlined part in the options and identify that the contents match each other. Refer to type 4.

以选项中划上底线的内容为中心，确认选项是否与听力文本的内容一致。参考题型4。

정 답

▌문제 1▐ 이 대화 전의 내용으로 가장 알맞은 것을 고르십시오.

① 노년층의 소득이 감소하고 있다.
② 노년층의 소비가 증가하고 있다.
③ 노년층의 취업률이 감소하고 있다.
④ 노년층의 여성 비율이 증가하고 있다.
➡ 노년층의 소득 감소가 증가한다고 하셨는데요. 답 ①

▌문제 2▐ 들은 내용과 같은 것을 고르십시오.

① 고령화 사회는 ~~일시적 현상~~이다. ➡ 구조적 변화
② 고령화 사회에서는 외식 산업이 ~~발전한다~~. ➡ 몰락할 가능성이 크다.
③ 고령화 사회의 인구 모델은 ~~다이아몬드형~~이다. ➡ 역삼각형
④ 고령화 사회에서는 절약을 지향하고 계획적 소비가 중요하다.
➡ 장기 불황에 따른 미래에 대한 불안감으로 낮은 가격의 제품을 구입하며 절약을 지향하고 충동적 소비보다는 계획적 소비를 중시하게 됩니다. 답 ④

어 휘

노년층	소득	감소	증가하다	고령화	소비
영향	이전	인구	모델	다이아몬드	형태
유지하다	외식 산업	유리하다	구조	사회	진입하다
중간층	누리다	몰락하다	장기	불황	미래
불안감	낮다	가격	제품	구입하다	절약
지향하다	충동적	계획적	중시하다	현상	일시적
구조적	변화	해석하다			

공식 적용하기

다음은 대담입니다. 잘 듣고 물음에 답하십시오.

여자 : 노년층의 소득 감소가 증가한다고 하셨는데요. 고령화로 인한 노년층의 소득 감소가 소비에 어떤 영향을 줄 수 있습니까?

남자 : 고령화 이전의 인구 모델은 다이아몬드 형태를 유지한 경우가 많습니다(②, ③). 그래서 김밥집, 빵집, 커피 전문점 등과 같은 외식 산업이 유리했습니다(②). 하지만 인구 구조가 역삼각형 모양인 고령화 사회로 진입하면(③) 다이아몬드의 중간층이 누렸던 산업이 몰락할 가능성이 커집니다. 장기 불황에 따른 미래에 대한 불안감으로 낮은 가격의 제품을 구입하며 절약을 지향하고 충동적 소비보다는 계획적 소비를 중시하게 됩니다. 이러한 현상은 일시적 현상이라기보다는 구조적 변화로 해석할 필요가(①) 있습니다.

▌문제 1▐ 이 대화 전의 내용으로 가장 알맞은 것을 고르십시오.

① 노년층의 소득이 감소하고 있다.
② 노년층의 소비가 증가하고 있다.
③ 노년층의 취업률이 감소하고 있다.
④ 노년층의 여성 비율이 증가하고 있다.

▌문제 2▐ 들은 내용과 같은 것을 고르십시오.

① 고령화 사회는 ~~일시적 현상~~이다.
② 고령화 사회에서는 외식 산업이 ~~발전한다~~.
③ 고령화 사회의 인구 모델은 ~~다이아몬드형~~이다.
④ 고령화 사회에서는 절약을 지향하고 계획적인 소비가 중요하다.

TIP

들을 때 선택지에 밑줄 친 내용을 확인하세요.
When you listen, identify the underlined contents of the options.
当聆听时，确定划线的选项内容。

연습문제 01

다음은 대담입니다. 잘 듣고 물음에 답하십시오.

▌문제 1▌ 이 대화 전의 내용으로 가장 알맞은 것을 고르십시오.

① 겨울철에는 고혈압을 예방해야 한다.
② 겨울에는 노인들이 만성질환에 걸리기 쉽다.
③ 추운 겨울에 노인들은 야외활동을 하면 안된다.
④ 노약자나 만성질환자들은 외출을 삼가야 한다.

▌문제 2▌ 들은 내용과 같은 것을 고르십시오.

① 실내온도는 20℃보다 높아야 한다.
② 피부건조증은 가장 흔한 난방병이다.
③ 얼굴에는 가끔 수분을 보충해야 한다.
④ 겨울에는 창문을 열어도 난방병에 걸리기 쉽다.

공 식

▌문제 1▌

대화의 앞부분을 잘 듣고 이전 내용을 추측하세요.
Listen to the beginning of the conversation and guess the previous content.
聆听对话的开始部分并推测之前的内容。

▌문제 2▌

들을 때 선택지에 밑줄 친 내용을 확인하세요.
When you listen, identify the underlined contents of the options.
当聆听时，确定划线的选项内容。

정 답

▌문제 1▌ 이 대화 전의 내용으로 가장 알맞은 것을 고르십시오.

노약자나 만성질환자들은 가급적 외출을 삼가야 한다고 하셨는데~
➡ 노약자나 만성질환자들은 외출을 삼가야 한다고 했습니다. 답 ④

▌문제 2▌ 들은 내용과 같은 것을 고르십시오.

① 실내온도는 20℃~~보다 높아야~~ 한다. ➡ 20℃ 정도로 유지하는 것이 좋습니다.
② 피부건조증은 가장 흔한 난방병이다. ➡ 난방병의 증상으로 가장 흔한 것이 피부건조증입니다.
③ 얼굴에는 ~~가끔~~ 수분을 보충해야 한다. ➡ 수시로
④ 겨울에는 ~~창문을 열어도~~ 난방병에 걸리기 쉽다. ➡ 창문을 여는 일이 거의 없는 답 ②

어 휘

전국적	강추위	노약자	만성질환자	가급적	외출
삼가다	겨울철	대표적	질환	예방법	설명하다
난방병	밀폐되다	공간	지나치다	난방	증상
기구	온종일	가동하다	실내	공기	건조하다
피부	건조증	방지하다	가습기	유지하다	온도
핸드크림	바르다	얼굴	수시로	수분	체내
보충하다					

듣기지문

여자 : 전국적으로 강추위가 계속되고 있는데요. 노약자나 만성질환자들은 가급적 외출을 삼가야 한다고 하셨는데 겨울철의 대표적인 질환과 예방법에 대해 설명해 주세요.

남자 : 겨울철의 대표적인 질환으로 난방병이 있는데요. 난방병은 밀폐된 공간에서 지나친 난방을 함으로써 나타나는 여러 증상을 말합니다. 특히 난방 기구를 온종일 가동하면서 창문을 여는 일이 거의 없는 사무실에서는 실내 공기가 매우 건조하기 때문에 난방병에 걸리기 쉽습니다. 난방병의 증상으로 가장 흔한 것은 피부건조증입니다. 피부건조증을 방지하기 위해서는 가습기를 사용해 습도를 40~60% 정도로 유지하고, 실내 온도를 20℃ 정도로 유지하는 것이 좋습니다. 또 건조해지기 쉬운 손에는 핸드크림을 발라주고 얼굴에는 미스트를 사용하여 수시로 직접 수분을 보충해야 합니다. 하루 7~8잔 이상의 물을 마셔 체내 수분을 보충해 주는 것도 중요합니다.

연습문제 02

다음은 대담입니다. 잘 듣고 물음에 답하십시오.

▌문제 1▌ 이 대화 전의 내용으로 가장 알맞은 것을 고르십시오.

① 오존 주의보는 단계적으로 내려진다.
② 오존을 구성하는 성분이 건강에 해롭다.
③ 오존 주의보는 더운 날씨와 관계가 있다.
④ 오존층을 보호해야 지구를 태양으로부터 보호할 수 있다.

▌문제 2▌ 들은 내용과 같은 것을 고르십시오.

① 오존은 1차 오염 물질이다.
② 오존은 긍정적인 역할도 한다.
③ 오존에 한 번 노출되면 소화가 잘 되지 않는다.
④ 오존 주의보가 발령되면 모두 외출을 자제해야 한다.

공식

▌문제 1▌

대화의 앞부분을 잘 듣고 이전 내용을 추측하세요.
Listen to the beginning of the conversation and guess the previous content.
聆听对话的开始部分并推测之前的内容。

▌문제 2▌

들을 때 선택지에 밑줄 친 내용을 확인하세요.
When you listen, identify the underlined contents of the options.
当聆听时，确定划线的选项内容。

정답

▌문제 1▌ 이 대화 전의 내용으로 가장 알맞은 것을 고르십시오.

요즘처럼 더운 날씨가 계속되면 오존 주의보가 자주 내려진다고 하셨는데요.
➡ 오존 주의보는 더운 날씨와 관계가 있다고 했습니다. 답 ③

▌문제 2▌ 들은 내용과 같은 것을 고르십시오.

① 오존은 ~~1차~~ 오염 물질이다. ➡ 2차
② 오존은 긍정적인 역할도 한다. ➡ 지구를 보호하는 역할을 합니다.
③ 오존에 ~~한 번~~ 노출되면 소화가 잘 되지 않는다. ➡ 반복적으로
④ 오존 주의보가 발령되면 ~~모두~~ 외출을 자제해야 한다. ➡ 노약자나 어린이는 답 ②

어 휘

계속되다	오존 주의보	내려지다	대처하다	설명하다	대기
특정	물질	태양에너지	반응하다	생성되다	오염
열기	보호하다	역할	농도	농작물	노출되다
통증	기침	메스꺼움	소화	끼치다	발령되다
실외	자제하다	외출하다			

듣기지문

여자 : 요즘처럼 더운 날씨가 계속되면 오존 주의보가 자주 내려진다고 하셨는데요. 오존 주의보가 내려지면 어떻게 대처해야 하는지 설명해 주시기 바랍니다.

남자 : 오존은 대기 중의 특정 물질이 태양에너지와 반응해서 생성되는 2차 오염 물질입니다. 동시에 오존은 태양의 강한 열기로부터 지구를 보호하는 역할을 합니다. 하지만 대기 중의 오존 농도가 높아지면 사람과 농작물 등에 좋지 않은 영향을 줍니다. 오존에 반복적으로 노출되면 가슴 통증, 기침, 메스꺼움이 생기고 소화에도 영향을 끼칠 수 있습니다. 따라서 오존 주의보가 발령된 지역에서는 운동이나 산책 등의 실외 활동을 자제하고 노약자나 어린이는 외출을 삼가는 것이 좋습니다.

공식 13 이유 고르기 + 중심 내용 고르기

다음은 다큐멘터리입니다. 잘 듣고 물음에 답하십시오.

남자 : 제가 서 있는 이곳은 20여 년을 악취와 파리 떼 속에 살다가 이제는 주민들이 즐겨 찾는 생태공원으로 변신한 난지도입니다. 1970년대까지만 해도 갈대숲이 아름다워 많은 연인의 데이트 코스였지만 1978년부터 쓰레기를 매립하기 시작해 높이 100m의 거대한 쓰레기 산 두 개가 만들어졌습니다. 그 결과 난지도 주변의 생태계는 완전히 파괴되었습니다. 월드컵 경기장 건설을 계기로 서울시와 시민들은 난지도의 생태계 복원을 위한 노력을 시작했습니다. 쓰레기 산은 노을공원과 하늘공원으로 변신하였고, 사라졌던 동식물이 2013년에는 1,100종으로 늘었습니다. 그리고 주말과 휴일에는 시민들이 찾는 명소가 되었습니다. 난지도는 겉보기에는 건강해진 것 같지만 완치되려면 시간이 더 필요하다고 합니다. 난지도의 이러한 변신은 2012년에 국제적인 모범 사례로 인정받았습니다.

▮문제 1▮ 난지도의 생태계가 복원될 수 있었던 이유로 맞는 것을 고르십시오.

① 악취와 파리 떼가 많아서
② 연인의 데이트 코스로 유명해서
③ 월드컵 경기장 건설을 계기로 해서
④ 노을공원과 하늘공원을 만들기 위해서

▮문제 2▮ 이 이야기의 중심 내용으로 가장 알맞은 것을 고르십시오.

① 난지도는 동식물이 많은 생태공원이다.
② 난지도는 시민들이 즐겨 찾는 명소이다.
③ 난지도는 생태공원의 국제적인 모범 사례이다.
④ 난지도는 노을공원과 하늘공원으로 이루어져 있다.

공식

▌문제 1▐

질문 Question 问题 ⇨ 이유 Reason 理由
질문의 내용에 집중하세요. Concentrate on the content of the questions. 集中注意问题的内容。

▌문제 2▐

세부 내용 Detailed contents 详细内容 ⇨ 중심 내용 Main contents 中心内容
선택지의 내용에 집중하세요. Concentrate on the content of the options. 集中注意选项的内容。

정답

▌문제 1▐ 난지도의 생태계가 복원될 수 있었던 이유로 맞는 것을 고르십시오.

① 악취와 파리 떼가 많아서
② 연인의 데이트 코스로 유명해서
③ 월드컵 경기장 건설을 계기로 해서
④ 노을공원과 하늘공원을 만들기 위해서
➡ 월드컵 경기장 건설을 계기로 서울시와 시민들은 난지도의 생태계 복원을 위한 노력을 시작했습니다.

답 ③

▌문제 2▐ 이 이야기의 중심 내용으로 가장 알맞은 것을 고르십시오.

① 난지도는 동식물이 많은 생태공원이다. ➡ 세부 내용
② 난지도는 시민들이 즐겨 찾는 명소이다. ➡ 세부 내용
③ 난지도는 생태공원의 국제적인 모범 사례이다.
④ 난지도는 노을공원과 하늘공원으로 이루어져 있다. ➡ 세부 내용
➡ 이곳은 20여 년을 악취와 파리 떼 속에 살다가 이제는 주민들이 즐겨 찾는 생태공원으로 변신한 난지도입니다. ~난지도의 이러한 변신은 2012년에 국제적인 모범 사례로 인정받았습니다.

답 ③

어휘

악취	즐기다	찾다	변신하다	갈대숲	연인
매립하다	시작하다	거대한	주변	생태계	완전히
파괴되다	월드컵	경기장	건설	계기	시민
복원	노을	사라지다	동식물	늘다	명소
완치되다	국제적	모범	사례		

공식 적용하기

다음은 다큐멘터리입니다. 잘 듣고 물음에 답하십시오.

남자: 제가 서 있는 이곳은 20여 년을 악취와 파리 떼 속에 살다가 이제는 주민들이 즐겨 찾는 생태공원으로 변신한 난지도입니다. 1970년대까지만 해도 갈대숲이 아름다워 많은 연인의 데이트 코스였지만 1978년부터 쓰레기를 매립하기 시작해 높이 100m의 거대한 쓰레기 산 두 개가 만들어졌습니다. 그 결과 난지도 생태계는 완전히 파괴되었습니다. 월드컵 경기장 건설을 계기로 서울시와 시민들은 난지도의 생태계 복원을 위한 노력을 시작했습니다. 쓰레기 산은 노을공원과 하늘공원으로 변신하였고, 사라졌던 동식물이 2013년에는 1,100종으로 늘었습니다. 그리고 주말과 휴일에는 시민들이 찾는 명소가 되었습니다. 난지도는 겉보기에는 건강해진 것 같지만 완치되려면 시간이 더 필요하다고 합니다. 난지도의 이러한 변신은 2012년에 국제적인 모범 사례로 인정받았습니다.

▌문제 1▐ 난지도의 생태계가 복원될 수 있었던 이유로 맞는 것을 고르십시오.

① 악취와 파리 떼가 많아서
② 연인의 데이트 코스로 유명해서
③ 월드컵 경기장 건설을 계기로 해서
④ 노을공원과 하늘공원을 만들기 위해서

TIP

문제를 읽고 선택지를 확인하세요.
Read the question and identify the options.
阅读问题并确认选项。

▌문제 2▐ 이 이야기의 중심 내용으로 가장 알맞은 것을 고르십시오.

① 난지도는 동식물이 많은 생태공원이다.
② 난지도는 시민들이 즐겨 찾는 명소이다.
③ 난지도는 생태공원의 국제적인 모범 사례이다.
④ 난지도는 노을공원과 하늘공원으로 이루어져 있다.

TIP

선택지를 읽고 중심 내용을 예상해 보세요. 들을 때 중심 내용과 세부 내용을 구별하세요.
Read the options and guess the main contents. When you listen, distinguish between main contents and detailed contents.
阅读选项和推测中心内容。当聆听时，区分中心内容和详细内容。

연습문제 01

다음은 다큐멘터리입니다. 잘 듣고 물음에 답하십시오.

▌문제 1▌ 수컷 송장벌레가 암컷에게 더 이상 번식 행위를 요구하지 않는 이유로 맞는 것을 고르십시오.

① 암컷 송장벌레가 육아를 해야 하므로
② 암컷 송장벌레가 난자 생산을 멈추므로
③ 암컷 송장벌레가 유충에게 먹이를 먹이므로
④ 암컷 송장벌레가 화학물질로 신호를 보내므로

▌문제 2▌ 이 이야기의 중심 내용으로 가장 알맞은 것을 고르십시오.

① 송장벌레는 모성애가 강하다.
② 송장벌레의 육아는 꿀벌과 다르다.
③ 송장벌레는 번식능력이 뛰어나다.
④ 송장벌레의 육아 방법은 현대적이다.

공 식

▌문제 1▌

질문 Question 问题 ⇨ **이유** Reason 理由
질문의 내용에 집중하세요. Concentrate on the content of the questions. 集中注意问题的内容。

▌문제 2▌

세부 내용 Detailed contents 详细内容 ⇨ **중심 내용** Main contents 中心内容
선택지의 내용에 집중하세요. Concentrate on the content of the options. 集中注意选项的内容。

정 답

▌문제 1▐ 수컷 송장벌레가 암컷에게 더 이상 번식 행위를 요구하지 않는 이유로 맞는 것을 고르십시오.

알을 낳은 '엄마' 송장벌레는 난자 생산을 멈추고 성욕을 죽이는 역할을 하는 화학물질로 '아빠' 송장벌레에게 신호를 보냅니다. 수컷이 더듬이로 이 신호를 감지하면 수컷도 더 이상 번식 행위를 암컷에게 요구하지 않고 육아에 참여한다고 합니다.

➡ 암컷 송장벌레가 화학물질로 신호를 보내므로 답 ④

▌문제 2▐ 이 이야기의 중심 내용으로 가장 알맞은 것을 고르십시오.

송장벌레는 암컷과 수컷이 함께 육아를 한다고 합니다. ~이런 점 때문에 '송장벌레들은 매우 현대적인 가족'이라고 평가할 수 있습니다.

➡ 송장벌레의 육아 방법은 현대적이라는 내용입니다. 답 ④

어 휘

암컷	수컷	육아	특이하다	생산	멈추다
죽이다	역할	화학물질	신호	더듬이	감지하다
번식행위	요구하다	참여하다	알	낳다	지나다
유충	변하다	먹이	소화하다	평상시	곤충
버려두다	꿀벌	개미	돌보다	현대적	평가하다

듣기지문

여자 : 여기 보시는 송장벌레는 암컷과 수컷이 함께 육아를 한다고 합니다. 아주 특이하죠? 알을 낳은 '엄마' 송장벌레는 난자 생산을 멈추고 성욕을 죽이는 역할을 하는 화학물질로 '아빠' 송장벌레에게 신호를 보냅니다. 수컷이 더듬이로 이 신호를 감지하면 수컷도 더 이상 번식 행위를 암컷에게 요구하지 않고 육아에 참여한다고 합니다. 알을 낳은 지 60시간이 지나면 알이 유충으로 변하는데, 그때 송장벌레 부부는 각자 먹이를 먹어 소화하기 쉽게 만들어 유충에게 먹입니다. 3일 후 유충이 걷고 스스로 먹을 정도로 자라게 되면 송장벌레 부부는 그제야 다시 평상시 생활로 돌아갑니다. 송장벌레와 달리 대부분의 곤충은 알을 낳고는 버려둡니다. 꿀벌과 개미는 유충들을 돌보지만 육아는 암컷이 합니다. 이런 점 때문에 '송장벌레들은 매우 현대적인 가족'이라고 평가할 수 있습니다.

연습문제 02

다음을 듣고 물음에 답하십시오.

▌문제 1▌ 지진이 났을 때 화장실이 좋은 대피 장소인 이유로 맞는 것을 고르십시오.

① 화재가 발생하지 않기 때문에
② 가스레인지나 난로 등이 없기 때문에
③ 소방차가 즉시 출동하기 어렵기 때문에
④ 건물이 무너져도 물을 가장 쉽게 구할 수 있기 때문에

▌문제 2▌ 이 이야기의 중심 내용으로 가장 알맞은 것을 고르십시오.

① 지진이 발생하면 사소한 화재라도 주의해야 한다.
② 지진으로 생기는 가장 직접적인 피해는 화재이다.
③ 지진에 대한 이해와 준비를 통해 피해를 최소화할 수 있다.
④ 집 안에서 지진이 발생하면 머리를 보호하는 것이 가장 중요하다.

공 식

▌문제 1▌

질문 Question 问题 ⇨ **이유** Reason 理由

질문의 내용에 집중하세요.
Concentrate on the content of the questions.
集中注意问题的内容。

▌문제 2▌

세부 내용 Detailed contents 详细内容 ⇨ **중심 내용** Main contents 中心内容

선택지의 내용에 집중하세요.
Concentrate on the content of the options.
集中注意选项的内容。

정 답

▌문제 1▐ 지진이 났을 때 화장실이 좋은 대피 장소인 이유로 맞는 것을 고르십시오.

➡ 화장실은 건물에서 파이프가 가장 많이 들어가 있는 공간이며, 건물이 무너져도 물을 구하기 가장 쉽기 때문에 좋은 대피 장소입니다. 답 ④

▌문제 2▐ 이 이야기의 중심 내용으로 가장 알맞은 것을 고르십시오.

'지진'은 미리 이해하고 준비하면 피해를 최소화할 수 있는 자연재해입니다.

➡ 지진에 대한 이해와 준비를 통해 피해를 최소화할 수 있다는 내용입니다. 답 ③

어 휘

지진	피해	최소화	자연재해	보호하다	흔들리다
테이블	튼튼하다	안전하다	방석	파이프	무너지다
대피	화재	초기	진화	소방차	출동하다
사소하다					

듣기지문

여자 : '지진'은 미리 이해하고 준비하면 피해를 최소화할 수 있는 자연재해입니다. 집 안에 있을 때 지진이 발생하면 어떻게 해야 할까요? 우선 머리를 보호하는 것이 가장 중요합니다. 크게 흔들리는 시간은 길어야 1~2분 정도이므로 이때는 테이블 같은 튼튼한 물건 아래에 있는 것이 안전합니다. 만약 이런 단단한 물건이 없다면 방석 등으로 머리를 감싸고 보호해야 합니다. 화장실은 건물에서 파이프가 가장 많이 들어가 있는 공간이며, 건물이 무너져도 물을 구하기 가장 쉽기 때문에 좋은 대피 장소입니다. 그런데 지진으로 생기는 가장 직접적인 피해는 '화재'입니다. 사용 중인 가스나 전기 등이 원인이므로 지진이 발생하면 즉시 가스나 전기를 꺼야 합니다. 만약 지진으로 화재가 발생하면 초기의 진화가 중요합니다. 특히 큰 지진이 발생하면 소방차가 즉시 출동하기 어려우므로 사소한 화재라도 주의해야 합니다.

PART 2

읽기 영역

유형 1 빈칸에 들어갈 말 고르기

유형 2 비슷한 의미 표현 고르기

유형 3 화제 고르기

유형 4 같은 내용 고르기

유형 5 순서대로 나열하기

유형 6 빈칸에 들어갈 내용 고르기

유형 7 지문을 읽고 두 문제에 답하기 (1)

유형 8 신문 기사의 제목 이해하기

유형 9 주제 고르기

유형 10 문장의 위치 찾기

유형 11 지문을 읽고 두 문제에 답하기 (2)

유형 12 지문을 읽고 세 문제에 답하기

알면서 실천하지 않는 것은 참된 앎이 아니다.

– 이황

유형 1 빈칸에 들어갈 말 고르기

공식 1 참고

'빈칸에 들어갈 말 고르기' 유형입니다.
문장의 전체 의미를 고려하여 빈칸에 들어갈 가장 자연스러운 어휘와 문법을 선택하세요.

This type of question is 'Fill-in-the blank'.
Select the most natural vocabulary and grammar then put in the blank by considering the whole sentence's meaning.

这题型是‘填充题’。
考虑整个句子的意思选择最自然的词语和语法，然后填进空白的地方。

풀이비법 • TIPS • 解題技巧

1. 선택지에서 단어와 문법을 확인하세요.
2. 빈칸 앞뒤의 의미관계를 생각해 보세요.
3. 가장 적절한 선택지를 고르세요.

1. Identify the word and grammar from the options.
2. Guess the meaning or relationship before and after the blank.
3. Select the most appropriate option.

1. 确认选项中的词语和语法。
2. 推测填充部分的前后之间的关系意思。
3. 选择最合适的选项。

공식 1 빈칸에 들어갈 어휘와 문법 고르기

( )에 들어갈 말로 가장 알맞은 것을 고르십시오.

친구들과 노래방에서 춤을 ( ) 노래를 불렀다.

① 추도록 ② 추면서
③ 추거든 ④ 추려고

공식

어휘와 문법의 의미와 기능을 고려하여 가장 적절한 표현을 선택하세요.

Select the appropriate expression by considering the vocabulary and Korean grammar.

考虑词汇和语法的意思和功能并选择最合适的表达。

앞 문장 The previous sentence 前面句子	의미관계 The semantic relation 意义关联	뒤 문장 The following sentence 后面句子

1. 적절한 어휘 선택하기
   Select the appropriate vocabulary 选择合适的词汇
2. 적절한 문법 선택하기
   Select the appropriate Korean grammar 选择合适的韩语语法

정답

➡ 우선 어휘는 춤과 어울리는 '추다'를 선택해야 합니다. 그리고 노래방에서 춤을 추는 동시에 노래를 했다는 의미를 표현해야 하므로 동시 동작을 나타내는 '–(으)면서'를 사용해야 합니다.

–(으)면서 : 동시에 동작을 할 때 사용합니다.

It is used when someone performs two actions simultaneously.

它当某人同时做两个动作时使用。

답 ②

어휘

친구 노래방 춤 추다 노래 부르다

공식 적용하기

(　　)에 들어갈 말로 가장 알맞은 것을 고르십시오.

친구들과 노래방에서 춤을 (　　) 노래를 불렀다.

1. **어휘** Vocabulary 词汇	춤을 추다
2. **문법** Korean grammar 韩语语法	–(으)면서 : 춤을 추면서 노래를 불렀다.

⬇

친구들과 노래방에서 춤을 (추면서) 노래를 불렀다.

① –도록 : 목적이나 이유 등을 표시합니다.
It marks the purpose or reason.
它表示目的或理由。

② –(으)면서 : 동시에 두 가지 행위를 할 때 사용합니다.
It is used when someone performs two actions simultaneously.
它当某人同时做两个动作时使用。

③ –거든 : 조건을 나타낼 때 사용합니다.
It marks the conditions.
条件出现时使用。

④ –(으)려고 : 목적이나 의도를 표시합니다.
It marks the purpose or intention.
它表示目的或意图。

① 추도록　　② 추면서
③ 추거든　　④ 추려고

연습문제 01

(　　　)에 들어갈 말로 가장 알맞은 것을 고르십시오.

문제가 어려워서 실수를 (　　　) 끝까지 최선을 다하세요.

① 하도록　　② 하면서
③ 하더니　　④ 하더라도

공 식

어휘와 문법의 의미와 기능을 고려하여 가장 적절한 표현을 선택하세요.
Select the appropriate expression by considering the vocabulary and Korean grammar.
考虑词汇和语法的意思和功能选择最合适的表达。

앞 문장 The previous sentence 前面句子	의미관계 The semantic relation 意义关联	뒤 문장 The following sentence 后面句子

1. 적절한 어휘 선택하기
   Select the appropriate vocabulary　选择合适的词汇
2. 적절한 문법 선택하기
   Select the appropriate Korean grammar　选择合适的韩语语法

정 답

➡ 실수를 했어도 끝까지 최선을 다해야 한다는 의미이므로 앞 문장의 상황을 인정하고 앞뒤가 대조 관계인 의미를 나타내는 '-더라도'를 사용한 ④가 정답입니다.

-더라도 : 앞 문장의 상황을 인정하고 뒤 문장의 내용이 앞 문장과 대조 관계임을 표시합니다.
It is used to admit the situation in the previous sentence and mark a contrast relation between the previous sentence and the following sentence.
它是用来承认前一个句子的状况和表示前面句子和后面句子之间的对比关系。

답 ④

어 휘

문제　　어렵다　　실수하다　　끝　　최선

연습문제 02

(　　)에 들어갈 말로 가장 알맞은 것을 고르십시오.

두 시간 동안 한참을 (　　) 정상에 도착했다.

① 걷도록　　② 걸을수록
③ 걷다 보니　　④ 걷더라도

공식

어휘와 문법의 의미와 기능을 고려하여 가장 적절한 표현을 선택하세요.
Select the appropriate expression by considering the vocabulary and Korean grammar.
考虑词汇和语法的意思和功能选择最合适的表达。

앞 문장 The previous sentence 前面句子	의미관계 The semantic relation 意义关联	뒤 문장 The following sentence 后面句子

1. 적절한 어휘 선택하기
   Select the appropriate vocabulary　选择合适的词汇
2. 적절한 문법 선택하기
   Select the appropriate Korean grammar　选择合适的韩语语法

정답

➡ 어휘는 모두 '걷다'이므로 문법만 확인하면 됩니다.
한참을 걷는 행위를 하면서 정상에 도착한 새로운 상태로 된 것이므로 '–다 보니'를 사용한 ③이 정답입니다.

–다 보니 : 어떤 행위를 하면서 새로운 사실을 깨닫거나 새로운 상태로 될 때 사용합니다.
It is used when the speaker has realized a new fact or is faced with a new situation while doing something.
它在某一行动在进行的过程中，知道了新的事实，或出现了某种新状态的时候。

답 ③

어휘

한참　　정상　　도착하다

부록

유형 1에 나오는 문법 표현

1. 가정 또는 조건 Assumption or Condition 假设或条件

-거든	앞의 내용이 조건임을 표시합니다. It marks that the previous contents is the condition. 前面的内容是条件。
	예 서울에 오거든 꼭 연락하세요.
-ㄴ/는다면	앞의 문장이 가정된 상황임을 표시합니다. It marks that the previous sentence is an assumed situation. 前面句子是一个假设的状况。
	예 복권에 당첨된다면 세계 여행을 하고 싶어요.
-(으)려면	어떤 상황을 가정할 때 사용합니다. It is used to assume a certain situation. 假设某种情况时使用。
	예 외국인등록증을 신청하려면 3층으로 가세요.
-아/어야	앞의 내용이 뒤의 사실에 꼭 필요한 조건임을 표시합니다. It marks that the previous sentence is the necessary condition. 它表示前面内容是后面事实的必须条件。
	예 아침에 일찍 일어나야 여섯 시 비행기를 탈 수 있다.

2. 감정 Feeling 感受

-(으)ㄹ까 보다	어떤 일이 일어날 것 같아서 걱정할 때 사용합니다. It is used when someone is worried because the something is likely to happen. 担心某事情有可能发生时使用。
	예 야외 촬영할 때 비가 올까 봐 걱정이다.

3. 근거 Grounds 根据

에 의하면 = 에 따르면	앞 문장이 근거임을 표시합니다. It marks that the previous sentence is the grounds. 表示前面句子是根据。
	예 뉴스에 의하면 내일 비가 온다고 해요.

4. 결과 Result 结果

-게 되다	외부적 조건이 어떤 상황을 만들었을 때 사용합니다. It is used when external conditions make certain situations. 当外部的条件制造某状况时使用的。
	예 배가 너무 아파서 병원에 오게 되었어요. 한국 친구 덕분에 한국 문화를 많이 알게 되었다.
-고 보니(까)	어떤 일을 끝내고 나서 결과를 깨달았을 때 사용합니다. It is used when someone has realized the result after doing something. 当某事情发生之后才领悟到结果时使用。
	예 자세한 설명을 듣고 보니 쉽게 이해할 수 있었다.
-다(가) 보니(까)	어떤 행위를 하면서 새로운 사실을 깨닫거나 새로운 상태로 될 때 사용합니다. It is used when someone has realized a new fact or is faced with a new situation while doing something. 用在某一行动在进行的过程中，知道了新的事实，或出现了某种状态时使用。
	예 두 시간 동안 한참을 걷다 보니 정상에 도착했다.

5. 결정 또는 결심 Decision or resolution 决定或决心

-기로 하다	결정이나 결심을 표현할 때 사용합니다. It is used to express decisions or resolutions. 用于表示决定或决心。
	예 내일 친구와 함께 놀이공원에 가기로 했다.

6. 나열 List 罗列

-(으)며/(이)며	사실을 나열할 때 사용합니다. It is used to list the facts. 排列事实时使用。
	예 이 브랜드는 신발이며 가방이며 다 예쁘네요.

7. 대조 Contrast 对照

-(으)ㄴ/는 반면에	서로 대조적인 사실을 표현할 때 사용합니다. It is used to express the a fact that is contradictory. 对照事实的时候使用。
	예 듣기와 읽기 영역은 점수가 높은 반면에 쓰기 영역은 점수가 낮습니다.

-더니	서로 대조적인 사실을 표현할 때 사용합니다. It is used to express the a fact that is contradictory. 对照性事实时使用。
	예 조금 전에는 비가 오더니 지금은 눈이 온다.
-더라도/(이)더라도	앞 문장의 상황을 인정하고 뒤 문장의 내용이 앞 문장과 대조 관계임을 표시합니다. It is used to admit the situation in the previous sentence and mark a contrast relation between the previous sentence and the following sentence. 承认前一个句子的状况和并表示前面句子和后面句子之间的对照。
	예 문제가 어려워서 실수를 하더라도 끝까지 최선을 다하세요.

8. 동시성 Simultaneity 同时性

-(으)ㄴ/는 김에	어떤 행위를 하면서 예상하지 못한 행위를 동시에 할 때 사용합니다. It is used when someone performs some action with another unplanned action simultaneously. 当某人做一个行动的同时另一个无法预测的行动出现时使用。
	예 제주도로 출장을 가는 김에 여행도 하세요.
-(으)면서	동시에 두 가지 행위를 할 때 사용합니다. It is used when someone performs two actions simultaneously. 当两个行动同时发生时使用。
	예 노래방에서 춤을 추면서 노래를 불렀다.

9. 목적 Purpose 目的

-도록	목적이나 이유 등을 표시합니다. It marks the purpose or reason. 表示目的或理由。
	예 주민들이 불편하지 않도록 조용히 해 주세요.
-(으)려고 = -기 위해(서)	목적이나 의도를 표시합니다. It marks the purpose or intention. 表示目的或意图。
	예 여권을 신청하려고 사진을 찍었다. 해가 뜨는 것을 보려고 아침 일찍 일어났다.

10. 배경설명 Background 背景说明

-(으)ㄴ/는데	앞 문장이 뒤 문장의 배경이 될 때 사용합니다. The previous sentence is the background of the following sentence. 前面句子是后面句子的背景。
	예 친구들과 도서관에서 공부를 하는데 선생님께서 나를 부르셨다. 친구와 내가 운동장에서 축구를 하는데 선생님이 나를 부르셨다. 주말에 집에서 청소를 하고 있는데 친구들이 영화를 보러 가자고 했다.

11. 변화 또는 진행 Progress or change 行为或進行

-아/어 가다	상태나 행위의 진행 또는 변화를 표현할 때 사용합니다. It is used to express progress or change of state or action. 用于表示状态与行为的進行或变化。
	예 동생이 점점 아버지를 닮아 간다.

12. 비교 Comparison 比较

에 비하여 = 에 비해(서) = 에 비하면	비교의 대상을 표시합니다. It marks a comparison. 表示比较的对象。
	예 노력에 비하면 결과가 너무 좋지 않아요.
-듯(이)	내용이 거의 같음을 나타냅니다. It marks an approximately equal content. 出现的内容几乎一样。
	예 사람마다 얼굴이 다르듯이 개성도 다릅니다.

13. 상태 State 状态

-다가	어떤 동작이나 상태를 중단하고 다른 동작이나 상태로 바뀜을 표시합니다. It is used when an action or state has stopped and changed the other action or state. 中断一个动作或状态，而更换另一个动作或状态。
	예 축구를 하다가 다리를 다쳤어요. 휴대 전화를 보다가 내려야 할 역을 지나쳤다.

-아/어 놓다	행위의 결과로서 상태가 유지될 때 사용합니다. It is used to maintain the state as a result of an action. 某一行动带来的状态维持不变时使用。
	예 너무 더워서 창문을 열어 놓고 잤어요.
-아/어도	앞의 행위나 상태와 관계없이 뒤의 일이 있음을 나타냅니다. It is occurred the following events regardless of the previous action or state. 与前文的行动或状态无关，后文的内容依旧发生或存在。
	예 형은 인상이 강해 보여도 성격은 소극적이다.
-아/어 두다	행동의 결과로서 상태를 유지할 때 사용합니다. It is used to maintain the state as a result of an act. 某一行动带来的状态维持不变时使用。
	예 텔레비전을 켜 두고 잠을 잤어요.
-아/어 있다	행위의 결과로서 상태가 유지될 때 사용합니다. It is used to maintain the state as a result of an act. 某一行动带来的状态维持不变时使用。
	예 학생들이 의자에 앉아 있어요.
-(으)ㄴ 채로	행위의 결과로서 상태를 유지할 때 사용합니다. It is used to maintain the state as a result of an act. 某一行动带来的状态维持不变时使用。
	예 어젯밤에 에어컨을 켠 채로 잠이 들었다.

14. 선택 Choice 选择

-든지 = -거나	앞 또는 뒤의 것 중에서 하나를 선택할 때 사용합니다. it is used to choose one from before or after. 从前或后中选手一个时使用。
	예 오늘은 영화를 보든지 연극을 볼 거야. 나는 주말에는 보통 영화를 보거나 운동을 한다.

15. 순서 Order 顺序

-고 나서	하나의 행동 뒤에 다음 행동이 따라올 때 사용합니다. It is used when one action is followed after another. 一个行动结束后，接着进行下一个行动时使用。
	예 친구들과 저녁을 먹고 나서 바로 영화관에 갔다.

-고서야 = -고서는 = -고 나서야	앞의 행위가 수단이 되어 상황을 야기할 때 사용합니다. It is used when the previous action cause the situation as the means. 当前面的行动引起的状况时使用。
	예 주사를 맞고 나서야 감기가 나았다.
-자마자	① -자마자 어떤 상황에 이어 곧바로 다른 상황이 일어남을 표시합니다. It marks that one event happen immediately after another event. 一个行动结束后立刻发生后面的行动。
	예 장마가 끝나자마자 무더위가 시작됐다. 민수 씨는 대학교를 졸업하자마자 회사에 취직했다.
	② -자마자(= -(으)ㄴ/는 대로) 어떤 동작이 끝나는 바로 그때를 나타낼 때 사용합니다. It is used when one action is immediately followed by another action. 一个动作结束后立刻跟着另一个动作发生时使用。
	예 서울에 도착하자마자 연락하겠습니다.

16. 의지 Intention 意图

-(으)ㄹ 테니(까)	앞 문장은 뒤 문장에 대한 조건으로 사람의 의지를 나타냅니다. It marks the person's intention as a condition for the following sentence. 前面文章是后面文章的条件，表现说话人的意志/意思。
	예 2시에 출발할 테니까 3시에 명동에서 만나요.

17. 이유 Reason 理由

-기 때문에	원인이나 이유를 표시합니다. It marks the cause or reason. 表示原因或理由。
	예 출장을 가기 때문에 결혼식에 갈 수 없습니다. 열심히 공부했기 때문에 시험에 합격했습니다.
-는 바람에	원인이나 이유를 표시합니다. [주로 부정적인 결과입니다.] It marks the cause or reason. [The results is mostly negative.] 表示原因或理由。[结果大多都是负面的。]
	예 태풍이 오는 바람에 비행기가 이륙하지 못했다.

<table>
<tr><td rowspan="2">-(으)ㄴ/는 탓에</td><td>원인이나 이유를 표시합니다. [주로 부정적인 결과입니다.]
It marks the cause or reason. [The results is mostly negative.]
表示原因或理由。[结果大多都是负面的。]</td></tr>
<tr><td>예 늦잠을 잔 탓에 지각을 했다.</td></tr>
<tr><td rowspan="2">-느라고</td><td>원인이나 이유를 표시합니다. [주로 부정적인 결과입니다.]
It marks the cause or reason. [The results is mostly negative.]
表示原因或理由。[结果大多都是负面的。]</td></tr>
<tr><td>예 발표 자료를 준비하느라고 약속 시간에 늦었다.</td></tr>
<tr><td rowspan="2">-더니</td><td>원인이나 이유를 표시합니다.
It marks the cause or reason.
表示原因或理由。</td></tr>
<tr><td>예 일주일 동안 야근을 했더니 너무 피곤합니다.</td></tr>
<tr><td rowspan="2">-(으)니까</td><td>원인이나 이유를 표시합니다.
It marks the cause or reason.
表示原因或理由。
<table><tr><th>-(으)니까</th><th></th><th>-아/어서</th></tr><tr><td>명령문(O) / 청유문(O)</td><td>↔</td><td>명령문(X) / 청유문(X)</td></tr><tr><td>-었-(O) , -겠-(O)</td><td>↔</td><td>-었-(X) , -겠-(X)</td></tr></table></td></tr>
<tr><td>예 술을 마셨으니까 운전하지 마세요.</td></tr>
</table>

18. 정도 Degree 程度

<table>
<tr><td rowspan="2">-(으)ㄹ수록</td><td>어떤 상황이나 정도가 더 심해짐을 표시합니다.
It marks the growing intensity of certain state or degree.
表示任何状况或程度渐渐增加。</td></tr>
<tr><td>예 손님이 많을수록 서비스에 신경을 써야 한다.
혼자 살다 보니 시간이 지날수록 가족이 그리워진다.</td></tr>
<tr><td rowspan="2">-(으)ㄹ 정도로</td><td>앞 문장과 비슷한 정도 또는 범위의 행동이나 상태를 표현할 때 사용합니다.
It is used to express similar degree or extent of a action or state with a previous sentence.
表达一个动作或状态与前一个句子的相似程度或行动范围。</td></tr>
<tr><td>예 그 옷은 하루 만에 다 팔릴 정도로 인기가 좋았습니다.</td></tr>
</table>

–(으)ㄴ/는/ (으)ㄹ 만큼	앞 문장과 비슷한 정도 또는 범위의 행동이나 상태를 표현할 때 사용합니다. It is used to express similar degree or extent of a action or state with a previous sentence. 表达一个动作或状态与前一个句子的相似程度或行动范围。
	예 주식 투자는 수익이 많은 만큼 위험도 큽니다.

19. 추가 Addition 追加

–(으)ㄹ 뿐만 아니라 = –(으)ㄹ 뿐더러	동작이나 상황을 추가할 때 사용합니다. It is used when the action or situation is added. 在追加一个动作或状态时使用。
	예 민수 씨는 야구를 좋아할 뿐만 아니라 축구도 좋아해요.
마저 = 조차	어떤 상황에 그 이상의 것이 더해짐을 나타냅니다. '조차'와 '마저'는 부정문에서만 사용됩니다. It is used to added more in negative situation on the certain situation. '조차' and '마저' can only be used in negative sentence. 在某个状况下再追加一个更坏的状况。'조차' 和 '마저'只能用在否定文的句子中。
	예 더운데 선풍기마저 고장났다.
에다가	앞 문장에 다른 내용을 더할 때 사용합니다. It is used to add the content to the previous sentence. 用来追加前面句子之后的其他内容。
	예 입학 원서에다가 사진을 붙이세요.

20. 추측 Conjecture 推测

-(으)ㄹ까 보다 = -(으)ㄹ까 싶다 = -(으)ㄹ까 하다	추측을 표현할 때 사용합니다. It is used when the speaker is making a conjecture. 说话者在推测表达时使用的。
	예 배가 고플까 봐 음식을 준비했어요.
-(으)ㄴ/는/ (으)ㄹ 듯하다	추측을 표현할 때 사용합니다. It is used when the speaker is making a conjecture. 说话者在推测表达时使用的。
	예 어제 저녁에 비가 온 듯합니다. 오늘 저녁에는 전국에 비가 올 듯합니다.
-(으)ㄹ 테니까	앞 문장은 뒤 문장에 대한 조건으로 추측을 표시합니다. It marks an conjecture as a condition for the following sentence. 前面句子是人物的推测和前面句子是后面句子的条件。
	예 주말에는 차가 막힐 테니까 기차를 이용하세요.
-(으)ㄹ 텐데	강하게 추측한 상황을 표현할 때 사용합니다. It is used to express the situation with strong conjecture. 表达具有很强的推测状况时使用。
	예 내일 시험을 볼 텐데 일찍 자세요.

유형 2

비슷한 의미 표현 고르기

공식 2 참고

'비슷한 의미 표현 고르기' 유형입니다.
문제에서 밑줄 친 표현의 의미에 가장 가까운 표현을 선택하세요.

This type of question is 'Select the expression closest in meaning'.
Select the expression that is closest in meaning to the underlined expression for each question.

这题型是‘选择相仿意思的表达题’。
在问题下划了线的意思表达中选择最接近的表达。

풀이비법 • TIPS • 解题技巧

1. 문제를 읽고 단어와 문법을 고려하여 밑줄 친 문장의 의미를 확인하세요.
2. 선택지의 단어와 문법을 확인하세요.
3. 가장 적절한 선택지를 고르세요.

---

1. Read the question and identify the underlined expression by considering words and Korean grammar.
2. Identify the words and Korean grammar of the options.
3. Select the most appropriate option.

---

1. 阅读问题，考虑词语与语法并确认划了线的句子意思。
2. 确认选项的词语和语法。
3. 选择最合适的选项。

공식 2 밑줄 친 부분과 비슷한 의미 표현 고르기

밑줄 친 부분과 의미가 가장 비슷한 것을 고르십시오.

천천히 먹어도 되는데 그렇게 빨리 먹으면 <u>체하기 십상이다.</u>

① 체할 리가 없다
② 체하기 쉽다
③ 체하는 편이다
④ 체하지 않는다

공식

어휘와 문법의 의미와 기능을 고려하여 가장 비슷한 표현을 선택하세요.
Select the closest expression by considering the vocabulary and Korean grammar.
考虑词汇和语法的意思和功能，选择最相似的表达。

앞 문장 The previous sentence 前面句子	의미관계 The semantic relation 意义关联	뒤 문장 The following sentence 后面句子

비슷한 의미를 가진 표현을 찾으세요.
Find the expression with similar meanings.
找出具有相似的意思的表达。

정답

➡ '빨리 먹으면'과 '체하다'는 원인과 결과의 관계에 있고 '–기 십상이다'는 '쉽게 그렇게 된다'는 뜻을 가지고 있습니다. 그래서 문장 전체의 의미는 '빨리 먹으면 쉽게 체한다'가 되므로 '–기 쉽다'로 바꿔 쓸 수 있습니다.

–기 십상이다 : 어떤 것이 그렇게 되기 쉬울 때 사용합니다.
It is used when something is easy to be done so.
表示会很容易变成这种状况/情况时使用。

답 ②

어휘

천천히 그렇게 빨리 체하다

공식 적용하기

밑줄 친 부분과 의미가 가장 비슷한 것을 고르십시오.

천천히 먹어도 되는데 그렇게 빨리 먹으면 체하기 십상이다.

천천히 먹어도 되는데	그렇게 빨리 먹으면	체하기 십상이다.
배경설명 Background 背景说明	가정 Assumption 假设	가능성

⬇

① -(으)ㄹ 리가 없다 : 이유나 가능성이 없음을 표현합니다.
It is used when there is no reason or possibility.
它是当没有理由或可能性时使用。

② -기 쉽다 : 어떤 것이 그렇게 되기 쉬울 때 사용합니다.
It is used when something is easy to be done so.
表示会很容易变成这种状况/情况时使用。

③ -ㄴ/는 편이다 : 어떤 부류에 속함을 나타냅니다.
It is used when someone or something is belonged to a certain category.
它用在当某人或某事是属于哪种分类。

④ -지 않다 : 앞 내용을 부정할 때 사용합니다.
It is used to deny the previous sentence.
它是否定前面句子时使用。

① 체할 리가 없다
② 체하기 쉽다
③ 체하는 편이다
④ 체하지 않는다

연습문제 01

밑줄 친 부분과 의미가 가장 비슷한 것을 고르십시오.

우리 동네 수박은 맛이 좋아서 수확하기가 무섭게 도시로 판매된다.

① 수확하자마자
② 수확하다가 보면
③ 수확하는 대신에
④ 수확에도 불구하고

공 식

어휘와 문법의 의미와 기능을 고려하여 가장 비슷한 표현을 선택하세요.
Select the closest expression by considering the vocabulary and Korean grammar.
考虑词汇和语法的意思和功能，选择最相似的表达。

우리 동네 수박은 맛이 좋아서	수확하기가 무섭게	도시로 판매된다.
이유 Reason 理由	순서 Order 顺序	결과 Result 结果

정 답

➡ '맛이 좋아서'와 '도시로 판매된다'는 원인과 결과의 관계에 있고 '-기가 무섭게'는 '어떤 일이 끝나자마자 바로 다음 일이 일어난다'는 뜻을 가지고 있습니다. 그래서 문장 전체의 의미는 '수확하고 바로 판매된다'이므로 '-자마자'로 바꿔 쓸 수 있습니다.

-기가 무섭게 : 어떤 일이 끝나자마자 바로 다음 일이 일어남을 과장하여 말할 때 사용합니다.
It is used when one action is exaggeratingly followed after another.
它是描述某行动结束后夸张立刻跟着之后发生的行动。

② -다가 보면 : 어떤 상황을 가정할 때 사용합니다.
③ -(으)ㄴ/는 대신에 : 다른 것으로 대체함을 표시합니다.
④ -에도 불구하고 : 앞에서 기대한 것과 다른 반대의 결과를 표시합니다. 답 ①

어 휘

동네 수박 맛(이) 좋다 수확하다 무섭다 도시 판매

연습문제 02

밑줄 친 부분과 의미가 가장 비슷한 것을 고르십시오.

어제 경기는 수비에 <u>집중한 나머지</u> 공격 성공률이 높지 않았다.

① 집중하는 한 ② 집중한 결과
③ 집중한 김에 ④ 집중한 덕분에

공 식

어휘와 문법의 의미와 기능을 고려하여 가장 비슷한 표현을 선택하세요.
Select the closest expression by considering the vocabulary and Korean grammar.
考虑词汇和语法的意思和功能，选择最相似的表达。

어제 경기는	수비에 집중한 나머지	공격 성공률이 높지 않았다.
	원인 Cause 原因	부정적인 결과 Negative result 负面结果

정 답

➡ '수비에 집중하다'와 '공격 성공률이 높지 않았다'는 원인과 결과의 관계에 있고 '–한 나머지'는 앞의 원인 때문에 '부정적인 결과가 일어남'을 의미합니다. 그래서 문장 전체의 의미는 '수비에 집중해서 결과적으로 공격 성공률이 높지 않았다'이므로 '~집중한 결과'로 바꿔 쓸 수 있습니다.

–(으)ㄴ 나머지 : 앞의 원인 때문에 부정적인 결과가 올 때 사용합니다.
It marks the cause of the result. The results is mostly negative.
它表示句子前面的某种原因造成负面的结果。

① –는 한 : 앞의 내용이 조건임을 표시합니다.
③ –(으)ㄴ/는 김에 : 행위를 하면서 예상하지 못한 행위를 동시에 할 때 사용합니다.
④ –(으)ㄴ/는 덕분에 : 앞의 내용 때문에 뒤에 좋은 결과가 올 때 사용합니다.

답 ②

어 휘

경기 수비 집중하다 공격 성공률 높다

부록

유형 2에 나오는 문법 표현

1. 가정 또는 조건 Assumption or Condition 假设或条件

문법	설명
-ㄴ/는다고 치다	어떤 상황을 가정할 때 사용합니다. It is used to assume a certain situation. 假设某状况时使用。
	예 버스 안에서 아이들은 그렇다 치고 어른들까지 너무 시끄럽습니다.
-ㄴ/는다손 치더라도	가정한 어떤 일이 다른 일에 영향을 주지 못할 때 사용합니다. It is used when something assumed does not affect other things. 在假设的东西不影响其他东西时使用。
	예 너무 오래된 기계여서 수리한다손 치더라도 새것처럼 되는 것은 불가능하다.
-다가 보면 = -노라면	어떤 상황을 가정할 때 사용합니다. It is used to assume a certain situation. 假设某状况时使用。
	예 사람이 하는 일이라서 일을 하다가 보면 실수할 때도 있어요.
-는 한이 있어도/있더라도	앞 상황이 극단적인 상황임을 가정할 때 사용합니다. It is used to assume an extreme situation. 假设前面状况是极端状况时使用。
	예 선거에서 패배하는 한이 있더라도 출마하겠습니다.
-는 한	앞의 내용이 조건임을 표시합니다. It marks that the previous contents is the condition. 表示前面的内容是条件。
	예 저를 좋아하는 관객이 있는 한 계속 연기를 하겠습니다.
-기만 하면	앞의 내용이 조건임을 표시합니다. It marks that the previous contents is the condition. 表示前面的内容是条件。
	예 사진을 조금 확대하기만 하면 됩니다. 동생은 차를 타기만 하면 멀미를 한다. 우유를 넣어 얼리기만 하면 아이스크림을 만들 수 있다.
-(으)ㄹ지라도 = -더라도 = -아/어도	뒤 문장이 가정된 상황과 반대 상황일 때 사용합니다. It is used when following sentence is the opposite situation with a assumed situation. 后面句子和前面句子的假设状况是相反时使用。
	예 비록 나이는 어릴지라도 생각하는 것은 어른보다 낫다.

2. 가능성 Possibility 可能性

–(으)ㄹ 리가 있다	이유나 가능성이 있음을 표현합니다. It is used when there is reason or possibility. 当有理由或可能性时使用。
	예 장사가 안 되는데 기분이 좋을 리가 있겠어?
–(으)ㄹ 리가 없다	이유나 가능성이 없음을 표현합니다. It is used when there is no reason or possibility. 当没有理由或可能性时使用。
	예 음식이 맛이 없는데 장사가 잘 될 리가 없다.
–기 십상이다 = –기 쉽다	어떤 것이 그렇게 되기 쉬울 때 사용합니다. It is used when something is easy to be done so. 当事情很容易发展成某种情况时使用。
	예 천천히 먹어도 되는데 그렇게 빨리 먹으면 체하기 십상이다.
–(으)ㄹ 법하다	가능성이 있을 때 사용합니다. It is used when there is possibility. 当有可能性时使用。
	예 민수 씨의 별장은 동화책에나 나올 법한 그런 집이었다.
–에 불과하다 = –(으)ㄹ 따름이다 = –(으)ㄹ 뿐이다	다른 선택이나 가능성이 없음을 나타낼 때 사용합니다. It is used when there is no other choice or possibility. 当没有出现其他选择或可能性时使用。
	예 영수와 같은 학교에 다니지만 그냥 아는 사이에 불과하다.
–(으)ㄹ 수밖에 없다	다른 방법이나 가능성이 없음을 나타낼 때 사용합니다. It is used when there is no other means or possibility. 当没有出现其他方法或可能性时使用。
	예 믿을 수 없는 정보만 듣고 투자한 사람들은 손해를 볼 수밖에 없었다.

3. 결과 Result 结果

–(으)ㄴ 나머지 = –(으)ㄴ 결과	결과를 나타내는 표현입니다. [주로 부정적인 결과입니다.] '–(으)ㄴ 결과'는 긍정적 결과와 부정적 결과에 모두 사용됩니다. It marks the result. [The results is mostly negative.] '–(으)ㄴ 결과' used when the result is positive and negative. 表示结果的出现。[结果大多都是负面。] '–(으)ㄴ 결과' 是用在正面的结果或负面的结果。
	예 어제 경기는 수비에 집중한 나머지 공격 성공률이 높지 않았다.

-기 나름이다 = -기에 달렸다	결과가 어떤 일이나 행위에 따라 달라질 수 있음을 표현할 때 사용합니다. It is used to express that the results may vary depending on something or an action. 用于表示结果因某事或行为而异。
	예 경기에서 이기고 지는 것은 연습하기에 달려 있다. 깨끗한 피부를 유지하는 비결은 관리하기 나름이다.

4. 대조 Contrast 对照

-(으)ㄴ/는데도 불구하고 = -(으)ㄴ/는데도	앞의 상태나 상황이 다른 결과나 사실을 표현할 때 사용합니다. It is used to express the result or fact that is different from the previous state or situation. 表示结果或事实与之前的状态或状况不相同时使用。
	예 감기에 걸려서 몸이 아픈데도 불구하고 약속을 지켰다.
에도 불구하고	앞에서 기대한 것과 다른 반대의 결과를 표시합니다. It marks the opposite result from the one expected. 表示一个与预期相反的结果。
	예 시험이 어려웠음에도 불구하고 좋은 성적을 받았다.
-건만 = -지만	두 문장이 대조 관계를 나타낼 때 사용합니다. It is used to express contrast between two sentences. 在两个句子之间的对比时使用。
	예 병원에 다녀왔다고 지각한 이유를 충분히 설명했건만 소용없었다.

5. 목적 Purpose 目的

-고자 = -(으)려고 = -기 위해(서)	목적을 표현할 때 사용합니다. It is used to express the purpose. 用于表达目的。
	예 정부는 일자리를 늘리고자 새로운 정책을 수립했다. 서민들의 부담을 줄이고자 버스 요금을 동결했습니다.

6. 비교 Comparison 比较

-느니 = -(으)ㄹ 바에	뒤의 상황이나 행위가 더 나음을 강조할 때 사용합니다. It is used when the following situation or action will be better. 强调后面的状况或行为更好时使用。
	예 이렇게 좋은 물건을 싼 값에 파느니 차라리 내가 쓰겠다.

<table>
<tr><td rowspan="2">만치
= 만큼
= 처럼
= 정도로</td><td>두 대상이 같거나 비슷한 정도임을 표현할 때 사용합니다.
It is used to explain that two things are equal or have reached the same extent.
在解释两个对象是相等的或差不多的程度时使用。</td></tr>
<tr><td>예 영수만치 문법을 잘하는 사람도 없다.</td></tr>
<tr><td rowspan="2">(이)나 마찬가지다
= (이)나 다름없다
= -(으)ㄴ 셈이다</td><td>서로 사실상 같음을 표시합니다.
It marks virtually the same as another.
表示几乎与另一个相同。</td></tr>
<tr><td>예 다음 주가 개강이니 방학도 다 끝난 거나 마찬가지다.
작년에 샀지만 한두 번밖에 신지 않아서 새 신발이나 마찬가지다.
바지를 천 원에 샀다는 건 공짜인 거나 다름없다.
주말 저녁에는 외식을 하니까 일주일에 두 번 정도 하는 셈이다.</td></tr>
</table>

7. 선택 Choice 选择

<table>
<tr><td rowspan="2">-거나 = -든지</td><td>앞 또는 뒤의 것 중에서 하나를 선택할 때 사용합니다.
It is used to choose one from before or after.
前或后的选择中，只选择一个时使用。</td></tr>
<tr><td>예 주말에는 영화를 보거나 쇼핑을 합니다.</td></tr>
</table>

8. 순서 Order 顺序

<table>
<tr><td rowspan="2">-기가 무섭게
= -자마자</td><td>어떤 일이 끝나자마자 바로 다음 일이 일어남을 과장하여 말할 때 사용합니다.
It is used when one action is exaggeratingly followed after another.
描述某行动结束后立刻跟着发生夸张的行动的表现。</td></tr>
<tr><td>예 우리 동네 수박은 맛이 좋아서 수확하기가 무섭게 도시로 판매된다.</td></tr>
<tr><td rowspan="2">-는 길에
= -는 도중에</td><td>어떤 일을 하는 도중이나 기회를 나타낼 때 사용합니다.
It is used when someone is in the middle of doing first action when a second action took place.
某人做某事的过程中，有其他状况出现时使用。</td></tr>
<tr><td>예 선생님을 만나러 학교에 가는 길에 친구들을 만났다.</td></tr>
</table>

9. 양보 Concessive 让步

-ㄴ/는다고 해도 = -아/어야 = -아/어도	앞 문장을 가정하더라도 아무 소용이 없음을 나타낼 때 사용합니다. It is used when there is no use in assuming the previous sentence. 当前面句子怎么样假设都不会改变后面出现的状况时使用。
	예 다른 식당에 간다고 해도 맛은 여기와 비슷할 것이다. 이 컴퓨터는 낡아서 수리해 봐야 오래 쓰기 어렵다. 다른 옷가게에 가 봐야 값은 여기와 비슷할 것이다.

10. 이유 Reason 理由

-(으)ㄴ/는 까닭에	원인이나 이유를 표시합니다. It marks the cause or reason. 示原因或理由。
	예 그 가방은 인기가 있는 까닭에 구하기 힘들다.
-는 통에 = -는 바람에 = -(으)ㄴ/는 탓에	원인이나 이유를 표시합니다. [주로 부정적 결과입니다.] It marks the cause or reason. [The results is mostly negative.] 表示原因或理由。[结果大多都是负面的。]
	예 옆집에서 싸우는 통에 아기가 깼어요. 아침에 늦게 일어나는 바람에 기차를 놓쳤다.
(으)로 인하다	원인이나 이유를 표시합니다. It marks the cause or reason. 表示原因或理由。
	예 잦은 야외활동으로 인해서 강한 자외선에 노출되면 눈 건강에 좋지 않습니다.
-(으)ㄴ/는 덕분에	원인이나 이유를 표시합니다. [주로 긍정적 결과입니다.] It marks the cause or reason. [The results is mostly positive.] 表示原因或理由。[结果大多都是正面的。]
	예 동료들이 도와준 덕분에 신제품 설명회를 성공적으로 끝냈습니다.

11. 정도 Degree 程度

-(으)ㄹ 지경이다	상황이나 정도를 표시합니다. It marks the situation or degree. 表示状况或程度。
	예 지원자가 너무 많아서 번호를 배부해야 할 지경입니다.

12. 추측 Conjecture 推测

–(으)ㄴ/는/(으)ㄹ 듯싶다 = –(으)ㄴ/는/(으)ㄹ 듯하다 = –(으)ㄴ/는/(으)ㄹ 것 같다 = –(으)ㄴ/는/(으)ㄹ 것만 같다 = –(으)ㄴ/는/(으)ㄹ 모양이다 = –나 보다	추측을 표현할 때 사용합니다. It is used when the speaker is making a conjecture. 当说话者作推测时使用。
	예 대학교 진학은 시험 결과를 지켜보고 결정해야 할 듯싶다. 얼굴 표정을 보니 시험이 어려웠던 모양이다. 먹구름이 몰려오는 걸 보니 비가 올 모양이다.

13. 허락 Permit 允许

–아/어도 상관없다 = –아/어도 좋다 = –아/어도 괜찮다	어떤 행위나 상태에 대해 허락할 때 사용합니다. It is used to allow the action or state. 对于某行为或状态被允许时使用。
	예 연필이면 아무 색이나 사용해도 상관없어요.

14. 기타 Others 其他

을 막론하고 = 을 불문하고	무엇이든 따지거나 가리지 않음을 나타낼 때 사용합니다. It is used when nothing is demanded or picky, even without a given a reason in any circumstances. 不问缘由，不管是什么都不计较或不挑剔的状况下使用。
	예 이유를 불문하고 지각을 하면 시험장에 들어갈 수 없습니다.
–(으)ㄴ/는 대신에	다른 것으로 대체함을 나타낼 때 사용합니다. It is used to replace something to the other. 代替某物件改用其他时使用。
	예 졸업증명서를 신청할 때 외국인등록증을 준비하는 대신에 여권을 준비해 도 되나요?
대로	둘이 서로 구별됨을 나타낼 때 사용합니다. It is used when two are distinguished from each other. 当两个彼此区分时使用。
	예 세계의 도시들은 도시대로 각각의 특색이 있습니다.
–기 일쑤이다	어떤 일이 자주 일어날 때 사용합니다. It is used when something happens often. 某事经常发生时使用。
	예 주말에 친구들이 만나자고 했는데 바쁘다는 핑계로 외면하기 일쑤였다.

-지 않다	앞 내용을 부정할 때 사용합니다. It is used to deny the previous sentence. 否定前面内容时使用。
	예 다른 사람들은 시험이 어렵다고 했지만 나는 시험이 어렵지 않던데.
-(으)ㄴ/는 체하다 = -(으)ㄴ/는 척하다	거짓으로 행동할 때 사용합니다. It is used when someone is acting plausible with false. 当某人的行动是虚假时使用。
	예 친구가 어제 인사를 했는데도 모른 체 했다.
-(으)ㄴ/는 편이다	어떤 부류에 속함을 나타낼 때 사용합니다. It is used when someone or something is belonged to a certain category. 当某人或某事是属于哪种分类的。
	예 다른 집에 비해서 이 집은 거실이 꽤 큰 편이다.
-(으)ㄴ/는/(으)ㄹ 줄 알다 ↔ -(으)ㄴ/는/(으)ㄹ 줄 모르다	방법이나 사실을 알거나 모를 때 사용합니다. It is used to know or do not know methods or facts. 表示知道或不知道的方法或事实时使用。
	예 오늘 밤에 비가 그칠 줄 알았다. 오늘 방학한 줄 몰랐다.
-(으)ㄴ/는 적이 있다 ↔ -(으)ㄴ/는 적이 없다	경험 또는 사실이 있거나 없음을 표현할 때 사용합니다. It is used to express a past experience or the fact that someone have or have not. 表达某人有否曾经有过的经验或事实。
	예 영국에 가 본 적이 있다. 프랑스에 가 본 적이 없다.
-기 마련이다 = -게 마련이다	뒤에 발생하는 사실이 상식에 비추어 당연함을 표현할 때 사용합니다. It is used when the following fact is natural by considering the common sense. 根据常识，某种事情的发生是相当自然或当然时使用。
	예 게임이 계속되는 한 기록은 깨지기 마련이다.

유형 3

PART.2 읽기 영역

화제 고르기

공식 3 참고

'화제 고르기' 유형입니다.
표어, 광고, 전단지, 안내문, 설명서 등을 읽고 무엇에 대해 설명하는지 찾아야 합니다.

This type of question is 'Select the topic'.
Read slogan, advertisements, leaflets, instructions, manuals etc and select what text is about.

这题型是‘选择话题’。
阅读标语、广告、传单、介绍、说明书等，并选择文本是对于什么作说明。

풀이비법 • TIPS • 解题技巧

1. 선택지의 단어를 확인하세요.
2. 문장을 읽고 선택지와 관계있는 핵심어에 밑줄을 치세요.
3. 문장에서 강조된 단어는 의미를 정확하게 파악하세요.
4. 핵심어를 연결해서 무엇에 대한 설명인지 결정하세요.
5. 선택지에서 정답을 선택하세요.

---

1. Identify words from the options.
2. Read the text and underline words related to the options.
3. Highlighted word in a sentence, please grasp the meaning correctly.
4. Decide what is described in connection with the key words.
5. Choose one correct answer out of four possible options.

---

1. 确认选项的词语。
2. 阅读文本并把与选项相关的核心语下划上底线。
3. 掌握文本中突出强调的词语意思。
4. 连接核心语，决定是对于什么作描述。
5. 在四个选项中选出一个正确的答案。

공식 3 무엇에 대한 글인지 고르기

다음은 무엇에 대한 글인지 고르십시오.

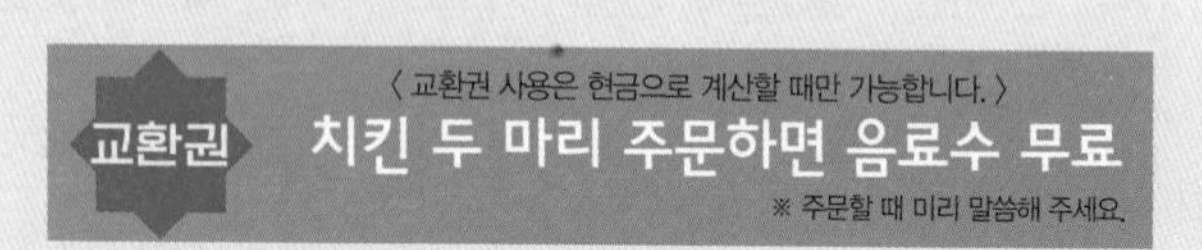

① 모집 안내 ② 이용 방법 ③ 판매 장소 ④ 제품 설명

공식

지문 속의 핵심어 Key words in the text 在文本的核心语			선택지 Options 选项
강조된 단어 The highlighted word 强调的词语	단어 Words 词语	➡	단어 Words 词语
기타 단어 The others words 其他词语	단어 Words 词语		

선택지에 등장한 단어들은 글 속에 등장하는 단어보다 더 추상적인 단어입니다.
지문의 단어들이 구체적으로 설명하고 있는 단어를 확인하세요.

Words of the options are more abstract than the words that appear in the text. Identify what the words of text describe in detail.

选项中出现的词语于文本中出现的词语比较更为抽象。文本中的词语都是具体地说明，故请确认现有的词语。

정답

지문에 등장하는 핵심어는 '주문', '미리 말씀해 주세요', '사용', '가능합니다'입니다. '이용 방법'을 설명하고 있으므로 정답은 ②입니다.

답 ②

어휘

교환권 마리 주문 음료수 무료 교환 미리 사용 가능하다

공식 적용하기

다음은 무엇에 대한 글인지 고르십시오.

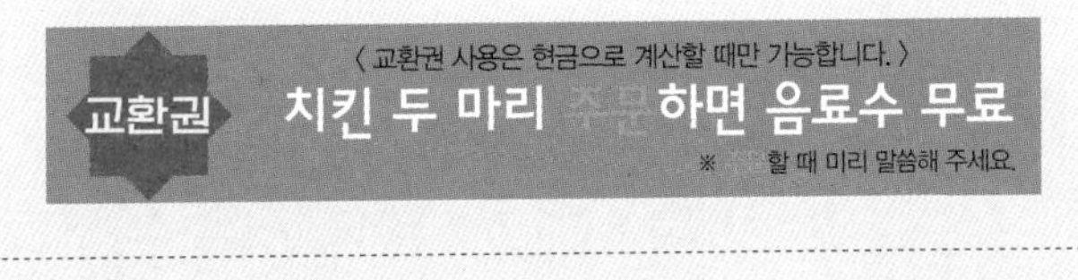

지문 속의 핵심어 Key words in the text 在文本的核心语		➡	선택지 Options 选项
강조된 단어 The highlighted word 强调的词语	두 마리 **주문** 시 음료수 무료	➡	이용 방법
기타 단어 The others words 其他词语	**주문** 시 미리 말씀해 주세요.		
	교환권 사용은 현금으로 계산할 때만 가능합니다.		

① 모집 안내　　② **이용 방법**　　③ 판매 장소　　④ 제품 설명

연습문제 01

다음은 무엇에 대한 글인지 고르십시오.

> ### 행복한 우리 가족의 건강 지킴이
> 고객을 위한 최고의 의료 서비스
> 최신 장비로 안전하고 효과적인 수술

① 은행　　② 병원　　③ 체육관　　④ 약국

공 식

	지문 속의 핵심어 Key words in the text 在文本的核心语	➡	선택지 Options 选项
문장 1	행복한 우리 가족의 건강 지킴이	➡	병원
문장 2	고객을 위한 최고의 의료 서비스		
문장 3	최신 장비로 안전하고 효과적인 수술		

정 답

지문에 등장하는 핵심어는 '건강', '의료', '수술'입니다. 따라서 ②번 '병원'이 정답입니다. 답 ②

어 휘

행복하다　건강　지키다　고객　의료　서비스
최신　장비　안전하다　효과　수술

연습문제 02

다음은 무엇에 대한 글인지 고르십시오.

> 에너지는 꼭 필요한 만큼만 사용하세요.
>
> 효율적이고 합리적인 에너지 사용으로 지구의 건강을 지켜주세요.

① 전기 절약 ② 교통 안전 ③ 경제 활동 ④ 건강 관리

공식

지문 속의 핵심어 Key words in the text 在文本的核心语		➡	선택지 Options 选项
문장 1	에너지는 꼭 필요한 만큼만 사용하세요.	➡	전기 절약
문장 2	효율적이고 합리적인 에너지 사용으로 지구의 건강을 지켜주세요.		

정답

지문에 등장하는 핵심어는 '에너지', '사용'입니다. 그리고 구체적 방법으로 '효율적이고 합리적인 에너지 사용'을 제시하고 있으므로 ①번 '전기 절약'이 정답입니다. 답 ①

어휘

에너지 필요하다 사용하다 효율 합리 사용
지구 지키다

같은 내용 고르기

공식 4 참고

'도표와 같은 내용 고르기' 유형입니다.
도표의 정보를 파악하고 선택지에서 같은 것을 고르는 문제입니다.

This type of question is the 'Select the same contents' as the chart.
Grasp the information from the chart, select the same contents from the options.

这题型是‘选择与图表相同的内容’。
掌握图表资料后，选择与内容相同的选项。

풀이비법 • TIPS • 解題技巧

1. 도표의 제목과 정보를 확인하세요.
2. 도표에서 각 항목들의 비율을 확인하세요.
3. 도표의 정보와 선택지의 정보를 비교하세요.
4. 선택지에서 정답을 선택하세요.

---

1. Identify the title and information in the graphs.
2. Identify the percentage of items in pie charts.
3. Compare the information between the chart and options.
4. Choose one correct answer out of four possible options.

---

1. 确认图表的标题和资料。
2. 确认饼图中各项目的百分比。
3. 图表和选项之间的资料作比较。
4. 在四个选项中选出一个正确的答案。

공식 5 참고

'글과 같은 내용 고르기' 유형입니다.
다양한 글의 정보를 파악하고 선택지에서 같은 것을 고르는 문제입니다.

This type of question is the 'Select the same contents as the text'.

Grasp the information from a variety of text, select the same contents from the options.

这题型是‘选择与文本相同的内容’。

掌握各种文本或图表资料，选择与内容相同的选项。

풀이비법 • TIPS • 解題技巧

1. 선택지를 모두 읽고 핵심어를 확인하여 밑줄을 치세요.
2. 지문을 읽을 때 선택지에 밑줄 친 정보가 나오는 부분에 집중하세요.
3. 선택지는 지문의 내용을 반복하거나 재구성한 것이므로 문장에 나타난 핵심어를 선택지의 문장과 비교하세요.

---

1. Please read the options and underline the key word.
2. When you read the text, pay attention to the underlined words of the options.
3. Since the options reorganized or repeated from the text, compare the key words appeared between text and options.

---

1. 请读好选项后，给核心词划下划线。
2. 当你阅读文本时，请集中在已划上底线的选项部分。
3. 由于选项是文本内容的重组或重复，文本出现的核心语和选项之间的作比较。

공식 4 도표의 세부 내용 파악하기

다음 글 또는 도표의 내용과 같은 것을 고르십시오.

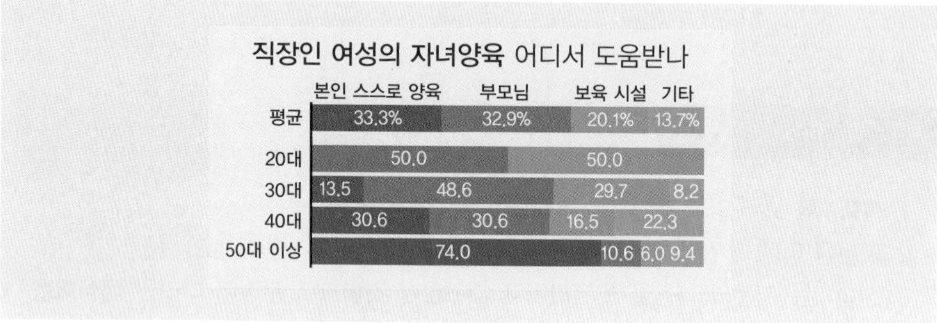

직장인 여성의 자녀양육 어디서 도움받나

본인 스스로 양육 / 부모님 / 보육 시설 / 기타

평균 33.3% 32.9% 20.1% 13.7%

20대 50.0 50.0

30대 13.5 48.6 29.7 8.2

40대 30.6 30.6 16.5 22.3

50대 이상 74.0 10.6 6.0 9.4

① 50대는 본인 스스로 양육하는 경우가 가장 적다.
② 평균적으로 보육 시설의 도움을 가장 많이 받는다.
③ 20대가 30대보다 부모님의 도움을 더 적게 받는다.
④ 40대는 평균보다 부모님의 도움을 더 적게 받는다.

공식

1. 도표의 제목을 확인하세요.
   Identify the title of the graphs.
   确认图表的标题。

2. 도표의 항목을 확인하고 의미를 파악하세요.
   Identify the items in the graph and grasp the meaning.
   确认图表中各项目和掌握意思。

3. 항목 간의 차이점을 숫자를 중심으로 파악하세요.
   Grasp the difference between items on the number.
   掌握各项目之间的数字差异。

정 답

① 50대는 본인 스스로 양육하는 경우가 ~~가장 적다~~. ➡ 가장 많다.
② 평균적으로 ~~보육 시설의 도움~~을 가장 많이 받는다. ➡ 본인 스스로 양육
③ 20대가 30대보다 부모님의 도움을 ~~더 적게 받는다~~. ➡ 20대 > 30대
④ 40대는 평균보다 부모님의 도움을 더 적게 받는다.
➡ 40대의 경우 부모님의 도움을 받는 경우는 30.6%인데 평균은 32.9%입니다.

답 ④

어 휘

직장인	여성	자녀	양육	도움	본인
스스로	보육	시설	기타	평균	

공식 적용하기

다음 글 또는 도표의 내용과 같은 것을 고르십시오.

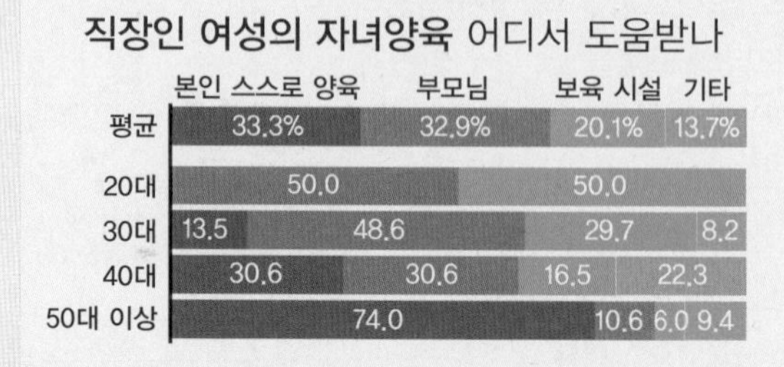

내용 비교하기 Compare the contents 内容比较	항목의 비율 The percentage of items 项目的百分比
	⬇
	선택지의 내용 The contents of items 选项的内容

⬇

제목 Title 标题
직장인 여성의 자녀양육 어디서 도움 받나

항목 items 项目	평균	20대	30대	40대	50대 이상
본인 스스로 양육	② 33.3%	0%	13.5%	30.6%	① 74%
부모님	32.9%	③ 50%	48.6%	30.6%	10.6%
보육 시설	20.1%	50%	29.7%	16.5%	6%
기타	13.7%	0%	8.2%	22.3%	9.4%

① 50대는 본인 스스로 양육하는 경우가 ~~가장 적다~~.
② 평균적으로 ~~보육 시설의 도움을~~ 가장 많이 받는다.
③ 20대가 30대보다 부모님의 도움을 ~~더 적게 받는다~~.
④ 40대는 평균보다 부모님의 도움을 더 적게 받는다.

연습문제 01

다음 글 또는 도표의 내용과 같은 것을 고르십시오.

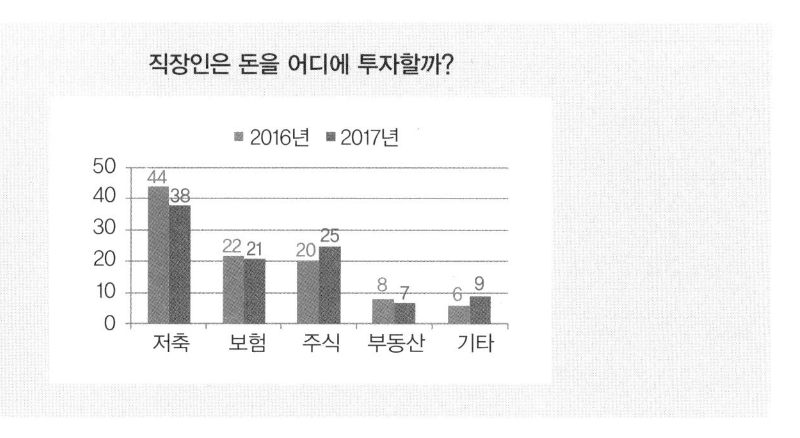

① 저축은 2017년에 증가하였다.
② 두 해 모두 저축에 가장 많이 투자하였다.
③ 2017년에는 2016년보다 주식 투자가 줄었다.
④ 2017년에는 보험보다 부동산에 더 많이 투자하였다.

공식

내용 비교하기 Compare the contents 内容比较	항목의 비율 The percentage of items 项目的百分比
	⬇
	선택지의 내용 The contents of options 选项的内容

정답

① 저축은 2017년에 ~~증가하였다~~. ➡ 감소하였다.
② 두 해 모두 저축에 가장 많이 투자하였다.
➡ 저축은 2016년에는 44%, 2017년에는 38%로 가장 많은 비중을 차지하고 있습니다.
③ 2017년에는 2016년보다 주식 투자가 ~~줄었다~~. ➡ 늘었다.
④ 2017년에는 ~~보험보다 부동산에~~ 더 많이 투자하였다. ➡ 부동산보다 보험에

답 ②

어휘

직장인　돈　투자하다　저축　보험　주식
부동산

연습문제 02

다음 글 또는 도표의 내용과 같은 것을 고르십시오.

국제 관광 박람회

입 장 권	일반	7,000원(현장 및 인터넷에서 구매 가능)
	단체	5,000원
	특별권	10,000원
무료입장	65세 이상 노인, 장애인	

※ 주말에는 단체 요금이 적용되지 않습니다.
※ 특별권을 구입하면 체험 시설 이용 시 할인받을 수 있습니다.
※ 14세 미만의 아동은 부모와 동반 시 2명까지 무료입장 가능합니다.

① 65세 이상 노인과 장애인만 무료이다.
② 일반 입장권은 인터넷에서 구입하면 할인받는다.
③ 체험 시설을 무료로 이용하려면 특별권을 사야 한다.
④ 학교에서 특별권을 사지 않고 박람회에 참가하려면 토요일보다 금요일이 더 저렴하다.

공 식

내용 비교하기 Compare the contents 內容比較	항목의 내용 The contents of items 项目的百分比
	⬇
	선택지의 내용 The contents of options 选项的内容

정 답

① 65세 이상 노인과 장애인~~만~~ 무료이다.
➡ 14세 미만의 아동은 부모와 동반 시 2명까지 무료입장 가능합니다.
② 일반 입장권은 인터넷에서 구입하면 ~~할인받는다~~. ➡ 같은 가격
③ 체험 시설을 ~~무료로~~ 이용하려면 특별권을 사야 한다.
➡ 특별권을 구입하면 체험 시설 이용 시 할인받을 수 있습니다.
④ 학교에서 특별권을 사지 않고 박람회에 참가하려면 토요일보다 금요일이 더 저렴하다.
➡ 주말에는 단체 요금이 적용되지 않습니다.

답 ④

어 휘

국제	관광	박람회	입장권	일반	현장
가능	단체	무료	입장	노인	장애인
적용	체험	시설	할인	아동	동반

공식 5 글의 세부 내용 파악하기

다음 글 또는 도표의 내용과 같은 것을 고르십시오.

김장을 하지 않는 가정이 계속 증가하고 있는 것으로 나타났다. 김장을 하는 집은 지난해보다 50% 정도 감소해서 열 집 중 다섯 집만이 김장을 하고 있었다. 인터넷이나 슈퍼마켓에서 언제든지 원하는 김치를 살 수 있게 되면서 김장을 하지 않는 가정이 증가하고 있는 것이다. 한편 김장을 하지 않는 이유로는 식구가 적기 때문이라고 답한 경우가 가장 많았다. 이번 조사는 지난해에 조사에 참여한 집으로 전화를 거는 방식으로 진행되었다.

① 이번 조사는 인터넷을 통해 실시하였다.
② 김장할 시간이 없다는 답변이 가장 많았다.
③ 조사된 가구 중에서 50%만 김장을 하고 있다.
④ 이번 조사와 지난해 조사는 서로 다른 가정을 대상으로 했다.

공식

1. 지문에 직접 제시된 사실 정보를 확인하고 선택지와 비교하세요.
   Identify factual information that is stated directly in the text and compare with the options.
   确认文本中直接提示的真实资料并与选项作比较。

2. 세부 내용에 대한 잘못된 정보나 새로운 정보는 지우세요.
   Incorrect information or new information about the details is not the answer.
   不符合細節內容的情報或新的情報都不是正答。

정답

① 이번 조사는 ~~인터넷을 통해~~ 실시하였다. ➡ 전화를 통해
② 김장할 ~~시간이 없다는~~ 답변이 가장 많았다. ➡ 식구가 적기 때문
③ 조사된 가구 중에서 50%만 김장을 하고 있다. ➡ 열 집 중 다섯 집만이 김장을 하고 있었다.
④ 이번 조사와 지난해 조사는 ~~서로 다른~~ 가정을 대상으로 했다. ➡ 지난해에 조사에 참여한 집

답 ③

어휘

김장	가정	증가	감소	김치	식구
적다	조사	참여하다	전화(를) 걸다	방식	

공식 적용하기

다음 글 또는 도표의 내용과 같은 것을 고르십시오.

김장을 하지 않는 가정이 계속 증가하고 있는 것으로 나타났다. 김장을 하는 집은 지난해보다 50% 정도 감소해서 열 집 중 다섯 집만이 김장을 하고 있었다. 인터넷이나 슈퍼마켓에서 언제든지 원하는 김치를 살 수 있게 되면서 김장을 하지 않는 가정이 증가하고 있는 것이다. 한편 김장을 하지 않는 이유로는 식구가 적기 때문이라고 답한 경우가 가장 많았다.② 이번 조사는 지난해에 조사에 참여한 집으로④ 전화를 거는 방식으로 진행되었다.①

내용 비교하기 Compare the contents 内容比较	지문의 내용 The contents of texts 文本的内容
	⬇
	선택지의 내용 The contents of options 选项的内容

① 이번 조사는 ~~인터넷을 통해~~ 실시하였다.
② ~~김장할 시간이 없다는~~ 답변이 가장 많았다.
③ 조사된 가구 중에서 50%만 김장을 하고 있다.
④ 이번 조사와 지난해 조사는 ~~서로 다른~~ 가정을 대상으로 했다.

연습문제 01

다음 글 또는 도표의 내용과 같은 것을 고르십시오.

날씨가 추워지는 요즘, 지나치게 두꺼운 옷을 입고 다니는 사람들을 많이 볼 수 있다. 그러나 보온과 혈액순환을 위해서는 두꺼운 옷을 한 벌 입는 것보다 조금 크고 가벼운 옷을 여러 벌 겹쳐 입는 것이 훨씬 좋다. 그러나 너무 많이 입어서 땀이 많이 날 경우에는 오히려 피부에 염증이 생기거나 체온을 더 떨어뜨릴 수 있다. 따라서 건강한 겨울을 보내기 위해서는 실내외 온도차로 추위를 느끼지 않을 정도로만 입는 것이 좋다.

① 몸에 땀이 많아지면 체온이 올라간다.
② 두꺼운 옷을 입으면 건강한 겨울을 보낼 수 있다.
③ 지나치게 두꺼운 옷을 입는 것은 피하는 게 좋다.
④ 가벼운 옷을 여러 벌 겹쳐 입으면 피부에 염증이 생긴다.

공 식

내용 비교하기 Compare the contents 内容比较	지문의 내용 The contents of texts 文本的內容
	⬇
	선택지의 내용 The contents of options 选项的內容

정 답

① 몸에 땀이 많아지면 ~~체온이 올라간다~~.
➡ 너무 많이 입어서 땀이 많이 날 경우에는 오히려 피부에 염증이 생기거나 체온을 더 떨어뜨릴 수 있다.

② ~~두꺼운 옷을 입으면~~ 건강한 겨울을 보낼 수 있다.
➡ 건강한 겨울을 보내기 위해서는 실내외 온도차로 추위를 느끼지 않을 정도로만 입는 것이 좋다.

③ 지나치게 두꺼운 옷을 입는 것은 피하는 게 좋다.
➡ 두꺼운 옷을 한 벌 입는 것보다 조금 크고 가벼운 옷을 여러 벌 겹쳐 입는 것이 훨씬 좋다.

④ ~~가벼운 옷을 여러 벌 겹쳐 입으면~~ 피부에 염증이 생긴다.
➡ 너무 많이 입어서 땀이 많이 날 경우에는

답 ③

어 휘

두껍다	보온	혈액순환	크다	땀	피부
염증	생기다	체온	떨어뜨리다	실내	실외
추위	느끼다				

연습문제 02

다음 글 또는 도표의 내용과 같은 것을 고르십시오.

조선 시대의 궁중 문화를 느끼고 체험할 수 있는 문화 공간이 생겼다. 서울시에서 새로 문을 연 '궁중 체험관'이 바로 그곳이다. 입장료 5,000원만 내면 남녀노소 누구나 조선 시대의 왕이 되어 궁궐의 일상을 체험할 수 있으며 떡, 한과, 차 등의 간식을 먹을 수 있다. 체험관에는 궁중 유물과 그림도 함께 전시하여 조선 왕실의 역사와 문화를 이해할 수 있다.

① 궁중 체험관의 입장료는 무료이다.
② 궁중 체험관은 작년에도 인기가 많았다.
③ 궁중 체험관 옆에는 조선 왕실의 유물이 전시되어 있다.
④ 궁중 체험관에서 조선 시대 왕의 일상을 체험할 수 있다.

공 식

내용 비교하기 Compare the contents 内容比较	지문의 내용 The contents of texts 文本的内容
	⬇
	선택지의 내용 The contents of options 选项的内容

정 답

① 궁중 체험관의 입장료는 ~~무료이다~~. ➡ 입장료 5,000원만 내면
② 궁중 체험관은 ~~작년에도 인기가 많았다~~.
➡ 서울시에서 새로 문을 연 '궁중 체험관'이 바로 그곳이다.
③ 궁중 체험관 ~~옆에는~~ 조선 왕실의 유물이 전시되어 있다.
➡ 체험관에는 궁중 유물과 그림도 함께 전시하여 조선 왕실의 역사와 문화를 이해할 수 있다.
④ 궁중 체험관에서 조선 시대 왕의 일상을 체험할 수 있다.
➡ 누구나 조선 시대의 왕이 되어 궁궐의 일상을 체험할 수 있으며

답 ④

어 휘

조선 시대	궁중	느끼다	체험하다	공간	생기다
열다	남녀노소	왕	궁궐	일상	체험
유물	전시하다	왕실	역사	이해하다	

유형 5

순서대로 나열하기

공식 6 참고

'순서대로 나열하기' 유형입니다.
네 개의 문장을 읽고 논리적 순서에 맞게 문장을 나열하는 문제입니다.

This type of questions is 'Arrange the sentences in order'.
After reading the four sentences, arrange the sentences to fit in a logical order.

这题型是‘排列句子的顺序’。
阅读四个句子后，逻辑排列句子的顺序。

풀이비법 • TIPS • 解题技巧

1. 두 개의 선택지가 고정되어 있으므로 두 문장 중에서 무엇이 첫 번째 문장인지 결정하세요.
2. 접속부사나 지시대명사를 이용하여 문장의 위치를 추측해 보세요.
3. 문장의 순서를 나열하세요.
4. 선택지에서 정답을 선택하세요.

---

1. As two options are fixed, you must decide what is the first sentence.
2. Guess the position of the sentence by using the conjunctive adverbs or demonstrative pronouns.
3. Arrange the sentence in order.
4. Choose one correct answer out of four possible option.

---

1. 其中两个选项是固定的，你必须决定两个句子中第一个句子是什么。
2. 利用连接副词或指示代名词来推测句子的位置。
3. 按顺序排列句子。
4. 在四个选项中选出一个正确的答案。

공식 6 순서대로 나열하기

다음을 순서에 맞게 배열한 것을 고르십시오.

(가) 만약 양쪽 발의 크기에 차이가 있으면 큰 쪽에 맞추는 게 좋다.
(나) 우선 발의 모양을 고려하여 신발을 골라야 한다.
(다) 그리고 신발을 살 때는 가능하면 발이 붓는 오후에 사는 게 좋다.
(라) 신발을 살 때는 발 건강을 위해 주의할 점이 있다.

① (라) - (다) - (가) - (나)
② (라) - (나) - (가) - (다)
③ (나) - (라) - (다) - (가)
④ (나) - (가) - (라) - (다)

공식

전체 문장은 중심 내용과 세부 내용으로 구분할 수 있습니다. 우선 두 문장 중에서 화제와 관계있는 첫 문장을 결정하고 접속부사나 지시대명사를 고려하여 문장들의 논리적 순서를 결정하세요. 접속부사는 161쪽, 지시대명사는 162쪽을 참고하세요.

The entire statement can distinguish between the main contents and detailed contents. Determine the first sentence related to the topic from two sentences and arrange the logical order of the sentence by considering the conjunctive adverbs or demonstrative pronouns. Please refer to page 161 for conjunctive adverbs, page 162 for the demonstrative pronouns.

全文是可以区分出中心内容和详细内容。两个句子中，先决定与话题有关的第一个句子并考虑连接副词或指出代名词，决定句子的逻辑顺序排列句子。连接副词请参考161页，指示代名词请参考162页。

정답

(라)	(나)	(가)	(다)
주의할 점	우선	만약	그리고

➡ 첫 번째 문장은 신발을 살 때 '주의할 점'이고 나머지는 그 구체적인 내용이 논리적으로 연결되므로 정답은 ②입니다. 답 ②

어휘

신발 건강 주의하다 우선 모양 고려하다 고르다
만약 양쪽 차이 맞추다 가능하다 붓다

공식 적용하기

다음을 순서에 맞게 배열한 것을 고르십시오.

(가) 만약 양쪽 발의 크기에 차이가 있으면 큰 쪽에 맞추는 게 좋다.
(나) 우선 발의 모양을 고려하여 신발을 골라야 한다.
(다) 그리고 신발을 살 때는 가능하면 발이 붓는 오후에 사는 게 좋다.
(라) 신발을 살 때는 발 건강을 위해 주의할 점이 있다.

화제 Topic 话题
⬇
세부 내용 Detailed contents 详细内容 ⇨ 논리적 순서 The logical order 逻辑顺序

(라) 신발을 살 때는 발 건강을 위해 주의할 점이 있다.

화제 Topic 话题

(나) 우선 발의 모양을 고려하여 신발을 골라야 한다.

➡ 우선 : 주의할 점(1)

(가) 만약 양쪽 발의 크기에 차이가 있으면 큰 쪽에 맞추는 게 좋다.

⇨ 만약 –(으)면 : 주의할 점(1)에 대한 세부 내용

(다) 그리고 신발을 살 때는 가능하면 발이 붓는 오후에 사는 게 좋다.

➡ 그리고 : 주의할 점(2)
단어, 구, 절, 문장 따위를 병렬적으로 연결할 때 사용합니다.
It is used to connect words, phrases, clauses and sentences.
它是使用连接单词, 短语, 从句和句子。

연습문제 01

다음을 순서에 맞게 배열한 것을 고르십시오.

(가) 그래서 임신 · 출산 사실을 증명하면 진료비 지원을 받게 될 전망이다.
(나) 정부는 임신부에게 진료비를 지원하기 위해 국민행복카드를 지급한다.
(다) 이와 함께 신청을 못하거나 신청 시기를 놓치지 않도록 홍보를 강화하기로 했다.
(라) 카드 발급은 신용카드 회사와 건강보험공단에 신청하면 된다.

① (나) - (다) - (가) - (라)
② (나) - (가) - (라) - (다)
③ (라) - (나) - (다) - (가)
④ (라) - (가) - (나) - (다)

공식

화제 Topic 话题

⬇

세부 내용 Detailed contents 详细内容
⇨ 논리적 순서 The logical order 逻辑顺序

정답

(나) 정부는 임신부에게 진료비를 지원하기 위해 국민행복카드를 지급한다.

(가) 그래서 임신 · 출산 사실을 증명하면 진료비 지원을 받게 될 전망이다.

(라) 카드 발급은 신용카드 회사와 건강보험공단에 신청하면 된다.

(다) 이와 함께 신청을 못하거나 신청 시기를 놓치지 않도록 홍보를 강화하기로 했다.

➡ 전체 내용은 카드 소개와 카드 신청으로 구분할 수 있습니다. 화제는 '국민행복카드'입니다. 카드 소개는 인과관계로 (나)와 (가)의 순서입니다. 그리고 카드 신청은 신청방법에 대한 (라)와 신청에 대한 세부 내용인 (다)를 열거하고 있습니다. 답 ②

어휘

정부	임신부	진료비	지원하다	카드	임신	출산
증명하다	지원	전망	발급	신청하다	시기	홍보
강화하다						

연습문제 02

다음을 순서에 맞게 배열한 것을 고르십시오.

(가) 순수하게 노력해서 값진 것을 얻어냈다는 느낌이 들기 때문입니다.
(나) 치밀한 구조와 형식에 집중해서 연주하는 동안 피곤하고 힘들기 때문입니다.
(다) 그러나 그런 부담감을 이겨냈을 때의 성취감은 큽니다.
(라) 베토벤의 작품은 처음부터 끝까지 긴장의 연속이어서 너무 어렵습니다.

① (나) – (다) – (가) – (라)
② (나) – (가) – (라) – (다)
③ (라) – (나) – (다) – (가)
④ (라) – (가) – (나) – (다)

공 식

화제 Topic 话题

⬇

세부 내용 Detailed contents 详细内容
⇨ 논리적 순서 The logical order 逻辑顺序

정 답

(라) 베토벤의 작품은 처음부터 끝까지 긴장의 연속이어서 너무 어렵습니다.

(나) 치밀한 구조와 형식에 집중해서 연주하는 동안 피곤하고 힘들기 때문입니다.

(다) 그러나 그런 부담감을 이겨냈을 때의 성취감은 큽니다.

(가) 순수하게 노력해서 값진 것을 얻어냈다는 느낌이 들기 때문입니다.

➡ 전체 내용은 베토벤 작품에 대한 느낌과 이유를 대조적으로 설명하고 있습니다. 화제는 '베토벤의 작품'입니다. 베토벤의 작품이 어렵다고 느낀 이유가 (라)와 (나)를 통해 나타나고 성취감과 그에 대한 구체적 설명이 (다)와 (가)에 나타납니다.

답 ③

어 휘

베토벤	작품	긴장	연속	어렵다	치밀하다	구조
형식	집중하다	연주하다	피곤하다	힘들다	부담감	이기다
성취감	다르다	순수하다	노력하다	값지다	얻다	느낌

부록

자주 출제되는 접속부사

1. 그리고

단어, 구, 절, 문장 따위를 병렬적으로 연결할 때 사용합니다.
It is used to connect words, phrases, clauses and sentences.
它是使用连接单词、短语、从句和句子。

2. 그래서 / 그러니까 / 그러므로 / 따라서

앞의 내용이 원인 또는 이유임을 표시합니다.
It marks that the previous contents is the cause or reason.
它表示前面的内容是原因或理由。

3. 그런데

화제를 앞의 내용과 관련시키면서 다른 방향으로 이끌어 나갈 때 사용합니다.
It is used to change the topic in different direction while relating to the previous contents.
它是用在改变话题去不同的方向，虽与前面的内容有关联。

4. 그러면

앞의 내용이 조건임을 표시합니다.
It marks that the previous contents is the condition.
它表示前面内容的条件。

5. 그러나 / 그런데

앞 문장과 뒤 문장이 반대 관계임을 의미합니다.
It means that the previous sentence and the next sentence are the opposite relationship.
它表示前面句子和后面句子是相反关系的。

6. 하지만

앞의 내용을 인정하면서 반대 관계임을 표시합니다.
It means that the previous sentence and the next sentence are the opposite relationship while admitting the previous contents.
它表示前面句子和后面句子是相反关系，同时承认先前的内容。

부록

지시대명사

1. 이 / 이것

(1) 말하는 이에게 가까이 있거나 말하는 이가 생각하고 있는 대상을 가리킬 때 사용합니다.
(2) 앞에서 이야기한 대상을 가리킬 때 사용합니다.

(1) It is used to indicate things that is close to the speaker or the speaker's thought.
(2) It is used to indicate things that mentioned in the previous sentence.

(1) 它的作用是指示说话的人靠近物件或说话人的思想对象。
(2) 它是指出前面说话对象时使用。

2. 그 / 그것

(1) 듣는 이에게 가까이 있거나 듣는 이가 생각하고 있는 대상을 가리킬 때 사용합니다.
(2) 앞에서 이미 이야기한 대상을 가리킬 때 사용합니다.

(1) It is used to indicate things that is close to the listener or the listener's thought.
(2) It is used to indicate things that mentioned in the previous sentence.

(1) 它的作用是指示聆听的人靠近物件或聆听人的思想对象。
(2) 它是指出前面说话对象时使用。

3. 저 / 저것

말하는 사람과 듣는 사람으로부터 멀리 있는 대상을 가리킬 때 사용합니다.
It is used to indicate things that is far away from speaker and listener.
它是用来指示跟说话的人和聆听者有一段距离的事物。

유형 6

빈칸에 들어갈 내용 고르기

공식 7 참고

'빈칸에 들어갈 내용 고르기' 유형입니다.
전체 지문을 읽고 논리적 순서를 고려하여 빈칸에 들어갈 세부 내용을 고르는 문제입니다.

This type of question is the 'Select the most appropriate contents for the blank'.
Read the entire text and select the detailed contents that put in the blank by considering the logical order.

这题型是'选择填充题'。
阅读全文和考虑逻辑顺序，选择填入空白地方的详细内容。

풀이비법 • TIPS • 解题技巧

1. 지문을 읽기 전에 선택지를 모두 읽고 밑줄을 치세요.
2. 전체 지문을 읽고 핵심어에 밑줄을 치세요.
   (1) 이 유형의 일부 문제에서는 선택지의 밑줄 친 정보가 지문에서 다른 말로 표현될 수 있습니다. 따라서 동의어나 다른 말로 바꾸어 표현한 것을 잘 읽어야 합니다. 지문을 읽을 때에는 같은 의미로 쓰인 다른 단어나 표현에 주의하세요.
   (2) 선택지에서 밑줄 친 핵심 단어를 자세하게 표현한 정보에 주의하세요.
   (3) 접속부사나 한국어 문법을 이용하여 구체적인 정보를 확인하세요.
3. 선택지에서 정답을 선택하세요.

---

1. Please read and underline the options before reading the text.
2. Read the entire of text and underline key words.
   (1) In some questions in this type, the information that you underline in the options will be expressed in the different words in a text. You will need to read synonyms and paraphrasing. When you read the text, pay close attention to different words and expressions with the same meaning.
   (2) When you have identified key words in the options, read carefully for more detailed information.
   (3) Identify specific information by using the conjunctive adverbs and Korean grammar.
3. Choose one correct answer out of four possible options.

1. 在阅读文本前，请阅读选项和在核心语下划上底线。
2. 阅读整个文本并在核心语下划上底线。
    (1) 这题型的某部分问题，你在选项中划下底线的资料将在文本用不同的词语来表达，所以你需要阅读同义词和重述。当你阅读时，请密切注意意思相同的不同词语和表达。
    (2) 确认选项中划线的核心语，小心阅读文本里详细的资料。
    (3) 使用连接副词和韩语语法来确认具体的资料。
3. 在四个选项中选出一个正确的答案。

공식 7 빈칸에 들어갈 내용 고르기

(　　)에 들어갈 말로 가장 알맞은 것을 고르십시오.

> 공기의 질에 나쁜 영향을 끼치는 오염물질은 매우 다양하다. 하지만 사람들은 공기 오염이라고 하면 대부분 자동차 배기가스나 공장이 내뿜는 회색 연기를 생각한다. 그래서 화학물질 사용으로 인한 (　　). 특히 90% 이상의 시간을 실내에서 보내는 도시 거주자들은 대부분 실내공기로 숨을 쉬기 때문에 자주 환기를 시켜야 한다. 실내의 오염된 공기와 화학물질 등이 질병을 유발하기 때문이다.

① 기업의 생산성이 증가하고 있다
② 새로운 공기 정화기를 개발해야 한다
③ 문제 해결을 위해 새로운 환경 정책이 필요하다
④ 실내공기 오염 문제가 제대로 인식되지 않고 있다

공식

빈칸 앞뒤의 문장을 읽고 빈칸에 들어갈 세부 내용을 찾으세요.
Find the appropriate detailed content to fill in the blank after reading the sentences before and after the blank.
细阅填充空白地方的前后句子，找出相应的详细内容把它填上。

정답

앞 문장	접속부사	뒤 문장
사람들은 ~생각한다.	그래서	~제대로 인식되지 않고 있다.

➡ '그래서'의 앞부분은 공기 오염에 대한 잘못된 생각을 설명하고 있습니다. 그리고 빈칸 뒤의 내용은 오염된 공기가 질병을 유발하므로 자주 환기시켜야 한다는 것입니다. 따라서 전체의 내용을 고려하면 '실내공기 오염 문제가 제대로 인식되지 않고 있다.'는 ④가 정답입니다. 답 ④

어휘

공기	영향	오염	물질	다양하다	배기가스
공장	내뿜다	회색	연기	화학물질	실내
도시	거주자	환기	질병	유발하다	

공식 적용하기

(   )에 들어갈 말로 가장 알맞은 것을 고르십시오.

공기의 질에 나쁜 영향을 끼치는 오염물질은 매우 다양하다. 하지만 사람들은 공기 오염이라고 하면 대부분 자동차 배기가스나 공장이 내뿜는 회색 연기를 생각한다. 그래서 화학물질 사용으로 인한 (실내공기 오염 문제가 제대로 인식되지 않고 있다). 특히 90% 이상의 시간을 실내에서 보내는 도시 거주자들은 대부분 실내공기로 숨을 쉬기 때문에 자주 환기를 시켜야 한다. 실내의 오염된 공기와 화학물질 등이 질병을 유발하기 때문이다.

앞 내용 Previous information 前面内容	**빈칸** Blank 空白地方	뒤 내용 Following information 后面内容

1. 글 전체의 내용을 파악하세요.
   Grasp the contents of the entire text.
   掌握全文的内容。

2. 세부 내용에 대한 잘못된 정보나 새로운 정보는 지우세요.
   Delete the false information and new information.
   删除虚假的资料和新的资料。

3. 한국어 문법을 이용하세요. 161, 162쪽을 참고하세요. 접속부사는 161쪽, 지시대명사는 162쪽을 참고하세요.
   For Korean grammar please refer to page 161, 162. Please refer to page 161 for conjunctive adverbs, page 162 for the demonstrative pronouns.
   韩语语法请参考161，162页，连接副词请参考161页，指示代名词请参考162页。

① 기업의 생산성이 증가하고 있다
② 새로운 공기 정화기를 개발해야 한다
③ 문제 해결을 위해 새로운 환경 정책이 필요하다
④ 실내공기 오염 문제가 제대로 인식되지 않고 있다

연습문제 01

(　　)에 들어갈 말로 가장 알맞은 것을 고르십시오.

말이나 행동처럼 색도 의사소통의 수단으로 사용된다. 따라서 색도 당연히 해석의 대상이 된다. 그리고 개인이 색을 활용해서 자신을 표현하는 것처럼 (　　). 단체색은 집단의 정체성을 만들어 주고 구성원의 소속감을 높여준다. 좋아하는 연예인을 응원하기 위해 청소년들이 같은 색의 옷을 입으며 소통하는 것이 그 예이다.

① 집단도 마찬가지이다
② 집단의 정체성은 중요하다
③ 개인을 위해 집단이 존재한다
④ 소속감과 정체성은 무관하다

공식

빈칸 앞뒤의 문장을 읽고 빈칸에 들어갈 내용을 찾으세요.

Find the appropriate content to fill in the blank after reading the sentences before and after the blank.

细阅填充空白地方的前后句子，找出相应的内容把它填上。

앞 내용 Previous information 前面内容	**빈칸** Blank 空白地方	뒤 내용 Following information 后面内容

정답

앞 문장	**조사**	뒤 문장
개인이 ~하는 것	**처럼**	집단도 마찬가지이다.

➡ 전체적인 내용은 색이 의사소통의 수단이고 개인과 집단이 색을 의사소통의 수단으로 사용한다는 것입니다. '처럼'의 앞부분은 '개인'과 관련된 내용이고 뒷부분은 '집단'과 관련된 내용입니다. '처럼'은 비슷하거나 같다는 의미를 가진 조사입니다. 따라서 서로 사실상 같음을 표시하는 '집단도 마찬가지이다'가 정답입니다. 답 ①

어휘

말	행동	색	의사소통	수단	사용
해석	대상	활용하다	표현하다	마찬가지	집단
정체성	구성원	소속감	청소년	색깔	

연습문제 02

(　　)에 들어갈 말로 가장 알맞은 것을 고르십시오.

음식에 다양한 맛을 더해 주어 식욕을 촉진시키는 조미료를 '향신료'라고 한다. 향신료의 사용은 주로 고기를 주식으로 했던 민족에게 두드러진다. 고기는 쉽게 부패되어 좋지 않은 냄새를 내는 단점이 있다. 이것을 (　　) 향기나 매운 맛이 있는 나무의 잎과 열매를 고기와 섞어 조리하기 시작했다. 사람들은 이러한 방법을 통해 향신료를 찾아낸 것으로 추측된다.

① 쉽게 이해하기 위해
② 없앨 방법을 연구하던 중에
③ 자연 속에서 쉽게 얻기 위해
④ 장점과 연결하여 개발하던 중에

공식

빈칸 앞뒤의 문장을 읽고 빈칸에 들어갈 내용을 찾으세요.
Find the appropriate content to fill in the blank after reading the sentences before and after the blank.
细阅填充空白地方的前后句子，找出相应的内容把它填上。

앞 내용 Previous information 前面内容	**빈칸** Blank 空白地方	뒤 내용 Following information 后面内容

정답

앞 문장	**지시대명사**	뒤 문장
~냄새를 내는 단점이 있다.	**이것**	~찾아낸 것으로 추측된다.

➡ 전체 내용은 '향신료의 발견'에 대한 추측입니다. '이것'은 고기가 쉽게 부패된다는 단점을 말하고 있고 이러한 단점을 극복하고 향신료를 찾아낸 것으로 추측되므로 빈칸에는 '없앨 방법을 연구하던 중에'가 적절합니다.
답 ②

어휘

식욕	촉진하다	조미료	향신료	사용	고기
주식	민족	두드러지다	부패되다	냄새	단점
없애다	방법	연구하다	향기	맵다	나무
잎	열매	섞다	조리하다	추측되다	

유형 7

지문을 읽고 두 문제에 답하기 (1)

공식 8~10 참고

'지문을 읽고 두 문제에 답하기' 유형입니다.
지문을 읽고 지문의 세부 내용을 묻는 두 문제에 답하는 문제입니다.

This type of question is the 'Read the text and answer two questions'.
Read the text and answer two questions about the details of the text.

这题型是‘阅读文本并回答两个问题’。
阅读文本和回答两个问题是涉及文本的细节内容。

풀이비법 • TIPS • 解题技巧

1. 지문을 읽기 전에 문제와 선택지를 모두 읽으세요.
   (1) 문제를 읽고 유형을 확인하세요. 170쪽을 확인하세요.
   (2) 선택지를 읽고 명사, 동사, 형용사, 부사에 밑줄을 치세요.
2. 전체 지문을 읽고 핵심어에 밑줄을 치세요.
   (1) 이 유형의 일부 문제에서는 선택지의 밑줄 친 정보가 지문에서 다른 말로 표현될 수 있습니다. 따라서 동의어나 다른 말로 바꾸어 표현한 것을 잘 읽어야 합니다. 지문을 읽을 때는 같은 의미로 쓰인 다른 단어나 표현에 주의하세요.
   (2) 선택지에서 밑줄 친 핵심 단어를 자세하게 표현한 정보에 주의하세요.
   (3) 접속부사나 한국어 문법을 이용하여 구체적인 정보를 확인하세요.
3. 선택지에서 정답을 선택하세요.

---

1. Read the question and the options before reading the text.
   (1) Read the question and identify the type of question. Please refer to page 170.
   (2) Read the options and underline nouns, verbs, adjectives, adverbs.
2. Read the entire text and underline key words.
   (1) In some questions in this type, the information that you underline in the options will be expressed in the different words in a text. You will need to read synonyms and paraphrasing. When you read the text, pay close attention to different words and expressions with the same meaning.
   (2) When you have identified key words in the options, read carefully for more detailed information.
   (3) Identify specific information by using the conjunctive adverbs and Korean grammar.
3. Choose one correct answer out of four possible options.

1. 在阅读文本前， 先阅读问题和选项。
   (1) 阅读问题并确认问题的题型。请参考170页。
   (2) 阅读选项和在名词、动词、形容词、副词下划上底线。
2. 阅读整个文本并在核心语下划上底线。
   (1) 这题型的某部分问题，你在选项中划下底线的资料将在文本用不同的词语来表达，所以你需要阅读同义词和重述。当你阅读时，请密切注意意思相同的不同词语和表达。
   (2) 确认选项中划线的核心语，小心阅读文本里详细的资料。
   (3) 使用连接副词和韩语语法来确认具体的资料。
3. 在四个选项中选出一个正确的答案。

<table>
<tr><th colspan="2">문제 유형 The type of question 问题的题型</th></tr>
<tr><th>문제 1 Question 1 问题 1</th><th>문제 2 Question 2 问题 2</th></tr>
<tr><td>빈칸에 들어갈 어구 고르기
Select the phrase for the blank
选择语句填充
(1) 접속부사 Conjunctive adverbs 连接副词
(2) 부사 Adverbs 副词
(3) 관용표현 Korean idiomatic expression 韩语的惯用表达</td><td rowspan="3">세부 내용 파악하기
Grasp the details
掌握详细内容</td></tr>
<tr><td>중심 생각 파악하기
Grasp the main idea
掌握中心思想</td></tr>
<tr><td>인물의 심정 파악하기
Grasp the person's feelings
掌握人物的感受</td></tr>
</table>

공식 8 빈칸에 들어갈 어구 고르기 + 세부 내용 파악하기

다음을 읽고 물음에 답하십시오.

화장품을 살 때는 용기나 포장 겉면에 적혀 있는 성분, 사용법, 주의사항, 유통기한 등을 확인하고 자신에게 맞는 화장품을 선택해야 한다. (   ) 피부가 민감한 경우에는 화장품을 사기 전에 귀밑 등 피부에 적은 양을 발라 반응을 확인해야 한다. 왜냐하면 화장품에 포함된 다양한 화학물질 때문에 피부에 좋지 않은 반응이 나타날 수 있기 때문이다. 만약 이런 반응이 나타나면 즉시 사용을 중지해야 하고 반응이 지속되면 피부과에 가는 것이 좋다.

문제 1 (   )에 들어갈 말로 가장 알맞은 것을 고르십시오.

① 또는 ② 그리고 ③ 그러나 ④ 그러므로

문제 2 윗글의 내용과 같은 것을 고르십시오.

① 화장품은 유통기한에 상관없이 사용이 가능하다.
② 피부에 문제가 생기면 바로 피부과에 가야 한다.
③ 화장품을 구입한 후 꼭 성분과 주의사항을 읽어야 한다.
④ 피부에 문제가 생기는 이유는 다양한 화학물질 때문이다.

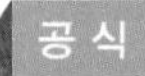

▌문제 1▐

접속부사 Conjunctive adverbs 连接副词

빈칸 앞뒤의 문장을 읽고 빈칸에 들어갈 적절한 접속부사를 찾으세요. 161쪽을 참고하세요.

Find the appropriate conjunctive adverb to fill in the blank by reading the sentences before and after the blank. Please refer to page 161.

阅读空白位置的前后句子，找出相应的连接副词来填充。请参考161页。

▌문제 2▐

세부 내용 파악하기 Grasp the details 掌握详细内容

1. 지문에 직접 제시된 사실 정보를 확인하고 선택지를 확인하세요.
   Identify factual information that is stated directly in the text and confirm the options.
   确认文本直接提到的事实资料和确认选项。

2. 세부 내용에 대한 잘못된 정보나 새로운 정보는 지우세요.
   Delete the false information and new information.
   删除虚假资料和新的资料。

정 답

▌문제 1▐ (　　　)에 들어갈 말로 가장 알맞은 것을 고르십시오.

① 또는
② 그리고
③ 그러나
④ 그러므로

~확인하고 ~선택해야 한다.	**그리고**	~확인해야 한다.

➡ 화장품을 선택할 때 확인해야 하는 사항을 나열하고 있으므로 '그리고'가 적절합니다. 답 ②

▌문제 2▐ 윗글의 내용과 같은 것을 고르십시오.

① 화장품은 유통기한에 ~~상관없이~~ 사용이 가능하다.
➡ 화장품을 살 때는 용기나 포장 겉면에 적혀 있는 성분, 사용법, 주의사항, 유통기한 등을 확인하고
② 피부에 문제가 생기면 ~~바로~~ 피부과에 가야 한다.
➡ 반응이 지속되면 피부과에 가는 것이 좋다.
③ 화장품을 ~~구입한 후~~ 꼭 성분과 주의사항을 읽어야 한다.
➡ 화장품을 살 때는 용기나 포장 겉면에 적혀 있는 성분, 사용법, 주의사항, 유통기한 등을 확인하고
④ 피부에 문제가 생기는 이유는 다양한 화학물질 때문이다.
➡ 왜냐하면 화장품에 포함된 다양한 화학물질 때문에 피부에 좋지 않은 반응이 나타날 수 있기 때문이다. 답 ④

어 휘

화장품	용기	포장	겉면	성분	사용법
주의사항	유통기한	확인하다	선택하다	민감하다	피부
바르다	반응	포함	화학물질	중단하다	피부과

공식 적용하기

다음을 읽고 물음에 답하십시오.

화장품을 살 때는 용기나 포장 겉면에 적혀 있는 성분, 사용법, 주의사항, 유통기한 등을 확인하고 자신에게 맞는 화장품을 선택해야 한다. (그리고) 피부가 민감한 경우에는 화장품을 사기 전에 귀밑 등 피부에 적은 양을 발라 반응을 확인해야 한다. 왜냐하면 화장품에 포함된 다양한 화학물질 때문에 피부에 좋지 않은 반응이 나타날 수 있기 때문이다. 만약 이런 반응이 나타나면 즉시 사용을 중지해야 하고 반응이 지속되면 피부과에 가는 것이 좋다.

③ ① ②

▮문제 1▮ (　　)에 들어갈 말로 가장 알맞은 것을 고르십시오.

① 또는　② 그리고　③ 그러나　④ 그러므로

앞 내용 Previous information 前面内容	빈칸 Blank 空白地方	뒤 내용 Following information 后面内容
화장품을 살 때는 용기나 겉면에 적혀 있는 ~등을 확인하고 ~화장품을 선택해야 한다.	그리고	피부가 민감한 경우에는 ~반응을 확인해야 한다.

➡ 그리고 : 단어, 구, 절, 문장 따위를 병렬적으로 연결할 때 사용합니다.
It is used to connect words, phrases, clauses and sentences.
它是使用连接单词、短语、从句和句子。

▮문제 2▮ 윗글의 내용과 같은 것을 고르십시오.

① 화장품은 유통기한에 ~~상관없이~~ 사용이 가능하다.
② 피부에 문제가 생기면 ~~바로~~ 피부과에 가야 한다.
③ 화장품을 ~~구입한 후~~ 꼭 성분과 주의사항을 읽어야 한다.
④ 피부에 문제가 생기는 이유는 다양한 화학물질 때문이다.

지문의 내용 Contents of text 文本的内容	➡	선택지의 내용 The contents of options 选项的内容

➡ 1. 지문에 직접 제시된 사실 정보를 확인하고 선택지를 확인하세요.
Identify factual information that is stated directly in the text and confirm the options.
确认文本直接提到的事实资料和确认选项。

2. 세부 내용에 대한 잘못된 정보나 새로운 정보는 지우세요.
Delete the false information and new information.
删除虚假资料和新的资料。

연습문제

다음을 읽고 물음에 답하십시오.

인터넷에 올린 글에 대하여 짤막하게 대답한 글을 '댓글'이라고 한다. 그런데 최근 인터넷상에는 잘못을 지적하는 '비판'이 아닌 근거 없는 비난의 댓글로 상처받는 사람들이 있다. 특히 유명 연예인은 근거 없는 댓글로 상처받는 대표적인 사람들이다. (   )는 말처럼 아무 생각 없이 근거 없는 댓글을 달아서 상대방에게 큰 상처를 주고 있는 것이다. 인터넷은 다양한 사람들과 소통을 하는 공간이다. 따라서 인터넷상에서 댓글을 달 때도 상대방을 배려하는 자세가 필요하다.

▮문제 1▮ (   )에 들어갈 말로 가장 알맞은 것을 고르십시오.

① 누워서 침 뱉기 한다
② 세 살 버릇 여든까지 간다
③ 가는 말이 고와야 오는 말이 곱다
④ 무심코 던진 돌에 개구리가 죽는다

▮문제 2▮ 윗글의 내용과 같은 것을 고르십시오.

① 댓글은 인터넷에서 사용하는 긴 문장이다.
② 인터넷에서 상대방의 잘못을 비판해서는 안 된다.
③ 일반인과 달리 유명 연예인은 댓글로 큰 상처를 받는다.
④ 댓글로 상대방과 소통할 때에는 배려의 자세가 중요하다.

공 식

▮문제 1▮

각 문장들의 '요점'을 확인하세요. 빈칸의 앞 내용 또는 뒤 내용에 힌트가 있습니다.
Identify the 'The point' of each sentence. There are hints in the previous contents or following contents for the blank.
确认每个句子的‘要点’。填充的前面内容或后面内容都是提示。

▮문제 2▮

1. 지문에 직접 세시된 사실 정보를 확인하고 선택지를 확인하세요.
   Identify factual information that is stated directly in the text and confirm the options.
   确认文本直接提到的事实资料和确认选项。

2. 세부 내용에 대한 잘못된 정보나 새로운 정보는 지우세요.
   Delete the false information and new information.
   删除虚假资料和新的资料。

정 답

▌문제 1▐

① : 남을 해치려고 하다가 도리어 자기가 해를 입게 된다는 말이다.
② : 어릴 때 몸에 밴 버릇은 늙어 죽을 때까지 고치기 힘들다는 말이다.
③ : 자기가 남에게 말이나 행동을 좋게 하여야 남도 자기에게 좋게 한다는 말이다.
④ : 자신의 의도와 상관없는 말 한 마디에 누군가는 상처받을 수 있다는 말이다.

➡ 전체적으로 '근거 없는 댓글'에 대해서 비판하고 있는 글입니다. 빈칸 앞 또는 뒤의 내용이 힌트가 됩니다. 따라서 '아무 생각 없이 근거 없는 댓글을 달아서 상대방에게 큰 상처를 주고 있는 것'과 의미가 같은 ④가 정답입니다.

답 ④

▌문제 2▐

① 댓글은 인터넷에서 사용하는 ~~긴~~ 문장이다. ➡ 짤막하게 대답한
② 인터넷에서 상대방의 잘못을 비판해서는 ~~안 된다~~.
　➡ 잘못을 지적하는 '비판'이 아닌 근거 없는 비난의 댓글로 상처받는 사람들이 있다.
③ ~~일반인과 달리~~ 유명 연예인은 댓글로 큰 상처를 받는다.
　➡ 유명 연예인은 근거 없는 댓글로 상처받는 대표적인 사람들이다.
④ 댓글로 상대방과 소통할 때는 배려의 자세가 중요하다.

답 ④

어 휘

인터넷	올리다	짤막하다	대답하다	잘못	지적하다
비판	근거	비난	상처	유명	던지다
개구리	다양하다	소통	공간	배려하다	자세
필요하다					

공식 9 중심 생각 파악하기

다음을 읽고 물음에 답하십시오.

어미 새는 새끼에게 먹이를 줄 때 살고 있는 지역의 환경에 따라 행동을 달리한다. 척박한 환경에서는 새끼를 돌볼 때 여러 새끼 중에서 일부에게만 먹이를 준다. 이때 어미 새는 소리를 크게 내어 먹이를 요구하는 신호를 많이 보내거나 몸집이 큰 새끼만 돌본다. 하지만 편안한 환경에서는 새끼를 두루 보살핀다. 먹이를 잘 먹지 못한 새끼도 챙기고 모두에게 먹이가 골고루 돌아가도록 나눠준다.

윗글의 중심 생각을 고르십시오.

① 어미 새는 언제나 먹이를 공평하게 분배한다.
② 먹이를 달라는 신호가 어미 새의 행동을 결정한다.
③ 살고 있는 환경에 따라 어미 새의 행동이 달라진다.
④ 척박한 환경은 어미 새의 행동에 영향을 주지 않는다.

공식

문장들을 중심 내용과 세부 내용으로 나눠보세요. 문장 전체를 요약한 것이 중심 생각입니다.
Please distinguish between main contents and detailed contents. Main idea is a summary of all sentences.
请区分中心内容和详细内容。中心思想概括了所有句子。

정답

글의 구조 파악하기	
중심 내용	어미 새가 새끼에게 먹이를 줄 때 살고 있는 지역의 환경에 따라 행동을 달리한다.
세부 내용 1	척박한 환경에서는
세부 내용 2	하지만 편안한 환경에서는

➡ 앞부분에서 환경에 따라 어미 새가 행동을 달리한다는 점을 제시하고 뒷부분에서는 각각의 환경에 따른 어미 새의 행동을 구체적으로 설명하고 있습니다. 따라서 중심 생각은 앞부분을 요약한 ③이 정답입니다.

답 ③

어휘

먹이 지역 환경 달리하다 척박하다 일부 소리 요구하다
신호 몸집 편안하다 골고루 돌아가다 나눠주다

공식 적용하기

다음을 읽고 물음에 답하십시오.

어미 새는 새끼에게 먹이를 줄 때 살고 있는 지역의 환경에 따라 행동을 달리한다. 척박한 환경에서는 새끼를 돌볼 때 여러 새끼 중에서 일부에게만 먹이를 준다. 이때 어미 새는 소리를 크게 내어 먹이를 요구하는 신호를 많이 보내거나 몸집이 큰 새끼만 돌본다. 하지만 편안한 환경에서는 새끼를 두루 보살핀다. 먹이를 잘 먹지 못한 새끼도 챙기고 모두에게 먹이가 골고루 돌아가도록 나눠준다.

④ ② ①

글의 구조 파악하기 Grasp the structure of text 掌握文本的结构			
어미 새는 새끼에게 먹이를 줄 때 살고 있는 지역의 환경에 따라 행동을 달리한다.	➡	중심 내용 Main contents 中心内容	중심 생각 Main idea 中心思想
척박한 환경에서는 새끼를 돌볼 때 여러 새끼 중에서 일부에게만 먹이를 준다.	➡	세부 내용 Detailed contents 详细内容	
하지만 편안한 환경에서는 새끼를 두루 보살핀다.			

➡ 문장의 의미를 이해하고 전체 문장들의 내용을 파악하세요.
세부 내용만 설명한 것과 새로운 정보는 정답이 아닙니다.
Grasp the meaning of the sentences and contents of the entire sentences.
So detailed contents and new information is not main idea.
掌握句子的意思和全部句子的内容。所以只说明详细内容和新的资料都不是中心思想。

윗글의 중심 생각을 고르십시오.

① 어미 새는 ~~언제나~~ 먹이를 공평하게 분배한다. ➡ 세부 내용 / 편안한 환경에서는
② 먹이를 달라는 신호가 어미 새의 행동을 결정한다. ➡ 세부 내용
③ 살고 있는 환경에 따라 어미 새의 행동이 달라진다. ➡ 중심 내용 ➡ 주제
④ 척박한 환경은 어미 새의 행동에 영향을 ~~주지 않는다~~. ➡ 세부 내용 / 준다

연습문제 01

다음을 읽고 물음에 답하십시오.

많은 운전자들이 스스로 졸음을 느껴서 의식이 없는 상태를 졸음운전으로 알고 있다. 그러나 눈꺼풀이 내려오고 졸음이 쏟아진다고 생각할 때 이미 졸음운전을 한 것으로 봐야 한다. 운전자가 시속 100㎞로 운전하다가 3초만 졸아도 100m 이상을 질주하게 된다고 한다. 브레이크를 밟거나 운전대를 돌리는 등 위험을 피하는 행동을 전혀 할 수 없어서 큰 사고로 이어지기 쉽다. 따라서 운전 도중에 졸음이 몰려온다면, 졸음을 쫓거나 참지 말고 차량을 멈추고 잠깐이라도 눈을 붙이는 것이 도움이 된다.

윗글의 중심 생각을 고르십시오.

① 졸음운전을 하면 차의 속력이 올라간다.
② 졸음운전은 반드시 큰 사고로 이어진다.
③ 운전 중에 졸리면 잠시 휴식을 취해야 한다.
④ 사람들은 졸음운전에 대해 잘못 생각하고 있다.

공식

글의 구조 파악하기 Grasp the structure of text 掌握文本的结构			
따라서 운전 도중에 졸음이 몰려온다면, 졸음을 쫓거나 참지 말고 차량을 멈추고 잠깐이라도 눈을 붙이는 것이 도움이 된다.	➡	중심 내용 Main contents 中心内容	중심 생각 Main idea 中心思想
많은 운전자들이 스스로가 졸음을 느껴서 의식이 없는 상태를 졸음운전으로 알고 있다.	➡	세부 내용 Detailed contents 详细内容	

정답

앞부분에서 졸음운전에 관한 상황을 제시하고 뒷부분에서 졸음운전의 위험성과 졸음운전을 피하는 방법을 제시하고 있습니다. 따라서 중심 생각은 '졸음운전이 위험하므로 이를 피하기 위한 방법으로 잠깐 눈을 붙여야 한다.'는 것을 요약한 ③입니다. 답 ③

어휘

운전자 졸음 느끼다 의식 상태 졸음운전 눈꺼풀
내려오다 쏟아지다 시속 진행하다 브레이크 밟다 운전대
돌리다 위험 피하다 행동 사고 이어지다 몰려오다
쫓다 참다 차량 멈추다 붙이다 도움

연습문제 02

다음을 읽고 물음에 답하십시오.

모든 생명은 태어나는 순간부터 늙어간다. 누구나 처음에는 자신의 몸이 늙어가는 것을 부정하고 거부한다. 하지만 늙어가는 것을 받아들이면 자신과 삶에 대해 깊게 생각할 수 있게 된다. 즉 늙음을 자연스럽게 받아들이면서 새로운 삶을 꿈꾸게 되고 노년에 누릴 수 있는 즐거움이 적지 않음을 발견하게 된다. 그중의 하나가 '포기하는 즐거움'이다. 그동안 집착했던 것들에 매달리지 않고 놓아버림으로써 더 큰 자유를 얻을 수 있는 것이다. 결국 몸과 마음은 종전보다 더 편안해지고 오히려 더 젊어지는 기분을 느끼게 된다.

윗글의 중심 생각을 고르십시오.

① 노년에는 몸과 마음이 편안해야 한다.
② 인간은 누구나 늙어가는 것을 두려워한다.
③ 노년에는 포기하는 즐거움이 가장 중요하다.
④ 늙어가는 것을 받아들이면 즐거움이 커진다.

공 식

글의 구조 파악하기 Grasp the structure of text 掌握文本的结构			
늙어가는 것을 받아들이면 자신과 삶에 대해 깊게 생각할 수 있게 된다.	➡	중심 내용 Main contents 中心内容	중심 생각 Main idea 中心思想
모든 생명은 태어나는 순간부터 늙어간다.	➡	세부 내용 Detailed contents 详细内容	
늙음을 자연스럽게 받아들이면서 새로운 삶을 꿈꾸게 되고 노년에 누릴 수 있는 즐거움이 적지 않음을 발견하게 된다.			

정 답

앞부분에서 늙어가는 것이 자연스러운 일임을 전제하고 이를 받아들이면 즐거움이 커진다고 말합니다. 뒷부분에서는 앞에서 말한 즐거움 중의 하나를 구체적으로 설명하고 있습니다. 따라서 중심 생각은 '늙어가는 것이 자연스러운 일이므로 이를 받아들이면 즐거움이 커진다.'는 것을 요약한 ④입니다.

답 ④

어 휘

생명 태어나다 부정하다 거부하다 받아들이다 삶
꿈꾸다 누리다 즐거움 포기하다 집착하다 매달리다
놓아버리다 편안하다 젊어지다

공식 10 인물의 심정 파악하기

다음을 읽고 물음에 답하십시오.

점심시간에 학생 몇 명이 글짓기 공부를 하는데 한 학생이 감에 대한 글을 썼다.
「우리 학교 운동장에는 감나무 한 그루가 있다. 봄에 하얀 꽃이 피어 있는 것을 보았다. 감이 열린 줄도 몰랐는데 며칠 전에 보니 붉은 감이 주렁주렁하였다. 체육시간이 끝나고 친구들이 교실로 들어가면서 그것을 보고 모두 좋아했다. 그런데 오늘 교장선생님이 감을 따서 교실로 보냈다. 나는 반갑지 않았다. 오늘부터는 감나무에서 빨간 감을 볼 수 없기 때문이다. 잎이 모두 떨어진 가지에 감이 빨갛게 달려 있으면 참 좋을 텐데.」
나는 몹시 놀랐다. 내가 얼마나 어리석은 짓을 했는가? 어린 학생들보다 생각이 좁다니. 학생의 글처럼 오늘부터는 감을 볼 수 없다. 매일 감나무 아래에 서서 올려다보던 그 즐거움이 나에게도 사라졌다.

밑줄 친 부분에 나타난 '나'의 심정으로 가장 알맞은 것을 고르십시오.

① 후련하다 ② 민망하다 ③ 번거롭다 ④ 안타깝다

공식

밑줄 친 부분의 앞부분 또는 뒷부분에 힌트가 있습니다. 글 전체의 내용을 고려하여 밑줄 친 부분에 나타난 인물의 심정을 파악하세요.
There are hints in front of or after the underlined part. Grasp the person's feelings in the underlined part.
划线部分的前部分或后部分都是指示。考虑全文内容，掌握划线部分的人物心情。

정답

글쓴이는 감나무의 감을 따서 반갑지 않다는 학생의 글을 보고 자신의 어리석은 행동으로 학생뿐만 아니라 자신의 즐거움도 사라졌다고 생각합니다. 따라서 밑줄 친 부분의 '오늘부터는 감을 볼 수 없다.'는 글쓴이의 안타까움을 표현한 것입니다. 답 ④

어휘

점심시간	글짓기	감	운동장	감나무	그루
체육시간	반갑다	떨어지다	달리다	놀라다	어리석다
올려다보다	즐거움	사라지다			

공식 적용하기

다음을 읽고 물음에 답하십시오.

점심시간에 학생 몇 명이 글짓기 공부를 하는데 한 학생이 감에 대한 글을 썼다.
「우리 학교 운동장에는 감나무 한 그루가 있다. 봄에 하얀 꽃이 피어 있는 것을 보았다. 감이 열린 줄도 몰랐는데 며칠 전에 보니 붉은 감이 주렁주렁하였다. 체육시간이 끝나고 친구들이 교실로 들어가면서 그것을 보고 모두 좋아했다. 그런데 오늘 교장선생님이 감을 따서 교실로 보냈다. 나는 반갑지 않았다. 오늘부터는 감나무에서 빨간 감을 볼 수 없기 때문이다. 잎이 모두 떨어진 가지에 감이 빨갛게 달려 있으면 참 좋을 텐데.」
나는 몹시 놀랐다. 내가 얼마나 어리석은 짓을 했는가? 어린 학생들보다 생각이 좁다니. 학생의 글처럼 오늘부터는 감을 볼 수 없다. 매일 감나무 아래에 서서 올려다보던 그 즐거움이 나에게도 사라졌다.

밑줄 친 부분과 관련된 힌트 찾기 Find the clue related to the underlined part 找出与划线部分有关连的指示	
앞 내용 Previous contents 前部分内容	~내가 얼마나 어리석은 짓을 했는가?
밑줄 Underlined part 划线部分	오늘부터는 감을 볼 수 없다. ➡ 안타깝다
뒤 내용 Following contents 后部分内容	~즐거움이 나에게도 사라졌다.

글 전체를 읽고 인물의 행동이나 생각과 관련된 단어를 찾아보세요.
Read the entire text and find a word related to person's action or thought.
阅读全文并找出与作者行动或思想有关系的词语。

밑줄 친 부분에 나타난 '나'의 심정으로 가장 알맞은 것을 고르십시오.

① 후련하다 ② 민망하다 ③ 번거롭다 ④ 안타깝다

연습문제 01

다음을 읽고 물음에 답하십시오.

하루 생활의 기본은 길에서 시작해서 길에서 끝난다고 해도 과언이 아니다. 집을 나서는 순간, 목적지에 도달하기 위해 머릿속은 빠르게 움직인다. 어떤 도구를 이용할까? 어떤 길을 택할까? 어디에서 맞닿는 길로 접어들 것인가를 나름대로 정리해서 실행한다. 지금은 해가 다르게 새 길이 생긴다. 얼마 전에 갈 때는 없었던 길이 느닷없이 두 갈래로 나타나서 혼란을 주기도 한다. 나는 길을 잘 찾지 못한다. 전에 가 봤는데도 처음 가는 것처럼 생소하여 헤맨다. 어떤 곳은 분명히 이 길이라고 확신하건만 들어서 보면 아니어서 허탈해 하곤 한다. 집사람과 함께 가며 내 주장대로 했다가 몇 번이나 낭패를 당했기에 그 후부터는 나의 길 찾는 위신은 땅에 떨어지고 말았다. 나와는 반대로 집사람은 한 번 간 곳은 정확하게 기억해 낸다. 나보다 길 찾는 능력이 탁월하여 집사람이 조수석에 앉으면 나는 꼼짝없이 순한 비서가 된다.

밑줄 친 부분에 나타난 '나'의 심정으로 가장 알맞은 것을 고르십시오.

① 섭섭하다 ② 부끄럽다 ③ 당황스럽다 ④ 불만스럽다

공 식

밑줄 친 부분과 관련된 힌트 찾기	
앞 내용	나는 길을 잘 찾지 못한다.
밑줄	전에 가 봤는데도 처음 가는 것처럼 생소하여 헤맨다.
뒤 내용	어떤 곳은 분명히 이 길이라고 확신하건만 들어서 보면 아니어서 허탈해 하곤 한다.
	나와는 반대로 집사람은 한 번 간 곳은 정확하게 기억해 낸다.

정 답

글쓴이는 아내와 달리 길을 잘 찾지 못합니다. 그래서 확신하고 가는 길도 생소해서 헤매곤 합니다. 밑줄 친 부분은 이런 상황을 제시하여 글쓴이의 당황스런 심정을 전달하고 있습니다. 답 ③

어 휘

생활 기본 순간 목적지 도달하다 머릿속
움직이다 도구 이용하다 택하다 맞닿다 접어들다
나름 정리하다 실행하다 생소하다 헤매다 확신하다
허탈하다 낭패 위신 탁월하다

연습문제 02

다음을 읽고 물음에 답하십시오.

운동은 몸과 마음을 살찌우게 한다. 산뜻한 아침 공기 속에 내달리며 테니스공을 쳐서 상대방에게 날려 보내면 가슴이 뻥 뚫려 기분이 상쾌하다. 열중하다 보니 잡념이 사라진다. 그러기에 모두가 밝은 표정이다. 게임을 하다 보면 각자의 성격을 조금은 알 수 있다. 성질이 급한 사람이 있는가 하면 느긋한 사람이 있고, 승부욕이 강한 사람이 있는가 하면 여유롭게 즐기는 사람이 있다. 그렇다면 나는 어떤 축에 속하는가? 평소에 덕을 쌓지 못했기에 실력이 달리면서도 욕심을 부려 단번에 상대를 이기려는 옹졸한 마음으로 가득하다. 오른쪽으로 뺄 것인가, 왼쪽으로 뺄 것인가, 길게 넣을까, 아니면 네트 앞에 있는 사람에게 강하게 보낼까, 순간마다 온갖 계략이 난무한다. 그러다가 결국은 자멸하고 만다.

밑줄 친 부분에 나타난 '나'의 심정으로 가장 알맞은 것을 고르십시오.

① 답답하다 ② 후련하다 ③ 부끄럽다 ④ 불만스럽다

공 식

밑줄 친 부분과 관련된 힌트 찾기	
앞 내용	게임을 하다 보면 각자의 성격을 조금은 알 수 있다.
밑줄	욕심을 부려 단번에 상대를 이기려는 옹졸한 마음으로 가득하다.
뒤 내용	오른쪽으로 뺄 것인가, 왼쪽으로 뺄 것인가, 길게 넣을까, 아니면 네트 앞에 있는 사람에게 강하게 보낼까, 순간마다 온갖 계략이 난무한다. 그러다가 결국은 자멸하고 만다.

정 답

글쓴이는 테니스 게임을 통해 사람의 성격을 알 수 있다고 생각합니다. 그리고 테니스를 치면서 단번에 상대를 이기려 했던 자신의 계략이 결국 자멸이라는 결과를 만들었다고 말합니다. 따라서 밑줄 친 부분은 자신의 그런 생각에 대한 부끄러움을 표현한 것으로 볼 수 있습니다. 답 ③

어 휘

살찌우다 산뜻하다 내달리다 테니스 상쾌하다 열중하다
잡념 표정 급하다 느긋하다 승부욕 여유롭다
평소 덕 실력 달리다 계략 난무하다
자멸하다

PART.2 읽기 영역

신문 기사의 제목 이해하기

공식 11 참고

'신문 기사의 제목 이해하기' 유형입니다.
신문 기사의 제목을 읽고 세부 내용을 예측하는 문제입니다.

This type of question is 'Understand the title of newspaper article'.
Read the title of a newspaper article and predict the detailed contents.

这题型是 '理解新闻报导的标题'。
阅读新闻报导的标题并推测详细内容。

풀이비법 • TIPS • 解题技巧

1. 신문 기사의 제목을 구성하는 핵심어에 밑줄을 치세요.
   핵심어들의 의미를 파악하세요.
2. 밑줄 친 제목을 고려하여 선택지에 밑줄을 치고 핵심어의 의미를 파악하세요.
   제목의 세부 내용은 선택지에서 다른 말로 표현될 수 있습니다. 지문을 읽을 때는 같은 의미로 쓰인 다른 단어나 표현에 주의하세요.
3. 가장 적절한 선택지를 고르세요.

---

1. Underline key words that make up the title of a newspaper article.
   Grasp the meaning of key words.
2. Underline key words in the options and grasp their meaning by considering the underlined headline.
   The detailed contents of the headline will be expressed in the different words in the options. When you read the text, pay close attention to different words and expressions with the same meaning.
3. Choose one correct answer out of four possible options.

---

1. 在构成新闻报导标题的核心语下划上底线。
   掌握核心语的意思。
2. 考虑标题已划线的核心语和把选项中的核心语划上底线并掌握它们的意思。
   新闻报导的详细内容会在选项中用不同的词语来表达。当你阅读文本时，请密切注意意思相同的不同词语和表达。
3. 在四个选项中选出一个正确的答案。

공식 11 신문 기사의 제목 이해하기

다음 신문 기사의 제목을 가장 잘 설명한 것을 고르십시오.

"공연 보고 무더위도 잊고", 여름밤 야외무대 '인기'

① 여름밤에는 야외무대에서 많은 공연이 있습니다.
② 여름밤에는 무덥지만 즐거운 야외무대 공연이 많습니다.
③ 여름밤에는 야외 공연이 있어 무더위를 잊을 수 있습니다.
④ 여름밤에는 무더위를 잊기 위해 야외 공연을 즐기는 사람들이 많습니다.

공식

신문 제목의 핵심어

	공연	보고	무더위	잊고	여름밤	야외무대	인기
④	야외 공연을	즐기는	무더위를	잊기 위해	여름밤에는	야외 공연을	사람들이 많습니다

1. 제목에 등장하는 핵심어를 선택지에서 확인하세요.
Identify the key words that appear in the headline.
确认标题出现的核心语。

2. 핵심어와 비슷한 의미를 가진 단어와 표현에 주의하세요.
Be careful with synonyms and paraphrasing.
注意同义词和重述。

정답

신문 기사의 제목은 다음과 같은 세부 내용으로 구성되어 있습니다.

"공연 보고 무더위도 잊고", 여름밤 야외무대 '인기'

➡ 공연 보고 : 공연을 즐기는
➡ 무더위도 잊고 : 무더위를 잊기 위해
➡ 여름밤 야외무대 : 야외 공연
➡ 인기 : 즐기는 사람들이 많습니다.

답 ④

어휘

공연 보다 무더위 잊다 여름밤 야외무대 인기

공식 적용하기

다음 신문 기사의 제목을 가장 잘 설명한 것을 고르십시오.

"공연 보고 무더위도 잊고", 여름밤 야외무대 '인기'

신문 제목의 핵심어							
	공연	보고	무더위	잊고	여름밤	야외무대	인기
④	야외 공연을	즐기는	무더위를	잊기 위해	여름밤에는	야외 공연을	사람들이 많습니다

➡ 제목은 내용을 짐작할 수 있도록 압축해서 쓴 글입니다.
제목에 있는 강조된 단어에 집중하세요.
제목의 핵심어를 이용하여 세부 내용을 추측해 보세요.
Headline is written by compression so that the contents can imagine.
Pay attention to the highlighted word in headline.
Try to guess detailed contents by the key words in the headline.
标题是被笔者压缩的，所以这样的内容是能够想像。
注意在标题突出强调的词语。
利用标题的核心语来尝试推测详细内容。

① 여름밤에는 야외무대에서 많은 공연이 있습니다.
② 여름밤에는 무덥지만 즐거운 야외무대 공연이 많습니다.
③ 여름밤에는 야외 공연이 있어 무더위를 잊을 수 있습니다.
④ 여름밤에는 무더위를 잊기 위해 야외 공연을 즐기는 사람들이 많습니다.

연습문제 01

다음 신문 기사의 제목을 가장 잘 설명한 것을 고르십시오.

카페는 불황, 독특한 체험카페는 전성시대!

① 체험카페가 다른 카페들보다 더 많은 인기를 끌고 있다.
② 카페 시장의 규모가 커지면서 체험카페가 증가하고 있다.
③ 카페는 인기가 시들해지고 다양한 체험카페들이 인기를 누리고 있다.
④ 경제 사정이 어려워지자 카페들이 인기가 많은 체험카페로 바뀌고 있다.

공 식

신문 제목의 핵심어					
	카페	불황	독특한	체험카페	전성시대
③	카페는	인기가 시들해지고	다양한	체험카페들이	인기를 누리고 있다

1. 제목에 등장하는 핵심어를 선택지에서 확인하세요.
   Identify the key words that appear in the headline.
   确认标题出现的核心语。

2. 핵심어와 비슷한 의미를 가진 단어와 표현에 주의하세요.
   Be careful with synonyms and paraphrasing.
   小心同义词和重述。

정 답

신문 기사의 제목은 다음과 같은 세부 내용으로 구성되어 있습니다.

카페는 불황, 독특한 체험카페는 전성시대
➡ 카페는 불황 : 인기가 시들해지고
➡ 독특한 체험카페 : 다양한 체험카페들이
➡ 전성시대 : 인기를 누리고 있다.

답 ③

어 휘

카페 불황 독특하다 체험카페 전성시대

연습문제 02

다음 신문 기사의 제목을 가장 잘 설명한 것을 고르십시오.

낮부터 가마솥 더위 … 내일 오후 곳곳에 소나기

① 낮부터 더위는 물러가고 내일 오후에는 비가 오겠다.
② 낮부터 더위가 계속되고 내일 오후에는 전국에 비가 오겠다.
③ 낮부터 더위가 꺾이고 내일 오후에는 일부 지역에 비가 오겠다.
④ 낮부터 더위가 계속되고 내일 오후에는 일부 지역에 비가 오겠다.

공식

신문 제목의 핵심어					
	가마솥	더위	…	곳곳에	소나기
④		더위가	계속되고	일부 지역에	비가 오겠다

1. 제목에 등장하는 핵심어를 선택지에서 확인하세요.
   Identify the key words that appear in the headline.
   确认标题出现的核心语。

2. 핵심어와 비슷한 의미를 가진 단어와 표현에 주의하세요.
   Be careful with synonyms and paraphrasing.
   小心同义词和重述。

정답

신문 기사의 제목은 다음과 같은 세부 내용으로 구성되어 있습니다.

낮부터 가마솥 더위 … 내일 오후 곳곳에 소나기

➡ 낮부터 가마솥 더위 : 더위가 계속되고
➡ 곳곳에 : 일부 지역에
➡ 소나기 : 비가 오겠다.

답 ④

어휘

가마솥　　더위　　곳곳　　소나기

유형 9 주제 고르기

공식 12 참고

'주제 고르기' 유형입니다.
글을 읽고 글 전체의 의미를 담고 있는 문장을 찾으세요.

This type of question is 'Select the theme'.
Read the text and find a sentence that captures the meaning of the entire text.

这题型是 '选择主题'。
阅读文本和找出一句抓住全文意思的句子。

풀이비법 • TIPS • 解题技巧

1. 선택지를 읽고 핵심어에 밑줄을 치세요.
2. 선택지의 핵심어를 고려하여 글 전체를 읽어보세요.
   (1) 중심 내용과 세부 내용으로 구분하세요.
   (2) 접속부사나 지시대명사를 활용하여 글의 구조를 파악하세요.
3. 가장 적절한 선택지를 고르세요.

---

1. Read the options and underline key words.
2. Read the entire text by considering the key words of the options.
   (1) Distinguish between the main contents and detailed contents.
   (2) Grasp the structure of text using the conjunctive adverbs or demonstrative pronouns.
3. Choose one correct answer out of four possible options.

---

1. 阅读选项和在核心语下划上底线。
2. 阅读全文并考虑选项的核心语。
   (1) 区分中心内容和详细内容。
   (2) 利用连接副词和指示代名词掌握文本的结构。
3. 在四个选项中选出一个正确的答案。

공식 12 주제 고르기

다음을 읽고 글의 주제로 가장 알맞은 것을 고르십시오.

홍채와 지문 등을 이용한 생체 인증은 분실의 위험이 없고 위조가 어려워 보안성이 높은 것으로 평가된다. 생체 인증의 보안성이 높이 평가받는 이유는 각 단계에서 위조나 정보 유출의 가능성이 낮기 때문이다. 특히 입력과 추출 단계의 경우 개인의 고유한 생물학적 특징을 이용하므로 복제가 어렵다. 또한 일부 특징만 추출해서 이용하기 때문에 정보가 유출되더라도 홍채나 정맥을 100% 복제하기는 힘들다. 하지만 여타 보안 관리 시스템처럼 미처 알지 못했던 취약점이 발견될 가능성은 남아있다. 관리가 소홀하다면 생체 인증의 뛰어난 보안성이 무용지물이 될 것이라는 우려도 나온다.

① 생물학적 특징을 활용한 생체 인증은 복제가 힘들다.
② 사람들은 다양한 방법으로 보안 관리 기술을 이용해 왔다.
③ 생체 인증은 많은 장점이 있지만 철저한 관리가 필요하다.
④ 생체 인증 기술은 기존 보안 관리 시스템보다 더 과학적이다.

공 식

중심 내용과 세부 내용으로 구분하세요.
여러 문장에서 중요한 내용들을 결합하여 주제를 찾아보세요.
Distinguish between the main contents and detailed contents.
Try to find the theme in the text by combining important contents from several sentences.
区分中心内容和详细内容。
中的重要内容，尝试找出文本的主题。

정 답

글의 앞부분에서는 생체 인증의 장점을 설명하고 접속부사 '하지만'의 뒷부분에서는 생체 인증의 취약점이 발견될 가능성이 있으므로 관리가 중요함을 설명하고 있다. 따라서 ③이 글 전체의 의미를 담고 있는 주제이다.

답 ③

어 휘

지문	인증	분실	위험	위조	보안성
평가	현존하다	불가능하다	알려지다	단계	정보
유출	가능성	입력	추출	특징	복제
보안	취약점	관리	소홀하다	무용지물	우려

공식 적용하기

다음을 읽고 글의 주제로 가장 알맞은 것을 고르십시오.

글의 구조 파악하기 Grasp the structure of text 掌握文本的结构		
홍채와 지문 등을 이용한 생체 인증은 분실의 위험이 없고 위조가 어려워 보안성이 높은 것으로 평가된다.	➡	중심 내용 Main contents 中心內容
생체 인증의 보안성이 높이 평가받는 이유는 각 단계에서 위조나 정보 유출의 가능성이 낮기 때문이다. 특히 입력과 추출 단계의 경우 개인의 고유한 생물학적 특징을 이용하므로 복제가 어렵다. 또한 일부 특징만 추출해서 이용하기 때문에 정보가 유출되더라도 홍채나 정맥을 100% 복제하기는 힘들다.	➡	세부 내용 Detailed contents 详細內容
하지만 여타 보안 관리 시스템처럼 미처 알지 못했던 취약점이 발견될 가능성은 남아있다. 관리가 소홀하다면 생체 인증의 뛰어난 보안성이 무용지물이 될 것이라는 우려도 나온다.	➡	중심 내용 Main contents 中心內容

➡ 주제는 글이 주로 무엇에 대한 것인지 말해줍니다. 주제는 어느 곳에나 위치할 수 있지만, 일반적으로 글의 시작 부분 또는 끝 부분에 위치합니다.

The theme tells what the text is mainly about. Although the topic sentence can be located anywhere in a text, it is usually located at the beginning or the end of the text.

主题是告诉文本主要是关于什么的。虽然主题句子可以被定位在文本的任何地方，但它通常位于开头或文本的结尾。

① 생물학적 특징을 활용한 생체 인증은 복제가 힘들다. ➡ 세부 내용

② 사람들은 다양한 방법으로 보안 관리 기술을 이용해 왔다.

③ 생체 인증은 많은 장점이 있지만 철저한 관리가 필요하다. ➡ 중심 내용 ➡ 주제

④ 생체 인증 기술은 기존 보안 관리 시스템보다 더 과학적이다.

연습문제 01

다음을 읽고 글의 주제로 가장 알맞은 것을 고르십시오.

환경에 대한 관심이 높아지고 친환경 차의 성능이 발전하면서 전기차나 수소차를 사려는 운전자들이 증가하는 추세이다. 차를 사거나 바꿀 때 운전자들은 다양한 차들을 비교하면서 꼼꼼하게 따진다. 그런데 아직은 낯선 전기차나 수소차를 선뜻 결정하는 것은 더 쉽지 않다. 전기차와 수소차는 엔진 대신 전기모터로 달리기 때문에 배기가스를 내뿜지 않는 친환경 차라는 공통점이 있다. 하지만 충전시설이 잘 갖춰져 있지 않다는 점이 소비자들의 구매를 망설이게 한다. 또한 차량을 구매한 사람들도 정비소가 대도시에만 있기 때문에 차량을 수리할 때 불편하다고 한다.

① 환경을 생각해서 친환경 차의 보급을 늘리려면 제도적 뒷받침이 필요하다.
② 환경을 생각하는 소비자들의 관심으로 친환경 차의 판매가 증가하고 있다.
③ 친환경 차에 대한 소비자들의 불만을 해소하기 위한 예산 확보가 절실하다.
④ 친환경 차의 성능이 기존 차량보다 우수해서 소비자들의 구매가 증가하고 있다.

공 식

환경에 대한 관심이 높아지고 친환경 차의 성능이 발전하면서 전기차나 수소차를 사려는 운전자들이 증가하는 추세이다.

하지만 충전시설이 잘 갖춰져 있지 않다는 점이 소비자들의 구매를 망설이게 한다. 또한 차량을 구매한 사람들도 정비소가 대도시에만 있기 때문에 차량을 수리할 때 불편하다고 한다.

➡ 중심 내용 ➡ 주제

정 답

글의 앞부분에서는 환경에 대한 관심의 증가와 친환경 차를 사는 사람들이 증가하고 있음을 제시하고 접속부사 '하지만' 뒷부분에서는 충전시설이나 정비소가 부족한 현실을 제시하고 있습니다. 결국 환경을 생각해서 친환경 차를 구매하는 소비자들을 위해 충전시설이나 정비소를 확충해야 한다는 것이므로 ①이 이러한 의미를 담고 있는 주제입니다. 답 ①

어 휘

성능	발전하다	전기차	수소차	추세	비교하다
꼼꼼하다	낯설다	선뜻	배기가스	내뿜다	충전시설
구매	망설이다	정비소	수리하다	불편하다	

연습문제 02

다음을 읽고 글의 주제로 가장 알맞은 것을 고르십시오.

컴퓨터를 장시간 사용할 경우 눈이 흐릿해지거나 가렵고 충혈되는 증상이 나타난다면 '컴퓨터 시각 증후군'을 의심해 봐야 한다. 컴퓨터 화면상의 글자나 그림은 종이에 인쇄된 글자와 달리 화소로 표현되기 때문에 바탕과의 경계가 흐릿해서 눈의 초점을 유지하기 어렵다. 그래서 눈은 무의식적으로 휴식을 취하기 위해 초점을 반복적으로 이동시키는데, 이것이 눈의 긴장과 피로를 초래한다. 따라서 의식적으로 눈을 자주 깜빡거려서 안구를 촉촉하게 유지해주고, 인공눈물을 사용하는 것이 컴퓨터 시각 증후군 예방에 도움이 된다.

① 컴퓨터 시각 증후군에 대한 사회적 관심이 필요하다.
② 컴퓨터 시각 증후군의 증상에 맞는 치료법을 개발해야 한다.
③ 컴퓨터 시각 증후군의 원인과 증상의 관계를 파악해야 한다.
④ 컴퓨터 시각 증후군이 발생하지 않도록 사전에 노력해야 한다.

공 식

컴퓨터를 장시간 사용할 경우 눈이 흐릿해지거나 가렵고 충혈되는 증상이 나타난다면 '컴퓨터 시각 증후군'을 의심해 봐야 한다.

따라서 의식적으로 눈을 자주 깜빡거려서 안구를 촉촉하게 유지해주고, 인공눈물을 사용하는 것이 컴퓨터 시각 증후군 예방에 도움이 된다.

➡ 중심 내용 ➡ 주제

정 답

글의 앞부분에서는 '컴퓨터 시각 증후군'을 소개하고 접속부사 '따라서' 뒷부분에서는 '컴퓨터 시각 증후군'을 예방하기 위한 방법을 소개하고 있습니다. 컴퓨터를 장시간 사용할 경우 '컴퓨터 시각 증후군'을 예방하기 위해 자주 눈을 깜빡거리거나 인공눈물을 사용하라는 것이므로 ④가 주제가 됩니다.

답 ④

어 휘

장시간	흐릿하다	가렵다	충혈되다	증후군	화면
화소	표현되다	바탕	경계	초점	유지하다
무의식	긴장	피로	초래하다	깜빡거리다	촉촉하다
인공	예방				

유형 10

문장의 위치 찾기

공식 13 참고

'문장의 위치 찾기' 유형입니다.
지문을 읽고 주어진 문장이 들어갈 가장 알맞은 위치를 선택하세요.

This type of question is 'Insert a sentence into the text'.
Read the text and decide where a given sentence best fits into the text.

这题型是‘在文本中插入一个句子’。
阅读文本，并决定最合适在哪里把已提供的句子填入文本。

풀이비법 • TIPS • 解题技巧

1. 빈칸에 들어갈 문장의 핵심어, 접속부사, 지시대명사를 고려하여 내용을 파악하세요.
2. 각 문장의 핵심어, 접속부사, 지시대명사를 고려하여 내용을 파악하세요.
3. 빈칸에 들어갈 문장의 위치를 추측해 보세요.
4. 선택지에서 정답을 선택하세요.

---

1. Identify the content of the given sentence for the blank by considering the key words, conjunctive adverbs and demonstrative pronouns.
2. Grasp the contents of the text by considering the key words, conjunctive adverbs and demonstrative pronouns.
3. Guess the position of the given sentence.
4. Choose one correct answer out of four possible options.

---

1. 确认填充位置已提供的句子并考虑核心语，连接副词和指示代名词。
2. 掌握内容并考虑各个句子的核心语，连接副词和指示代名词。
3. 推测已提供句子的填充位置。
4. 在四个选项中选出一个正确的答案。

공식 13 문장의 위치 찾기

주어진 문장이 들어갈 곳으로 가장 알맞은 것을 고르십시오.

비타민 C가 가볍게는 피로 해소나 감기 예방 효과부터 심지어는 암 예방 효과까지 있다는 주장이 의학계에서 계속 나오고 있다. (㉠) 그 결과 비타민 C 제품에 대한 수요는 끊이지 않고 있다. (㉡) 실제로 비타민 C는 에너지 대사 과정에서 우리 몸에 꼭 필요한 성분이다. (㉢) 따라서 비타민 C의 섭취 자체에 대한 이견은 거의 없다. (㉣) 하지만 비타민 C를 얼마나 섭취해야 할지, 섭취한 비타민이 인체에서 어떤 작용을 하는지는 의료계에서 아직도 뜨거운 논란거리다.

보기

하지만 우리 몸 내부에서는 비타민 C를 합성할 수 없어서 동물 또는 식물에서 합성한 것을 섭취해야 한다.

① ㉠　　② ㉡　　③ ㉢　　④ ㉣

공식

첫 문장에서 화제를 확인하고 나머지 문장들의 핵심어, 접속부사, 지시대명사를 고려하여 주어진 문장이 들어갈 위치를 결정하세요. 접속부사는 161쪽, 지시대명사는 162쪽을 참고하세요.

Identify the topic from the first sentence and determine the position of the given sentence for the blank by considering key words, conjunctive adverbs and demonstrative pronouns of the text. Please refer to page 161 for conjunctive adverbs, page 162 for the demonstrative pronouns.

确认文中出现的第一个句子的话题并考虑文本剩余句子的核心语，连接副词和指示代名词，以决定填充句子的位置。连接副词请参考161页，指示代名词请参考162页。

정답

보기 문장에 등장하는 '하지만'과 '비타민 C를 섭취해야 한다'라는 내용을 고려하면 비타민 C가 우리 몸에 꼭 필요한 성분이라는 내용 뒤인 ㉢에 들어가는 것이 가장 적절합니다. 답 ③

어휘

비타민	피로	해소	예방	의학계	수요	성분
합성하다	섭취하다	이견	인체	작용	논란	

공식 적용하기

주어진 문장이 들어갈 곳으로 가장 알맞은 것을 고르십시오.

비타민 C가 가볍게는 피로 해소나 감기 예방 효과부터 심지어는 암 예방 효과까지 있다는 주장이 의학계에서 계속 나오고 있다. 그 결과 비타민 C 제품에 대한 수요는 끊이지 않고 있다. 실제로 비타민 C는 에너지 대사 과정에서 우리 몸에 꼭 필요한 성분이다. (㉢ 하지만 우리 몸 내부에서는 비타민 C를 합성할 수 없어서 동물 또는 식물에서 합성한 것을 섭취해야 한다.) 따라서 비타민 C의 섭취 자체에 대한 이견은 거의 없다. 하지만 비타민 C를 얼마나 섭취해야 할지, 섭취한 비타민이 인체에서 어떤 작용을 하는지는 의료계에서 아직도 뜨거운 논란거리다.

➡ 빈칸의 앞뒤 문장을 읽고 주어진 문장이 들어갈 가장 적절한 곳에 대한 힌트를 찾아야 합니다.
After reading the sentences before and after the blanks, you have to find the hints about the most appropriate place for the given sentence.
阅读填充地方的前后句子，找出已提供句子最合适填充位置提示。

보기

하지만 우리 몸 내부에서는 비타민 C를 합성할 수 없어서 동물 또는 식물에서 합성한 것을 섭취해야 한다.

   ④ ㉣

연습문제 01

주어진 문장이 들어갈 곳으로 가장 알맞은 것을 고르십시오.

'팜파티'는 농장을 뜻하는 팜(Farm)과 파티(Party)가 결합한 말이다. (㉠) 최근 농산물을 직접 맛보고 즐기는 파티문화와 농촌체험이 결합한 팜파티가 유행하고 있다. (㉡) 팜파티는 지역별로 다양하게 프로그램을 운영하고 있는데 기본적으로 사전예약이 원칙이다. (㉢) 팜파티는 도시민과 농촌의 농민 모두에게 장점이 있다. (㉣) 그리고 농가는 자신의 농장에서 생산된 농산물을 직접 소비자에게 판매하여 소득을 올릴 수 있다.

보기

도시민들은 저렴한 가격에 신선한 농산물을 구입할 수 있다.

① ㉠ ② ㉡ ③ ㉢ ④ ㉣

공식

첫 문장에서 화제를 확인하고 나머지 문장들의 핵심어, 접속부사, 지시대명사를 고려하여 주어진 문장이 들어갈 위치를 결정하세요. 접속부사는 161쪽, 지시대명사는 162쪽을 참고하세요.

Identify the topic from the first sentence and determine the position of the given sentence for the blank by considering key words, conjunctive adverbs and demonstrative pronouns of the text. Please refer to page 161 for conjunctive adverbs, page 162 for the demonstrative pronouns.

确认文中出现的第一个句子的话题并考虑文本剩余句子的核心语，连接副词和指示代名词，以决定填充句子的位置。连接副词请参考161页，指示代名词请参考162页。

정답

주어진 문장의 앞뒤 내용을 고려하면 '도시민과 농민 모두에게 장점이 있다.'는 내용이라는 것을 알 수 있으므로 ㉣에 들어가는 것이 가장 적절합니다. 답 ④

어휘

농장	결합하다	농산물	농촌	체험	유행하다
지역	다양하다	프로그램	운영하다	사전	도시민
농민	장점	판매하다	소득		

연습문제 02

주어진 문장이 들어갈 곳으로 가장 알맞은 것을 고르십시오.

'인터넷전문은행'은 금융과 정보 기술을 활용해 전자적인 방법으로 금융 거래를 하는 은행을 말한다. (㉠) 인터넷전문은행은 인터넷 기반이므로 점포를 둘 필요가 없고, 그에 따른 비용 부담이 없기 때문에 다양한 서비스가 가능하다. (㉡) 따라서 소비자들은 인터넷전문은행이 제공하는 다양한 혜택과 서비스를 누릴 수 있다. (㉢) 그리고 점포 방문 없이 언제 어디서나 은행 업무를 볼 수 있다. (㉣) 하지만 인터넷전문은행은 인터넷을 기반으로 하기 때문에 개인 정보 유출과 남용이 증가할 우려가 있고, 노년층은 편리한 금융 서비스에서 소외될 가능성이 크다.

보 기

컴퓨터나 스마트폰으로 계좌개설부터 입출금까지 은행 업무가 가능해지는 것이다.

① ㉠　　② ㉡　　③ ㉢　　④ ㉣

공 식

첫 문장에서 화제를 확인하고 나머지 문장들의 핵심어, 접속부사, 지시대명사를 고려하여 주어진 문장이 들어갈 위치를 결정하세요. 접속부사는 161쪽, 지시대명사는 162쪽을 참고하세요.

Identify the topic from the first sentence and determine the position of the given sentence for the blank by considering key words, conjunctive adverbs and demonstrative pronouns of the text. Please refer to page 161 for conjunctive adverbs, page 162 for the demonstrative pronouns.

确认文中出现的第一个句子的话题并考虑文本剩余句子的核心语，连接副词和指示代名词，以决定填充句子的位置。连接副词请参考161页，指示代名词请参考162页。

정 답

보기 문장에 등장하는 '컴퓨터나 스마트폰'과 '은행 업무가 가능해지는 것이다.'라는 내용이 '점포 방문 없이 언제 어디서나 은행 업무를 볼 수 있다.'는 내용에 대한 구체적인 예시에 해당하므로 ㉣에 들어가는 것이 가장 적절합니다.

답 ④

어 휘

금융	정보	기술	활용하다	전자	금융 거래
기반	점포	비용	부담	서비스	혜택
계좌	개설	개인 정보	유출	남용	소외

지문을 읽고 두 문제에 답하기 (2)

공식 14 참고

'지문을 읽고 두 문제에 답하기' 유형입니다.
지문을 읽고 지문의 세부 내용을 묻는 두 문제에 답하는 문제입니다.

This type of question is the 'Read the text and answer two questions'.
Read the text and answer two questions about the details of the text.

这题型是'阅读文本并回答两个问题'。
阅读文本和回答两个问题是涉及文本的细节内容。

풀이비법 • TIPS • 解题技巧

1. 지문을 읽기 전에 문제와 선택지를 모두 읽으세요.
   (1) 문제를 읽고 유형을 확인하세요. 203쪽을 확인하세요.
   (2) 선택지를 읽고 명사, 동사, 형용사, 부사에 밑줄을 치세요.
2. 전체 지문을 읽고 핵심어에 밑줄을 치세요.
   (1) 이 유형의 일부 문제에서는 선택지의 밑줄 친 정보가 지문에서 다른 말로 표현될 수 있습니다. 따라서 동의어나 다른 말로 바꾸어 표현한 것을 잘 읽어야 합니다. 지문을 읽을 때는 같은 의미로 쓰인 다른 단어나 표현에 주의하세요.
   (2) 선택지에서 밑줄 친 핵심 단어를 자세하게 표현한 정보에 주의하세요.
   (3) 접속부사나 한국어 문법을 이용하여 구체적인 정보를 확인하세요.
3. 선택지에서 정답을 선택하세요.

---

1. Read the question and options before reading the text.
   (1) Read the questions and identify the type of question. Please refer to page 203.
   (2) Read the options and underline nouns, verbs, adjectives, adverbs.
2. Read the entire text and underline key words.
   (1) In some questions in this type, the information that you underline in the options will be expressed in the different words in a text. You will need to read synonyms and paraphrasing. When you read the text, pay close attention to different words and expressions with the same meaning.
   (2) When you have identified key words in the options, read carefully for more detailed information.
   (3) Identify specific information by using the conjunctive adverbs and Korean grammar.
3. Choose one correct answer out of four possible options.

1. 在阅读文本前，先阅读问题和选项。
   (1) 阅读问题并确认问题的题型。请参考203页。
   (2) 阅读选项和在名词、动词、形容词、副词下划上底线。
2. 阅读整个文本并在核心语下划上底线。
   (1) 这题型的某部分问题，你在选项中划下底线的资料将在文本用不同的词语来表达，所以你需要阅读同义词和重述。当你阅读文本时，请密切注意意思相同的不同词语和表达。
   (2) 确认选项中划线的核心语，小心阅读文本里详细的资料。
   (3) 使用连接副词和韩语语法来确认具体的资料。
3. 在四个选项中选出一个正确的答案。

문제 유형 The type of question 问题的题型

문제 1 Question 1 问题 1	**문제 2** Question 2 问题 2
인물의 심정 파악하기 Grasp the person's feelings 掌握人物的心情 ➡ 유형 7을 참고하세요. Refer to type 7. 参考题型7。	세부 내용 파악하기 Grasp the details 掌握详细内容 ➡ 유형 7을 참고하세요. Refer to type 7. 参考题型7。
문장의 위치 찾기 Insert a sentence into the text 在文本中插入一个句子 ➡ 유형 10을 참고하세요. Refer to type 10. 参考题型10。	
주제 고르기 Select the theme 选择主题 ➡ 유형 9를 참고하세요. Refer to type 9. 参考题型9。	빈칸에 들어갈 내용 고르기 Select the most appropriate contents for the blank 选择填充题 ➡ 유형 6을 참고하세요. Refer to type 6. 参考题型6。

공식 14 인물의 심정 파악하기 + 세부 내용 파악하기

다음 글을 읽고 물음에 답하십시오.

언제 구웠는지 더운 김이 확 끼치는 굵은 감자 세 개가 손에 뿌듯이 쥐였다.

"느 집엔 이거 없지?" 하고 생색 있는 큰소리를 하고는 제가 준 것을 남이 알면은 큰일 날 테니 여기서 얼른 먹어 버리란다. 그리고 또 하는 소리가, "너 봄 감자가 맛있단다."

"난 감자 안 먹는다. 너나 먹어라." 나는 고개도 돌리지 않고 일하던 손으로 그 감자를 도로 어깨 너머로 쑥 밀어 버렸다. 그랬더니 그래도 가는 기색이 없고, 뿐만 아니라 쌔근쌔근하고 심상치 않게 숨소리가 점점 거칠어진다. 이건 또 뭐야 싶어서 그때에야 비로소 돌아다보니 나는 참으로 놀랐다. 우리가 이 동네에 들어온 것은 근 삼 년째 되어 오지만 여태껏 가무잡잡한 점순이의 얼굴이 이렇게까지 홍당무처럼 새빨개진 법이 없었다. 게다가 눈에 독을 올리고 한참 나를 요렇게 쏘아보더니 나중에는 눈물까지 어리는 것이 아니냐. 그리고 바구니를 다시 집어들더니 이를 꼭 악물고는 엎어질 듯 자빠질 듯 논둑으로 횡하게 달아나는 것이다.

▌문제 1▐ 밑줄 친 부분에 나타난 '점순이'의 심정으로 가장 알맞은 것을 고르십시오.

① 안심하다 ② 미안하다 ③ 서운하다 ④ 당황스럽다

▌문제 2▐ 윗글의 내용으로 알 수 있는 것을 고르십시오.

① 나와 점순이는 함께 일을 하고 있다.
② 점순이는 나에게 감자 다섯 개를 주었다.
③ 우리 집은 5년 전에 이 동네로 이사를 왔다.
④ 나는 점순이의 얼굴이 이렇게 빨개진 것을 본 적이 없다.

공식

▌문제 1▐

인물의 심정 파악하기 Grasp the person's feelings 掌握人物的心情

밑줄 친 부분의 앞부분 또는 뒷부분에 힌트가 있습니다. 글 전체 내용을 고려하여 밑줄 친 부분에 나타난 글쓴이의 심정을 파악하세요.

There are hints in before or after of the underlined part. Grasp the person's feelings in the underlined part by considering the entire text.

划线部分的前面部分或后面部分是提示。掌握划线部分中出现笔者的心情并考虑全文内容。

▌문제 2▐

세부 내용 파악하기 Grasp the details 掌握详细内容

1. 지문에 직접 제시된 사실 정보를 확인하고 선택지를 확인하세요.
   Identify factual information that is stated directly in the text and confirm the options.
   确认文本直接提到的事实资料和确认选项。
2. 세부 내용에 대한 잘못된 정보나 새로운 정보는 지우세요.
   Delete the false information and new information.
   删除虚假资料和新的资料。

정답

▌문제 1▐ 밑줄 친 부분에 나타난 '점순이'의 심정으로 가장 알맞은 것을 고르십시오.

➡ 나를 생각해서 점순이는 감자를 주었지만 나는 감자를 받지 않았습니다. 이것이 원인이 되어 결국 점순이가 눈물을 흘리게 된 것입니다. 따라서 정답은 ③입니다. 답 ③

▌문제 2▐ 윗글의 내용으로 알 수 있는 것을 고르십시오.

① 나와 점순이는 ~~함께~~ 일을 하고 있다. ➡ 나는 고개도 돌리지 않고 일하던 손으로
② 점순이는 나에게 감자 ~~다섯 개를~~ 주었다. ➡ 굵은 감자 세 개가 손에 뿌듯이 쥐였다.
③ 우리 집은 ~~5년 전에~~ 이 동네로 이사를 왔다.
➡ 우리가 이 동네에 들어온 것은 근 삼 년째 되어 오지만
④ 나는 점순이의 얼굴이 이렇게 빨개진 것을 본 적이 없다.
➡ 점순이의 얼굴이 이렇게까지 홍당무처럼 새빨개진 법이 없었다. 답 ④

어휘

굽다	덥다	굵다	뿌듯하다	생색	돌리다
밀다	기색	숨소리	거칠다	놀라다	홍당무
새빨갛다	바구니	자빠지다	달아나다		

공식 적용하기

다음 글을 읽고 물음에 답하십시오.

언제 구웠는지 더운 김이 홱 끼치는 굵은 감자 세 개가 손에 뿌듯이 쥐였다.
②

"느 집엔 이거 없지?" 하고 생색 있는 큰소리를 하고는 제가 준 것을 남이 알면은 큰일 날 테니 여기서 얼른 먹어 버리란다. 그리고 또 하는 소리가, "너 봄 감자가 맛있단다."

"난 감자 안 먹는다. 너나 먹어라." 나는 고개도 돌리지 않고 일하던 손으로 그 감자를 도로 어
①
깨 너머로 쑥 밀어 버렸다. 그랬더니 그래도 가는 기색이 없고, 뿐만 아니라 쌔근쌔근하고 심상치 않게 숨소리가 점점 거칠어진다. 이건 또 뭐야 싶어서 그때에야 비로소 돌아다보니 나는 참으로 놀랐다. 우리가 이 동네에 들어온 것은 근 삼 년째 되어 오지만 여태껏 가무잡잡한 점순이
③
의 얼굴이 이렇게까지 홍당무처럼 새빨개진 법이 없었다. 게다가 눈에 독을 올리고 한참 나를 요렇게 쏘아보더니 나중에는 눈물까지 어리는 것이 아니냐. 그리고 바구니를 다시 집어들더니 이를 꼭 악물고는 엎어질 듯 자빠질 듯 논둑으로 횡하게 달아나는 것이다.

▌문제 1▐ 밑줄 친 부분에 나타난 '점순이'의 심정으로 가장 알맞은 것을 고르십시오.

① 안심하다　　② 미안하다　　③ 서운하다　　④ 당황스럽다

밑줄 친 부분과 관련된 힌트 찾기 Find hints related to underlined parts 找出与划线部分有关系的提示	
앞 내용 Previons contents 前面内容	나는 고개도 돌리지 않고 일하던 손으로 그 감자를 도로 어깨 너머로 쑥 밀어 버렸다. ➡ 나의 행동 : 원인 눈에 독을 올리고 한참 나를 요렇게 쏘아보더니 ➡ 결과 1
밑줄 Underlined part 划线部分	나중에는 눈물까지 어리는 것이 아니냐. ➡ 결과 2
뒤 내용 Following contents 后面内容	논둑으로 횡하게 달아나는 것이다. ➡ 결과 3

➡ 글 전체를 읽고 인물의 행동이나 생각과 관련된 단어를 찾아보세요.
Read the entire text and find words that relate to the actions or thoughts of the person.
阅读全文和找出与人物行动和思想有关系的词语。

▌문제 2▐ 윗글의 내용으로 알 수 있는 것을 고르십시오.

① 나와 점순이는 ~~함께~~ 일을 하고 있다.
② 점순이는 나에게 감자 ~~다섯 개~~를 주었다.
③ 우리 집은 ~~5년 전에~~ 이 동네로 이사를 왔다.
④ 나는 점순이의 얼굴이 이렇게 빨개진 것을 본 적이 없다.

지문의 내용 Contents of text 文本的内容	➡	**선택지의 내용** Contents of option 选项的内容

1. 지문에 직접 제시된 사실 정보를 확인하고 선택지를 확인하세요.
   Identify factual information that is stated directly in the text and confirm the options.
   确认文本直接提到的事实资料和确认选项。
2. 세부 내용에 대한 잘못된 정보나 새로운 정보는 지우세요.
   Delete the false information and new information.
   删除虚假资料和新的资料。

연습문제 01

다음 글을 읽고 물음에 답하십시오.

여러 번 자동차에 치일 뻔하면서 나는 그래도 경성역을 찾아갔다. 빈자리와 마주 앉아서 이 쓰디쓴 입맛을 거두기 위하여 무엇으로나 입가심을 하고 싶었다. 커피. 좋다. 그러나 경성역 홀에 한 걸음을 들여놓았을 때 나는 내 주머니에는 돈이 한 푼도 없는 것을, 그것을 깜박 잊었던 것을 깨달았다. 또 아뜩하였다. 나는 어디선가 그저 맥없이 머뭇머뭇하면서 어쩔 줄을 모를 뿐이었다. 얼빠진 사람처럼 그저 이리 갔다 저리 갔다 하면서……. 나는 어디로 어디로 들입다 쏘다녔는지 하나도 모른다. 다만 몇 시간 후에 내가 미쓰코시 옥상에 있는 것을 깨달았을 때는 거의 대낮이었다. 나는 거기 아무 데나 주저앉아서 내 자라 온 스물여섯 해를 회고하여 보았다. 몽롱한 기억 속에서는 이렇다는 아무 제목도 불거져 나오지 않았다. 나는 또 내 자신에게 물어 보았다. 너는 인생에 무슨 욕심이 있느냐고. 그러나 있다고도 없다고도, 그런 대답은 하기가 싫었다. 나는 거의 나 자신의 존재를 인식하기조차도 어려웠다.

문제 1 밑줄 친 부분에 나타난 '나'의 심정으로 가장 알맞은 것을 고르십시오.

① 혼란스럽다 ② 홀가분하다 ③ 희열을 느끼다 ④ 기대에 들뜨다

문제 2 윗글의 내용으로 알 수 있는 것을 고르십시오.

① 나는 경성역 앞에서 교통사고가 났다.
② 나는 커피를 살 때 돈이 없는 것을 알았다.
③ 내가 미쓰코시 옥상에 도착한 것은 저녁이었다.
④ 나는 옥상에 주저앉아서 스물여섯 해를 떠올려 보았다.

공식

▌문제 1▐

밑줄 친 부분과 관련된 힌트 찾기	
앞부분 내용	나는 어디선가 그저 맥없이 머뭇머뭇하면서 어쩔 줄을 모를 뿐이었다.
밑줄	얼빠진 사람처럼 그저 이리 갔다 저리 갔다 하면서…….
뒷부분 내용	나는 어디로 어디로 들입다 쏘다녔는지 하나도 모른다.

▌문제 2▐

1. 지문에 직접 제시된 사실 정보를 확인하고 선택지를 확인하세요.
   Identify factual information that is stated directly in the text and confirm the options.
   确认文本直接提到的事实资料和确认选项。

2. 세부 내용에 대한 잘못된 정보나 새로운 정보는 지우세요.
   Delete the false information and new information.
   删除虚假资料和新的资料。

정답

▌문제 1▐ 밑줄 친 부분에 나타난 '나'의 심정으로 가장 알맞은 것을 고르십시오.

➡ 밑줄 앞부분 '나는 어디선가 그저 맥없이 머뭇머뭇하면서 어쩔 줄을 모를 뿐이었다.'와 뒷부분 '나는 어디로 어디로 들입다 쏘다녔는지 하나도 모른다.'를 고려하면 정답은 ①입니다. 답 ①

▌문제 2▐ 윗글의 내용으로 알 수 있는 것을 고르십시오.

① 나는 경성역 앞에서 ~~교통사고가 났다~~. ➡ 자동차에 치일 뻔하면서~
② 나는 ~~커피를 살 때 돈이 없는~~ 것을 알았다.
➡ 돈이 한 푼도 없는 것을, 그것을 깜박 잊었던 것을 깨달았다.
③ 내가 미쓰코시 옥상에 도착한 것은 ~~저녁이었다~~. ➡ 대낮이었다.
④ 나는 옥상에 주저앉아서 스물여섯 해를 떠올려 보았다. 답 ④

어휘

자동차 치이다 쓰디쓰다 입맛 입가심 맥없다
얼빠지다 옥상 회고하다 몽롱하다 불거지다 존재
인식하다

연습문제 02

다음 글을 읽고 물음에 답하십시오.

그는 건넌방으로 뛰어들었다. 그러나 색시는 없었다. 다시 안방으로 뛰어들었다. 그러나 또 없고 새서방이 그의 팔에 매달리어 구원하기를 애원하였다. 그러나 그는 그것을 뿌리쳤다. 다시 서까래에 불이 시뻘겋게 타면서 그의 머리에 떨어졌다. 그러나 그는 그것을 몰랐다. 부엌으로 가 보았다. 거기서 나오다가 문설주가 떨어지며 왼팔이 부러졌다. 그러나 그것도 몰랐다. 그는 다시 광으로 가 보았다. 거기도 없었다. 그는 다시 건넌방으로 들어갔다. 그때야 그는 색시가 타 죽으려고 이불을 쓰고 누워 있는 것을 보았다. 그는 색시를 안았다. 그리고는 길을 찾았다. 그러나 나갈 곳이 없었다. 그는 하는 수 없이 지붕으로 올라갔다. 그는 비로소 자기의 몸이 자유롭지 못한 것을 알았다. 그러나 그는 자기가 여태까지 맛보지 못한 즐거운 쾌감을 자기의 가슴에 느끼는 것을 알았다. 색시를 자기 가슴에 안았을 때 그는 이제 처음으로 살아난 듯하였다. 그는 자기의 목숨이 다한 줄 알았을 때, 그 색시를 내려놓을 때는 그는 벌써 목숨이 끊어진 뒤였다. 집은 모조리 타고 벙어리는 색시를 무릎에 뉘고 있었다. 그의 울분은 그 불과 함께 사라졌을는지! 평화롭고 행복스러운 웃음이 그의 입 가장자리에 엷게 나타났을 뿐이다.

▌문제 1▌ 밑줄 친 부분에 나타난 '그'의 심정으로 가장 알맞은 것을 고르십시오.

① 혼란스럽다 ② 당황스럽다 ③ 희열을 느끼다 ④ 절망에 빠지다

▌문제 2▌ 윗글의 내용으로 알 수 있는 것을 고르십시오.

① 그는 불 속에서 새서방을 구했다.
② 불이 나서 집은 모두 타고 그는 죽었다.
③ 그의 왼팔은 색시를 구하고 나서 부러졌다.
④ 색시는 죽기 위해 안방에서 이불을 쓰고 있었다.

공식

▌문제 1▐

밑줄 친 부분과 관련된 힌트 찾기	
앞부분 내용	그는 색시를 안았다. 그리고는 길을 찾았다.
밑줄	그는 자기가 여태까지 맛보지 못한 즐거운 쾌감을 자기의 가슴에 느끼는 것을 알았다.
뒷부분 내용	평화롭고 행복스러운 웃음이 그의 입 가장자리에 엷게 나타났을 뿐이다.

▌문제 2▐

1. 지문에 직접 제시된 사실 정보를 확인하고 선택지를 확인하세요.
   Identify factual information that is stated directly in the text and confirm the options.
   确认文本直接提到的事实资料和确认选项。

2. 세부 내용에 대한 잘못된 정보나 새로운 정보는 지우세요.
   Delete the false information and new information.
   删除虚假资料和新的资料。

정답

▌문제 1▐ 밑줄 친 부분에 나타난 '그'의 심정으로 가장 알맞은 것을 고르십시오.

밑줄 앞부분 '그는 색시를 안았다. 그리고는 길을 찾았다.'와 뒷부분 '평화롭고 행복스러운 웃음이 그의 입 가장자리에 엷게 나타났을 뿐이다.'를 고려하면 정답은 ③입니다. 답 ③

▌문제 2▐ 윗글의 내용으로 알 수 있는 것을 고르십시오.

① 그는 불 속에서 새서방을 ~~구했다~~. ➡ 뿌리쳤다.
② 불이 나서 집은 모두 타고 그는 죽었다.
③ 그의 왼팔은 색시를 ~~구하고 나서~~ 부러졌다. ➡ 구하기 전에
④ 색시는 죽기 위해 ~~안방에서~~ 이불을 쓰고 있었다. ➡ 건넌방에서 답 ②

어휘

건넌방	뛰어들다	색시	안방	매달리다	구원하다
애원하다	뿌리치다	쾌감	벙어리	울분	가장자리

지문을 읽고 세 문제에 답하기

공식 15 참고

'지문을 읽고 세 문제에 답하기' 유형입니다.
지문을 읽고 지문의 세부 내용을 묻는 세 문제에 답하는 문제입니다.

This type of question is the 'Read the text and answer three questions'.
Read the text and answer three questions about the details of text.

这题型是‘阅读文本并回答三个问题’。
阅读文本和回答三个问题是涉及文本的细节内容。

풀이비법 • TIPS • 解题技巧

1. 지문을 읽기 전에 문제와 선택지를 모두 읽으세요.
   (1) 문제를 읽고 유형을 확인하세요. 213쪽을 확인하세요.
   (2) 선택지를 읽고 명사, 동사, 형용사, 부사에 밑줄을 치세요.
2. 전체 지문을 읽고 핵심어에 밑줄을 치세요.
   (1) 이 유형의 일부 문제에서는 선택지의 밑줄 친 정보가 지문에서 다른 말로 표현될 수 있습니다. 따라서 동의어나 다른 말로 바꾸어 표현한 것을 잘 읽어야 합니다. 지문을 읽을 때는 같은 의미로 쓰인 다른 단어나 표현에 주의하세요.
   (2) 선택지에서 밑줄 친 핵심 단어를 자세하게 표현한 정보에 주의하세요.
   (3) 접속부사나 한국어 문법을 이용하여 구체적인 정보를 확인하세요.
3. 선택지에서 정답을 선택하세요.

---

1. Read the question and options before reading the text.
   (1) Read the question and identify the type of question. Please refer to page 213.
   (2) Read the options and underline nouns, verbs, adjectives, adverbs.
2. Read the entire text and underline key words.
   (1) In some questions in this type, the information that you underline in the options will be expressed in the different words in a text. You will need to read synonyms and paraphrasing. When you read the text, pay close attention to different words and expressions with the same meaning.
   (2) When you have identified key words in the options, read carefully for more detailed information.
   (3) Identify specific information by using the conjunctive adverbs and Korean grammar.
3. Choose one correct answer out of four possible options.

1. 在阅读文本前，先阅读问题和选项。
   (1) 阅读问题并确认问题的题型。请参考213页。
   (2) 阅读选项和在名词、动词、形容词、副词下划上底线。
2. 阅读整个文本并在核心语下划上底线。
   (1) 这这题型的某部分问题，你在选项中划下底线的资料将在文本用不同的词语来表达，所以你需要阅读同义词和重述。当你阅读文本时，请密切注意意思相同的不同词语和表达。
   (2) 确认选项中划线的核心语，小心阅读文本里详细的资料。
   (3) 使用连接副词和韩语语法来确认具体的资料。
3. 在四个选项中选出一个正确的答案。

문제 유형 The type of question 问题的题型	
문제 1 Question 1 问题 1	글의 목적 파악하기 Grasp the purpose of text 掌握文本的目的
문제 2 Question 2 问题 2	빈칸에 들어갈 내용 고르기 Select the most appropriate contents for the biank 选择填充题
문제 3 Question 3 问题 3	필자의 태도 파악하기 Grasp writer's attitude 掌握笔者的态度

공식 15 글의 목적 파악하기 + 빈칸에 들어갈 내용 고르기 + 필자의 태도 파악하기

다음을 읽고 물음에 답하십시오.

초원의 동반자였던 인간과 동물의 관계가 혁명적으로 변화한 것은 약 1만 2천 년 전부터이다. 염소, 양, 돼지에 이어 소가 차례로 가축화되며 길들여졌다. 이로써 인간은 고기와 우유 등을 안정적으로 공급받았고, 털과 가죽 등 여러 가지 부산물도 얻었다. 당시에는 하나하나의 개체에 그 나름의 의미가 있었고, 인간과의 관계는 여전히 상호보완적이었다. 하지만 산업혁명 이후 인간과 동물 사이의 관계가 극단적으로 양분되었다. 특히 사육동물의 산업화가 급속히 진행되면서 동물들은 인간과 심리적 · 정서적으로 거리가 멀어졌다. 현재 대부분의 동물은 노예처럼 착취당하고 인간에 의해 먹히고 있다. 야생동물의 경우는 무차별적 포획으로 지금 이 순간도 60초에 한 종씩 멸종의 운명을 맞고 있다. 하지만 잊지 말아야 할 것은 동물이 없으면 인간은 살 수 없지만 (　　　) 점이다. 본질적으로 인간은 동물이라는 점에서 짐승과 같으며 공존과 상생을 추구할 때 인간 사이의 관계에도 긍정적 영향을 줄 수 있다. 따라서 인간이 다른 인간과 관계를 지속해야 하듯이, 야생의 힘과도 친밀한 유대 관계를 유지해야 한다.

▌문제 1▐ 윗글을 쓴 목적으로 가장 알맞은 것을 고르십시오.

① 동물과 인간의 공생 관계를 강조하려고
② 멸종 동물의 보호에 대한 경각심을 촉구하려고
③ 사육 동물의 산업화로 예상되는 이익을 제안하려고
④ 시대의 흐름에 따른 인간과 동물의 관계를 설명하려고

▌문제 2▐ (　　　)에 들어갈 말로 가장 알맞은 것을 고르십시오.

① 자연과 인간이 함께 살아가야 한다는
② 환경의 변화에 따라 동물들도 변화한다는
③ 인간이 없어도 동물들은 살아갈 수 있다는
④ 동물들도 같은 생명체로 존중받아야 한다는

▌문제 3▐ 밑줄 친 부분에 나타난 필자의 태도로 가장 알맞은 것을 고르십시오.

① 야생 동물 남획에 대해 비판하고 있다.
② 다른 동물과 야생 동물의 차이를 설명하고 있다.
③ 멸종 위기 동물이 증가할 것으로 예측하고 있다.
④ 야생 동물 보호에 대한 다양한 방법을 제시하고 있다.

공식

▮문제 1▮

글의 목적 파악하기 Grasp the purpose of text 掌握文中的目的

글의 내용을 중심 내용과 세부 내용으로 나눠 보세요.

중심 내용을 통해 필자가 글을 쓴 목적을 추측해 보세요.

Please distinguish between main contents and detailed contents.

Try to guess the purpose of the writer through the main contents.

请区分中心内容和详细内容。

透过中心内容，推测笔者写的目的。

▮문제 2▮

빈칸에 들어갈 내용 고르기 Select the most appropriate contents for the blank 选择填充题

빈칸 앞뒤의 문장을 읽고 빈칸에 들어갈 세부 내용을 찾으세요.

Find the appropriate detailed content to fill in the blank after reading the sentences before and after the blank.

细阅填充空白地方的前后句子，找出相应的详细内容把它填上。

▮문제 3▮

필자의 태도 파악하기 Grasp the writer's attitude 掌握笔者的态度

밑줄 친 부분의 앞부분 또는 뒷부분에 힌트가 있습니다.

글 전체 내용을 고려하여 밑줄 친 부분에 나타난 필자의 태도를 파악하세요.

There are hints in before or after of the underlined part.

Grasp the writer's attitude in the underlined part by considering the entire text.

划线部分的前面部分或后面部分是提示。

掌握划线部分中出现笔者的状态并考虑全文内容。

정 답

▌문제 1▌ 윗글을 쓴 목적으로 가장 알맞은 것을 고르십시오.

➡ '따라서 인간이 다른 인간과 관계를 지속해야 하듯이, 야생의 힘과도 친밀한 유대 관계를 유지해야 한다.'가 이 글을 쓴 목적이므로 정답은 ①입니다. 답 ①

▌문제 2▌ (　　)에 들어갈 말로 가장 알맞은 것을 고르십시오.

빈칸 앞의 내용인 '당시에는 하나하나의 개체에 그 나름의 의미가 있었고, 인간과의 관계는 여전히 상호보완적이었다. 하지만 산업혁명 이후 인간과 동물 사이의 관계가 극단적으로 양분되었다.'라는 내용과 빈칸 뒤의 내용인 '본질적으로 인간은 동물이라는 점에서 짐승과 같으며 공존과 상생을 추구할 때 인간 사이의 관계에도 긍정적 영향을 줄 수 있다.'를 고려하면 '하지만 잊지 말아야 할 것은 동물이 없으면 인간은 살 수 없지만 (　　) 점이다.'는 '하지만'의 뒤에 이어지는 내용과 빈칸의 내용이 반대 관계임을 알 수 있으므로 정답은 ③입니다. 답 ③

▌문제 3▌ 밑줄 친 부분에 나타난 필자의 태도로 가장 알맞은 것을 고르십시오.

글 전체의 내용을 고려하면 인간과 동물의 관계는 상호보완적 관계이므로 서로 공존과 상생을 추구해야 한다는 것이므로 밑줄 친 내용을 통해 글쓴이는 이런 공존과 상생의 관계를 파괴하는 인간의 행동에 대해 비판하고 있다는 ①이 정답입니다. 답 ①

어 휘

초원	동반자	혁명	가축	공급	부산물
개체	상호보완	산업혁명	극단적	양분되다	사육
산업화	심리	정서적	멀어지다	노예	착취
무차별	포획	멸종	공존	상생	추구하다
지속하다	친밀하다	유대 관계	남획		

공식 적용하기

다음을 읽고 물음에 답하십시오.

초원의 동반자였던 인간과 동물의 관계가 혁명적으로 변화한 것은 약 1만 2천 년 전부터이다. 염소, 양, 돼지에 이어 소가 차례로 가축화되며 길들여졌다. 이로써 인간은 고기와 우유 등을 안정적으로 공급받았고, 털과 가죽 등 여러 가지 부산물도 얻었다. 당시에는 하나하나의 개체에 그 나름의 의미가 있었고, 인간과의 관계는 여전히 상호보완적이었다. 하지만 산업혁명 이후 인간과 동물 사이의 관계가 극단적으로 양분되었다. 특히 사육동물의 산업화가 급속히 진행되면서 동물들은 인간과 심리적 · 정서적으로 거리가 멀어졌다. 현재 대부분의 동물은 노예처럼 착취당하고 인간에 의해 먹히고 있다. 야생동물의 경우는 무차별적 포획으로 지금 이 순간도 60초에 한 종씩 멸종의 운명을 맞고 있다. 하지만 잊지 말아야 할 것은 동물이 없으면 인간은 살 수 없지만 (인간이 없어도 동물들은 살아갈 수 있다는) 점이다. 본질적으로 인간은 동물이라는 점에서 짐승과 같으며 공존과 상생을 추구할 때 인간 사이의 관계에도 긍정적 영향을 줄 수 있다. 따라서 인간이 다른 인간과 관계를 지속해야 하듯이, 야생의 힘과도 친밀한 유대 관계를 유지해야 한다.

▌문제 1▌ 윗글을 쓴 목적으로 가장 알맞은 것을 고르십시오.

① 동물과 인간의 공생 관계를 강조하려고
② 멸종 동물의 보호에 대한 경각심을 촉구하려고
③ 사육 동물의 산업화로 예상되는 이익을 제안하려고
④ 시대의 흐름에 따른 인간과 동물의 관계를 설명하려고

당시에는 하나하나의 개체에 그 나름의 의미가 있었고, 인간과의 관계는 여전히 상호보완적이었다.	➡	**중심 내용** Main contents 中心內容
따라서 인간이 다른 인간과 관계를 지속해야 하듯이, 야생의 힘과도 친밀한 유대 관계를 유지해야 한다.	➡	

➡ 글의 목적 파악하기 Grasp the purpose of text 掌握文本的目的

➡ 필자는 비판, 걱정, 강조, 제안, 주장, 설명 등을 표현합니다.
The writer expresses the attitude such as criticism, anxiety, emphasis, suggestion insistence, explanation etc. Find the purpose based on the title and text.
笔者表达的态度如批判,忧虑,强调,提议,主张,说明等。根据文本和标题来找出目的。

▮문제 2▮ (　　　)에 들어갈 말로 가장 알맞은 것을 고르십시오.

① 자연과 인간이 함께 살아가야 한다는
② 환경의 변화에 따라 동물들도 변화한다는
③ 인간이 없어도 동물들은 살아갈 수 있다는
④ 동물들도 같은 생명체로 존중받아야 한다는

앞 내용 Previous information 前面内容	뒤 내용 Following information 后面内容
동물이 없으면 인간은 살 수 없지만	(인간이 없어도 동물들은 살아갈 수 있다는)

➡ –지만 : 앞의 내용을 인정하면서 반대 관계임을 표시합니다.
It means that the previous sentence and the next sentence are the opposite relationship while admitting the previous contents.
它表示前面句子和后面句子是相反关系，同时承认先前的内容。

➡ 글 전체의 내용을 고려하여 빈칸에 들어갈 가장 자연스러운 내용을 선택하세요.
Select the most natural contents that put in the blank by considering the full contents.
考虑全文内容并选择最自然的内容作填充。

▮문제 3▮ 밑줄 친 부분에 나타난 필자의 태도로 가장 알맞은 것을 고르십시오.

① 야생 동물 남획에 대해 비판하고 있다.
② 다른 동물과 야생 동물의 차이를 설명하고 있다.
③ 멸종 위기 동물이 증가할 것으로 예측하고 있다.
④ 야생 동물 보호에 대한 다양한 방법을 제시하고 있다.

밑줄 친 부분과 관련된 힌트 찾기 Find hints related to underlined parts 找出与划线部分有关系的提示	
앞 내용 Previons contents 前面内容	산업혁명 이후 인간과 동물 사이의 관계가 극단적으로 양분되었다.
밑줄 Underlined part 划线部份	야생동물의 경우는 무차별적 포획으로 지금 이 순간도 60초에 한 종씩 멸종의 운명을 맞고 있다.
뒤 내용 Following contents 后面内容	하지만 잊지 말아야 할 것은 ~인간이 다른 인간과 관계를 지속해야 하듯이, 야생의 힘과도 친밀한 유대 관계를 유지해야 한다.

➡ 글 전체를 읽고 필자의 행동이나 생각과 관련된 단어를 찾아보세요.
Read the entire text and find words related to writer's actions or thoughts.
阅读全文和找出与笔者行动和思想有关系的词语。

연습문제 01

다음을 읽고 물음에 답하십시오.

최근 몇 달간 보도된 일부 언론 기사들의 제목을 보면 하나같이 본래의 뜻과 다르게 '민낯'을 '숨겨야 할 부끄러운 얼굴'이란 뜻으로 사용하고 있다. 그러면 '떳떳이 남에게 드러낼 수 있는 얼굴'은 어떤 얼굴일까?
'민낯'의 반대, 즉 '화장한 얼굴'이어야 비유의 대칭이 맞다. 화장 안 한 얼굴이 이토록 부끄러운 존재가 되어 버린 것은 (　　　)고 볼 수 있다. 어느덧 성인 여성은 외출할 때는 으레 화장을 해야 하는 것으로 여기게 되었다. 화장을 시작하는 연령은 점점 낮아져서 이제 중 · 고등학생이라면 화장을 하지 않는 것이 오히려 이상하게 여겨질 정도다. 상당수 중 · 고등학교에는 여학생의 화장을 금지하는 교칙이 있지만, 워낙 화장하는 학생이 많아 '꼴불견'일 정도로 진한 화장이 아니면 묵인하는 경우가 대부분이라고 한다. 이처럼 거의 전 연령대에 걸쳐 화장이 보편화되고 있지만, 문제는 부작용이다. 안전 규제가 엄격해진 요즘에는 유해 물질이 포함된 화장품으로 인해 심각한 문제가 발생하는 경우는 드물다. 그러나 여전히 다수의 화장품에는 각종 부작용을 일으킬 수 있는 성분이 포함되어 있어서 주의가 필요하다. 특히 피부가 연약한 어린이와 피지의 분비가 활발한 청소년은 화장품 사용을 자제하는 것이 좋다.

문제 1 윗글을 쓴 목적으로 가장 알맞은 것을 고르십시오.

① 화장품 사용 시 주의 사항을 소개하기 위해
② 화장품의 부작용으로 인한 피해 보상을 요구하기 위해
③ 어린이와 청소년에게 화장품 사용에 대한 주의를 알리기 위해
④ 여성에게 화장을 강요하는 남성에 대해 경각심을 촉구하기 위해

문제 2 (　　　)에 들어갈 말로 가장 알맞은 것을 고르십시오.

① 화장품의 소비 주체가 다양하다
② 능력보다 외모를 중시하는 사람들이 많다
③ 여성에게 화장이 당연시되는 풍조와 관련이 있다
④ 자외선이 강해 피부를 보호하려는 생각이 많아졌다

문제 3 밑줄 친 부분에 나타난 필자의 태도로 가장 알맞은 것을 고르십시오.

① 사회적 갈등 발생에 대해 경계하고 있다.
② 일부 언론 기사의 제목에 대해 공감하고 있다.
③ 사전의 뜻과 거리가 있는 어휘 사용에 대해 염려한다.
④ 서로 다른 것이 공존할 때 가져올 혼란에 대해 공감하고 있다.

공 식

▌문제 1▐

글의 내용을 중심 내용과 세부 내용으로 나눠 보세요.
중심 내용을 통해 필자가 글을 쓴 목적을 추측해 보세요.
Please distinguish between main contents and detailed contents.
Try to guess the purpose of the writer through the main contents.
请区分中心内容和详细内容。
透过中心内容，推测笔者写的目的。

▌문제 2▐

빈칸 앞뒤의 문장을 읽고 빈칸에 들어갈 세부 내용을 찾으세요.
Find the appropriate detailed content to fill in the blank after reading the sentences before and after the blank.
细阅填充空白地方的前后句子，找出相应的详细内容把它填上。

▌문제 3▐

밑줄 친 부분의 앞부분 또는 뒷부분에 힌트가 있습니다.
글 전체의 내용을 고려하여 밑줄 친 부분에 나타난 필자의 태도를 파악하세요.
There are hints in before or after of the underlined part.
Grasp the writer's attitude in the underlined part by considering the entire text.
划线部分的前面部分或后面部分是提示。
掌握划线部分中出现笔者的状态并考虑全文内容。

정 답

▌문제 1▐ 윗글을 쓴 목적으로 가장 알맞은 것을 고르십시오.

'이처럼 거의 전 연령대에 걸쳐 화장이 보편화되고 있지만, 문제는 부작용이다.'와 '특히 피부가 연약한 어린이와 피지의 분비가 활발한 청소년은 화장품 사용을 자제하는 것이 좋다.'를 고려하면 정답은 ③입니다.

답 ③

▌문제 2▐ (　　)에 들어갈 말로 가장 알맞은 것을 고르십시오.

빈칸 부분은 '화장 안 한 얼굴이 이토록 부끄러운 존재가 되어 버린 것'의 원인입니다. 빈칸 뒤에 등장한 '어느덧 성인 여성은 외출할 때는 으레 화장을 해야 하는 것으로 여기게 되었다.'를 고려하면 정답은 ③입니다.

답 ③

▌문제 3▐ 밑줄 친 부분에 나타난 필자의 태도로 가장 알맞은 것을 고르십시오.

일부 언론 기사의 제목에 사용된 어휘가 '본래의 뜻과 다르게' 사용되고 있다는 점과 '화장 안 한 얼굴이 이토록 부끄러운 존재가 되어 버린 것'을 고려하면 정답은 ③입니다.

답 ③

어 휘

보도	언론	떳떳하다	화장	비유	대칭
존재	당연시	풍조	외출	연령	금지
교칙	묵인하다	보편	부작용	안전	규제
유해	물질	성분	포함되다	자제하다	

연습문제 02

다음을 읽고 물음에 답하십시오.

정부의 적극적인 다문화 정책 덕택에 국내 체류 외국인이 다문화 사회 진입 기준인 5%에 근접하고 있다. 정부가 2006년 다문화 정책을 공식적으로 시행한 이후 다문화 정책은 그동안 시행착오를 거듭했다. 정부는 법률과 제도를 (   ) 다문화 사회로 이행하는 기반을 다졌다. 다문화 정책은 외국인의 국내 정착을 지원하는 데 초점을 맞추고 이들이 '이방인'에서 '이웃'으로 변모하는 데 기여했다. 덕분에 한국에 보금자리를 꾸린 다문화 가정이 크게 늘고 이들의 사회적 위상도 높아졌다. 하지만 이런 성과에도 불구하고 부작용도 적지 않았다. 우선 다문화 정책을 총괄하는 컨트롤타워가 정해지지 않은 채 기관마다 제각각 예산을 집행해 정책이 중복되고 있다. 그리고 각종 정책이 정부 주도로 추진되면서 결혼이민 여성을 위한 지원에만 쏠려 있다는 점도 문제이다. 따라서 정부는 다문화 정책을 총괄하는 기관을 통해 비슷한 지원책을 통제해야 한다. 그리고 외국인 주민 중 가장 큰 비중을 차지하는 이주 노동자를 비롯해 외국인 유학생, 이주 배경 청소년 등으로 정책 대상을 넓혀야 할 것이다.

▌문제 1▐ 윗글을 쓴 목적으로 가장 알맞은 것을 고르십시오.

① 다문화 사회에서 정부의 바람직한 역할을 강조하려고
② 정부 기관의 예산 집행 정책의 문제점을 제기하려고
③ 외국인의 국내 정착을 지원하기 위한 방안을 제시하려고
④ 정부의 다문화 정책에 대한 문제점과 해결책을 제시하려고

▌문제 2▐ (   )에 들어갈 말로 가장 알맞은 것을 고르십시오.

① 외국에서 홍보하면서
② 발 빠르게 정비하면서
③ 정책으로 평가하면서
④ 공정하게 비판하면서

▌문제 3▐ 밑줄 친 부분에 나타난 필자의 태도로 가장 알맞은 것을 고르십시오.

① 다문화 사회의 성공을 부정적으로 예측하고 있다.
② 일부 정부 기관의 정책 집행에 대해 공감하고 있다.
③ 다문화 정책을 다르게 파악하려는 자세를 비판하고 있다.
④ 정부의 다문화 정책에 대한 부정적인 평가를 강조하고 있다.

공 식

▌문제 1▐

글의 내용을 중심 내용과 세부 내용으로 나눠 보세요.
중심 내용을 통해 필자가 글을 쓴 목적을 추측해 보세요.
Please distinguish between main contents and detailed contents.
Try to guess the purpose of the writer through the main content.
请区分中心内容和详细内容。
透过中心内容，推测笔者写的目的。

▌문제 2▐

빈칸 앞뒤의 문장을 읽고 빈칸에 들어갈 세부 내용을 찾으세요.
Find the appropriate detailed content to fill in the blank after reading the sentences before and after the blank.
细阅填充空白地方的前后句子，找出相应的详细内容把它填上。

▌문제 3▐

밑줄 친 부분의 앞부분 또는 뒷부분에 힌트가 있습니다.
글 전체 내용을 고려하여 밑줄 친 부분에 나타난 필자의 태도를 파악하세요.
There are hints in before or after of the underlined part.
Grasp the writer's attitude in the underlined part by considering the entire text.
划线部分的前面部分或后面部分是提示。
掌握划线部分中出现笔者的态度并考虑全文内容。

정 답

▌문제 1▐ 윗글을 쓴 목적으로 가장 알맞은 것을 고르십시오.

'우선 다문화 정책을 총괄하는 컨트롤타워가 정해지지 않은 채 ~결혼이민 여성을 위한 지원에만 쏠려있다는 점도 문제이다.'와 '따라서 정부는 ~정책 대상을 넓혀야 할 것이다.'를 고려하면 정답은 ④입니다. 답 ④

▌문제 2▐ (　　)에 들어갈 말로 가장 알맞은 것을 고르십시오.

'–(으)면서'는 조건을 의미합니다. 이때 '다문화 사회로 이행하는 기반을 다졌다.'라는 결과가 나타난 점을 고려하면 정답은 ②입니다. 답 ②

▌문제 3▐ 밑줄 친 부분에 나타난 필자의 태도로 가장 알맞은 것을 고르십시오.

'다문화 정책은 ~사회적 위상도 높아졌다.'라고 하여 긍정적인 평가하지만 '우선 다문화 정책을 총괄하는 ~점도 문제이다.'를 통해 부정적인 평가를 강조하므로 정답은 ④입니다. 답 ④

어 휘

정부	다문화	정책	체류	진입	근접하다
공식적	시행하다	시행착오	거듭하다	법률	제도
정비하다	이행하다	기반	정착	지원하다	초점
이방인	변모하다	보금자리	꾸리다	위상	성과
부작용	쏠리다	총괄하다	지원책		

PART 3

쓰기 영역

1	유형 안내
2	연습 문제

모란이 피기까지는

나는 아직 기다리고 있을테요, 찬란한 슬픔의 봄을

– 김영랑 '모란이 피기까지는' 중

PART.3 쓰기 영역

1 유형 안내

대표 유형

1. 문장 구성하기 | 2. 단락 구성하기 | 3. 글 구성하기

유형별 대비 방법

• 유형 1: 문장 구성하기(51~52번)

<table>
<tr><td>기출 유형</td><td>※ [51~52] 다음 글의 ㉠과 ㉡에 알맞은 말을 각각 쓰시오.

51.
재인 씨, 주말에 생일 선물로 불고기를 (㉠). 재인 씨 덕분에 생일을 기분 좋게 보낼 수 있었습니다. 그런데 그릇은 언제까지 (㉡)? 어학원에 갈 때 그릇을 가지고 재인 씨 집에 들르고 싶습니다. 그럼 답장 기다리겠습니다.

52.
'한 술 밥에 배부르랴'라는 말이 있다. 누구든 밥을 한 숟갈만 먹고는 배가 부를 수 없다. 노력도 마찬가지이다. 어떤 일을 성공시키기 위해서는 (㉠). 처음부터 큰 성과가 나기를 바라서는 안 된다. 그러므로 (㉡).</td></tr>
<tr><td>최신 경향 분석</td><td>• 51번 : 5~10문장으로 구성된 문자, 이메일, 공고문 등 실용문
• 52번 : 5~10문장으로 구성된 간단한 설명문 등

빈칸 채워 문장 완성하기
과거에는 접속사에 이어서 완성된 하나의 문장을 쓰는 경우가 많았습니다. 최근에는 빈칸의 앞뒤에 주어나 목적어 등의 길잡이 말이 있고 이에 맞추어 문장을 완성하는 문제가 많아졌습니다.</td></tr>
<tr><td>문제 해결 TIP</td><td>• 앞뒤 문장들을 살펴보고 자연스럽게 이어지는 내용을 떠올립니다. 이때, 불필요한 내용을 추가하거나 원래의 의미를 해치지 않도록 주의합니다.
• 문장의 끝은 '-습니다'로 끝났다면 '습니다'로, '-요'로 끝났다면 '-요'로 통일하여 완성하도록 합니다. 또한 빈칸이 포함된 문장의 다른 문장 성분들과 어울리는 문법적 표현을 사용해야 합니다.
• 답안에 빈칸 앞뒤의 어구를 포함해서 쓰지 않도록 주의합니다.</td></tr>
</table>

• 유형 2: 단락 구성하기(53번)

<table>
<tr><td>기출
유형</td><td>※ 다음은 '아동학대 현황 및 조치'에 대한 자료이다. 이 내용을 200~300자의 글로 쓰시오. 단, 글의 제목은 쓰지 마시오.
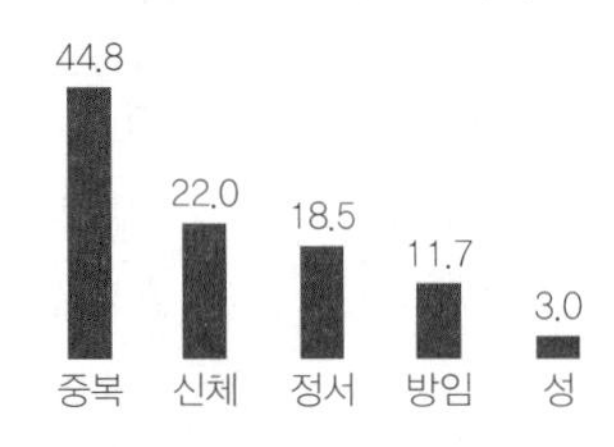

</td></tr>
<tr><td>최신
경향
분석</td><td>• 53번 : 줄글 또는 설문 조사, 현황, 통계 등 시각 자료
제시된 정보를 이용하여 200~300자 길이의 글 쓰기
과거에는 제시문이 줄글 형식으로 주어지는 경우가 많았습니다. 최근에는 도표나 그래프를 보고 정보를 스스로 분석해야 하는 문제가 많아졌습니다.</td></tr>
<tr><td>문제
해결
TIP</td><td>• 제시된 정보만을 정확히 분석해야 합니다. 주어진 자료를 잘못 해석하거나 불필요한 개인의 의견이 들어가면, 아무리 훌륭한 글을 써도 좋은 점수를 받을 수 없습니다.
• '반면, 그러나' 등의 접속사나 '첫째, 둘째, 셋째' 등의 순서를 나타내는 어휘를 활용하면 좋습니다. 가능한 한 중급 이상의 어휘와 문법을 쓰고, 문장의 끝은 '–요' 대신 '–ㄴ다'나 '–습니다'로 끝맺도록 합니다.
• 평소 다양한 도표, 도식으로 주어진 정보를 비교 · 분석하여 기술하는 연습을 해 둡니다.</td></tr>
</table>

• 유형 3: 글 구성하기(54번)

<table>
<tr><td>기출
유형</td><td>※ 다음을 참고하여 600~700자로 글을 쓰시오. 단, 문제를 그대로 옮겨 쓰지 마시오.

우리가 버리는 쓰레기의 대부분은 땅에 묻거나 불에 태워서 처리하는데, 이로 인해 환경오염이 날이 갈수록 심각해지고 있다. 따라서 최근에는 환경을 보호하기 위한 방법으로 '쓰레기 재활용'에 대한 관심이 높아지고 있다. 종이, 유리병, 플라스틱 등의 쓰레기는 다시 사용할 수 있으며 음식 찌꺼기도 거름으로 재활용이 가능하다는 것이다. '쓰레기 재활용의 중요성과 방법'에 대해 아래의 내용을 중심으로 자신의 생각을 쓰라.

– 쓰레기 재활용은 왜 중요한가?
– 쓰레기 재활용이 잘 이루어지지 않는 이유는 무엇인가?
– 효율적인 재활용 쓰레기 배출 방법은 무엇인가?</td></tr>
<tr><td>최신
경향
분석</td><td>• 54번 : 줄글과 요구 과제
제시된 주제와 과제에 맞게 600~700자 길이로 자신의 생각 쓰기
사회적 분위기를 가장 잘 반영하는 문제입니다. 최근 이슈에 대한 수험자의 생각을 묻는 문제가 많습니다.</td></tr>
<tr><td>문제
해결
TIP</td><td>• 주어진 과제를 모두 수행해야 합니다. 먼저 문제에서 요구하는 과제가 무엇인지 정확히 확인하도록 합시다.
• 글의 내용 전개나 분량을 '처음–가운데–끝'의 단락별로 잘 나누어 써야 합니다. 글을 쓰기 전 먼저 쓸 내용을 간단히 개요로 정리하면 써야 하는 내용을 빠뜨리지 않고 체계적인 글을 쓸 수 있습니다.
• 평소 뉴스나 신문을 보면서 각종 사회 문제에 대하여 자신의 생각을 정리해 두는 것이 좋습니다.</td></tr>
</table>

2 연습 문제

PART.3 쓰기 영역

연습문제

[51~52] 다음 글의 ㉠과 ㉡에 알맞은 말을 각각 쓰시오. (각 10점)

▌문제 51▐

[제목] 온라인 뱅킹을 이용하고 싶습니다.

저는 ○○대학교에 재학 중인 유학생입니다. 우리 대학의 ○○은행에 계좌를 개설하였습니다. ○○은행의 고객센터에 물어보니 인터넷 뱅킹을 이용하려면 공인인증서를 (　　㉠　　). 공인인증서를 만들려면 (　　㉡　　)? 방법을 알려 주시면 감사하겠습니다.

▌문제 52▐

우리의 삶을 편리하게 만들어 주기 위해 탄생한 인터넷이 익명으로 된 불법, 유해, 허위 정보로 심각한 피해를 유발하고 있다. 이에 대한 대책으로 인터넷 실명제를 실시한다면 표현의 자유가 위축될 것이다. 왜냐하면 표현과 사상의 자유는 우리가 보장받아야 할 당연한 권리이기 때문이다. 물론 권리는 남용이 가능하다는 점에서 무제한으로 (　　㉠　　). 그러나 빈대 잡으려고 초가삼간 태울 수는 없듯이, 남용될 가능성이 있다고 해서 권리를 (　　㉡　　). 즉, 올바른 인터넷 문화는 네티즌들이 자율적으로 정착시켜야 한다.

▌문제 53▐ 다음은 '모바일 마켓 시장 점유율의 변화'에 대한 자료이다. 이 내용을 200~300자의 글로 쓰시오. 단, 글의 제목은 쓰지 마시오. (30점)

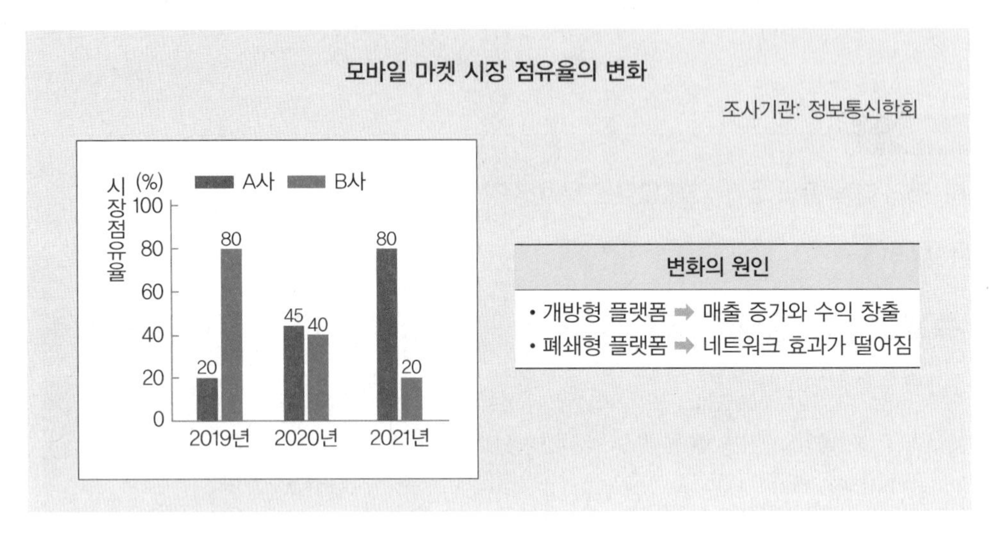

▌문제 54▐ 다음을 참고하여 600~700자로 글을 쓰시오. 단, 문제를 그대로 옮겨 쓰지 마시오. (50점)

기여 입학 제도는 대학에 기부금을 내거나 일정한 공헌을 할 수 있는 사람에게 입학을 허용하는 것이다. 이러한 기여 입학 제도는 좋은 점도 있지만 문제점도 있다. 아래의 내용을 중심으로 '기여 입학 제도의 장점과 문제점'에 대해 자신의 의견을 쓰라.

- 기여 입학 제도의 장점은 무엇인가?
- 기여 입학 제도의 문제점은 무엇인가?
- 기여 입학 제도에 찬성하는가, 반대하는가? 근거를 들어 자신의 의견을 쓰라.

정답

▌문제 51▐ 문장 구성하기 – 빈칸 채우기

㉠: 만들어야 한다고 합니다
㉡: 어떻게 해야 합니까

▌문제 52▐ 문장 구성하기 – 빈칸 채우기

㉠: 인정할 수는 없다 / 허용될 수는 없다 / 보장될 수는 없다
㉡: 제한해서는 안 된다

▌문제 53▐ 단락 구성하기 – 자료를 설명하는 글쓰기

정보통신학회의 조사에 따르면 2019년 A사의 시장 점유율은 20%에 불과했으나 이후 꾸준히 증가하여 2020년에는 45%, 2021년에는 80%를 차지하였다. 이는 A사가 개방형 플랫폼으로 전환되면서, 매출이 증가하고 수익이 창출되었기 때문인 것으로 보인다. 반면에 B사는 2019년 시장 점유율이 80%였지만 이후 지속적으로 감소하여 2020년에는 40%, 2021년에는 20%가 되었다. 이는 B사가 폐쇄형 플랫폼으로 전환되면서, 네트워크 효과가 떨어졌기 때문인 것으로 해석할 수 있다.

▌문제 54▐ 글 구성하기 – 주제에 관한 글쓰기

최근 학생 수가 줄면서 재정적 어려움을 겪고 있는 대학이 늘고 있다. 학교의 재정을 학생들의 등록금에 크게 의존하고 있기 때문이다. 이로 인하여 해마다 등록금 인상 문제로 학생들과 갈등을 겪는 곳도 점차 늘어나고 있다.
기여 입학 제도의 장점은 이런 대학들의 경영난을 빠르게 해결할 수 있다는 것이다. 또한 기부금을 연구 시설이나 학생 복지 시설에 투자할 수 있고 학습 환경 개선에 사용할 수도 있으므로 대학의 경쟁력을 확보할 수 있다. 하지만 기여 입학 제도는 학생 자신의 능력이 아닌 부모의 경제력에 의해 입학이 허용되는 것이므로 공정한 경쟁 원칙에 위배된다. 또 빈부 간의 불균형으로 인한 학생 간의 위화감을 조성하며, 우리 사회에 만연한 물질 만능 주의를 심화시킬 위험성도 크다.
그럼에도 불구하고 기여 입학 제도는 장점이 더 큰 제도라고 생각한다. 대학의 기능은 자율성을 충분히 보장할 때 제대로 발휘되기 때문이다. 따라서 기여 입학 제도를 도입하되, 이를 보완할 수 있는 여러 방안을 마련하는 것이 중요하다고 생각한다. 예를 들어, 기여 입학 제도로 선발하는 학생은 정해진 인원 외의 특별 전형으로 뽑거나, 성적이나 인성 등 다른 요소도 일정 부분 반영하는 것이다. 또한 조성된 기금을 활용하여 가정 형편이 어려운 학생들에게 학비를 지원한다면 기여 입학 제도가 가진 문제점을 해결하는 데 큰 도움이 될 것이다.

※ 실제 답안은 '원고지'에 작성해야 하므로 원고지 작성법을 연습해 두는 것이 좋습니다.

➡ 원고지 쓰기의 예

	많	은		사	람	들	이		성	공	을		꿈	꾼	다	.	그	러	나
성	공	의		기	준	에		대	해	서	는		사	람	마	다		생	각

부록

원고지 작성법

1. 문장을 시작할 때는 첫 칸을 비우고, 한글은 한 칸에 한 자씩 씁니다.

	최	근		학	생		수	가		줄	면	서		재	정	적		어	려
움	을		겪	고		있	는		대	학	이		늘	고		있	다	.	

2. 알파벳 대문자나 낱자로 된 알파벳 소문자 및 아라비아 숫자는 한 칸에 한 자씩 씁니다. 두 자 이상의 알파벳 소문자나 아라비아 숫자는 한 칸에 두 자씩 씁니다.

	20	19	년		A	사	의		시	장		점	유	율	은		20	%	에
불	과	했	으	나		이	후		꾸	준	히		증	가	하	여		20	20

	이		연	필	의		길	이	는		3	cm	이	다	.				

3. 문장부호는 한 칸에 하나씩 씁니다.

	20	14	~	20	15	년		도	살		처	분	된		가	금	류	의	
수	를		고	려	하	면		조	류	인	플	루	엔	자	(	A	I	)	

4. 마침표(.), 쉼표 (,)는 반 칸에 쓰며, 다음 칸을 띄어 쓰지 않습니다.

각		16	%	,	9	%	를		차	지	했	다	.	또	한		이	들	은

5. 물음표(?), 느낌표(!) 다음 칸은 띄어 쓰는 것이 일반적입니다.

중	요	한		부	분	이		아	닐	까	?		우	리		사	회	에	서

6. 원고지 끝에서 문장이 끝난 경우 마지막 칸에 글자와 문장부호를 함께 쓰거나, 마지막 칸 바깥의 여백에 문장부호를 씁니다.

	우	리	가		고	민	해		봐	야		할		문	제		아	닐	까?

특별 부록

말하기 평가

죽는 날까지 하늘을 우러러 한 점 부끄럼이 없기를

– 윤동주의 '서시' 중

1 시험 안내

• 시험 시간표

입실 완료 시간	본인 확인 및 유의 사항 안내	시작	종료
11:30	11:30 ~ 12:00	12:00	12:30

※ 해외시험시간은 현지접수기관에 문의하시기 바랍니다.

• 문항 구성

문항	문항 유형	준비 시간	응답 시간
1	질문에 대답하기	20초	30초
2	그림 보고 역할 수행하기	30초	40초
3	그림 보고 이야기하기	40초	60초
4	대화 완성하기	40초	60초
5	자료 해석하기	70초	80초
6	의견 제시하기	70초	80초

• 평가 요소

평가 요소	내용
내용 및 과제 수행	• 과제에 적절한 내용으로 표현하였는가? • 주어진 과제를 풍부하고 충실하게 수행하였는가? • 담화 구성이 조직적으로 잘 이루어졌는가?
언어 사용	• 담화 상황에 적합한 언어를 사용하였는가? • 어휘와 표현을 다양하고 풍부하게 사용하였는가? • 어휘와 표현을 정확하게 구사하였는가?
발화 전달력	• 발음과 억양이 어느 정도 이해 가능한가? • 발화 속도가 자연스러운가?

• 시험 등급

등급	점수	등급 기술
1급	20~49점	• 친숙한 일상적 화제에 대해 질문을 듣고 간단하게 답할 수 있다. • 언어 사용이 매우 제한적이며 오류가 빈번하다. • 발음과 억양, 속도가 매우 부자연스러워 의미 전달에 문제가 있다.
2급	50~89점	• 자주 접하는 사회적 상황에서 일상적 화제에 대해 묻거나 답할 수 있다. • 언어 사용이 제한적이며 담화 상황에 맞지 않는 경우가 있고 오류가 잦다. • 발음과 억양, 속도가 부자연스러워 의미 전달에 다소 문제가 있다.
3급	90~109점	• 친숙한 사회적 화제에 대해 비교적 구체적으로 말할 수 있다. • 오류가 때때로 나타나나 어느 정도 다양한 어휘와 표현을 비교적 담화 상황에 맞게 사용할 수 있다. • 발음과 억양, 속도가 다소 부자연스러우나 의미 전달에 큰 문제가 없다.
4급	110~129점	• 일부 사회적 화제에 대해 대체로 구체적이고 조리 있게 말할 수 있다. • 오류가 때때로 나타나나 다양한 어휘와 표현을 대체로 담화 상황에 맞게 사용할 수 있다. • 발음과 억양, 속도가 비교적 자연스러워 의미 전달에 문제가 거의 없다.
5급	130~159점	• 사회적 화제나 일부 추상적 화제에 대해 비교적 논리적이고 일관되게 말할 수 있다. • 오류가 간혹 나타나나 다양한 어휘와 표현을 담화 상황에 맞게 사용할 수 있다. • 발음과 억양, 속도가 대체로 자연스러워 발화 전달력이 양호하다.
6급	160~200점	• 사회적 화제나 추상적 화제에 대해 논리적이고 설득력 있게 말할 수 있다. • 오류가 거의 없으며 매우 다양한 어휘와 문법을 담화 상황에 맞게 사용할 수 있다. • 발음과 억양, 속도가 자연스러워 발화 전달력이 우수하다.

※ 0~19점은 불합격입니다.

2 유형 안내

※ 시험을 시작하기 전, 연습 문제가 나올 수도 있습니다. 20초 정도 되는 분량으로 자기소개를 준비해 가면 도움이 될 거예요.

1. 질문에 대답하기

질문을 듣고 대답하십시오. 20초 동안 준비하십시오. '삐' 소리가 끝나면 30초 동안 말하십시오.

취미가 뭐예요? 그 취미에 대해 이야기하세요.

▌모범 답안▐

제 취미는 책 읽기예요. 일주일에 한 권씩 읽어요. 저는 무서운 이야기를 좋아해요. 슬픈 것도 잘 봐요. 저는 시간이 날 때 도서관에 가요. 주말에 서점도 자주 가요. 이번 주말에도 친구와 함께 서점에 갈 거예요.

- **수준 및 예상 배점**: 초급
- **문제 내용**: 일상생활에서 자주 만나는 상황에 대한 간단한 질문(자기 자신, 가까운 사람이나 사물, 단순한 일상이나 계획 등)을 듣고 대답하는 문제
- **공부 방법**: 자기 자신이나 가족, 가까운 친구나 사람, 사물, 단순한 계획과 경험 등을 이야기하는 데 필요한 기초 단어와 표현들을 공부해 두세요. 기초적인 소재에 대해 다양한 형식의 문장으로 말하는 연습도 하면 좋습니다. 답변 시간을 최대한 활용하고, 정확한 발음과 자연스러운 억양, 적절한 속도로 말하는 연습도 하세요.

2. 그림 보고 역할 수행하기

그림을 보고 질문에 대답하십시오. 30초 동안 준비하십시오. '삐' 소리가 끝나면 40초 동안 말하십시오.

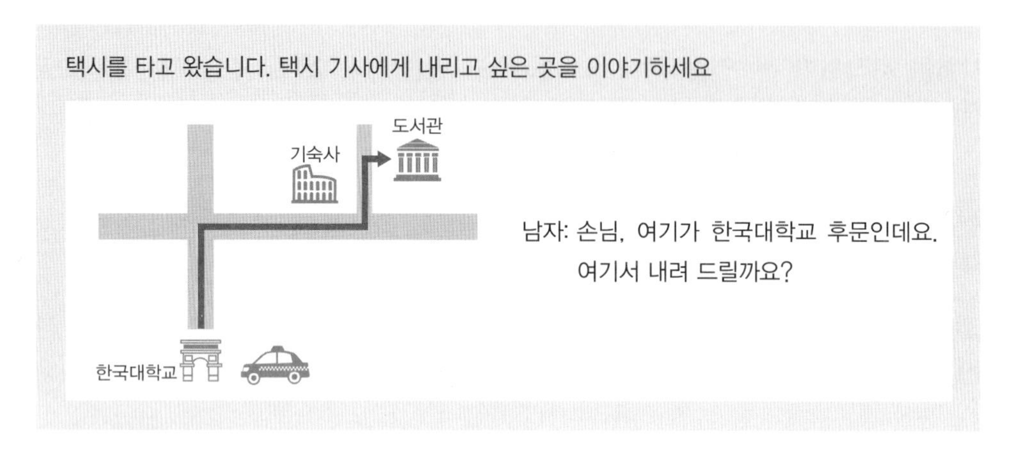

▌모범 답안▐

아니요, 기사님. 학교 안에 있는 도서관까지 가 주세요. 후문으로 들어가면 사거리가 나오는데, 거기에서 오른쪽으로 가시면 돼요. 가다 보면 왼쪽에 기숙사가 나와요. 기숙사를 지나서 조금 더 가면 왼쪽에 작은 길이 있어요. 그 길로 조금 가면 오른쪽에 도서관이 있어요. 그 앞에서 내려 주세요.

- **수준 및 예상 배점**: 초급
- **문제 내용**: 그림에 대한 간단한 질문(주거, 환경, 쇼핑, 공공시설, 대중교통 등 일상생활에서 자주 만나게 되는 상황)을 듣고 주어진 역할에 어울리게 대답하는 문제
- **공부 방법**: 새로운 내용이나 상황을 소개하거나 필요한 것에 대해 이야기하는 등 평소 일상생활에서 자주 일어나는 상황을 상상해 보고, 그때 필요한 기초 단어를 공부해 두세요. 관련 소재에 대해 다양한 형식의 문장으로 말하는 연습도 하면 좋습니다. 답변 시간을 최대한 활용하고, 정확한 발음과 자연스러운 억양, 적절한 속도로 말하는 연습도 하세요.

3. 그림 보고 이야기하기

그림을 보고 순서대로 이야기하십시오. 40초 동안 준비하십시오. '삐' 소리가 끝나면 60초 동안 말하십시오.

영희 씨는 한 달 전에 쇼핑을 했습니다. 영희 씨가 산 것을 순서대로 설명하고, 그 결과 영희 씨가 어떻게 되었는지 말해 보세요.

신상
500,000원

〈한 달 전〉 〈오늘〉

▌모범 답안▐

영희 씨는 한 달 전에 혼자서 쇼핑을 했어요. 먼저 한 시에는 가방 가게에 갔어요. 새로 나온 가방이 꽤 비쌌지만 마음에 들어서 그냥 샀어요. 한 시 반에는 신발 가게에 갔어요. 의자에 앉아서 구두를 몇 켤레 신어보면서 마음에 드는 구두를 한참 동안 찾았어요. 두 시간 후인 세 시 반에는 옷 가게에 갔어요. 옷 가게에서는 긴 팔 티와 짧은 치마를 사고, 입고 갔던 바지를 치마로 갈아입었어요. 한 달이 지난 뒤, 오늘 영희 씨는 돈이 하나도 없는 지갑을 보면서 슬퍼하고 있어요.

- **수준 및 예상 배점**: 중급
- **문제 내용**: 연속된 그림(학교생활, 직장 생활, 문화생활 등 일상에서 경험할 수 있는 다양한 상황)을 보고 인물의 행동, 상황, 사건을 묘사하고 이야기를 구성하여 말하는 문제
- **공부 방법**: 어떤 상황을 보고 묘사, 서술, (재)구성하는 데에 필요한 표현을 공부해 두어야 합니다. 특히, 학교나 직장 생활과 같은 친숙한 사회적 상황과 여가, 문화생활 등과 같은 일상의 경험들을 생각하며 누가, 언제, 어디에서, 무엇을, 어떻게, 왜 하고 있는지를 문장으로 만들고 이야기를 완성하여 말하는 연습을 하면 좋습니다. 전체적인 이야기의 흐름과 의미를 잘 전달할 수 있도록 답변 시간을 최대한 활용하고, 정확한 발음과 자연스러운 억양, 적절한 속도로 말하는 연습을 해 두는 것도 중요합니다.

4. 대화 완성하기

대화를 듣고 이어서 말하십시오. 40초 동안 준비하십시오. '삐' 소리가 끝나면 60초 동안 말하십시오.

두 사람이 '노키즈 존'에 대해 이야기하고 있습니다. 남자의 마지막 말을 듣고 여자가 할 말로 대화를 완성해 보세요.

남자: 내년부터 우리 가게에도 아이들의 출입을 금지할 거라고 하던데, 얘기 들었어요?
여자: 네. 손님들이 불편하다고 항의를 해서 그런 것 같은데, 저는 사실 '노키즈 존'이 없어져야 한다고 생각해요.
남자: 하지만 저번에 가게에서 사고가 난 적도 있었잖아요. 안전을 위해서라도 '노키즈 존'이 있는 게 좋지 않을까요?

▌모범 답안▐

저는 어른들이 사고 예방에 더 신경 쓰고 아이들을 교육하는 게 맞다고 생각해요. 대부분의 아이들은 어른에 비해 배워 나가야 할 것들도 더 많고요. 우리에게는 아이들이 다른 사람을 배려하는 마음을 가르칠 책임도 있어요. 사회 여러 곳에서 다양한 경험을 하게 하면서 그런 마음을 알려 줄 수 있다고 생각해요. 그리고 모든 아이들이 소란을 피우는 것도 아닌데, 무조건 나이가 어리다는 이유로 가게에 들어오지 못하게 한다면 그건 차별이라고 생각해요.

- **수준 및 예상 배점**: 중급
- **문제 내용**: 사회적 상황에서 이루어지는 남자와 여자의 대화를 듣고, 대화 속 남자 또는 여자가 되어 상대방의 말에 적절히 대응하여 대화를 완성하는 문제
- **공부 방법**: 다른 사람에게 제안, 조언, 거절 등을 하는 데 필요한 어휘와 문법 표현들을 공부해야 합니다. 대화의 내용을 잘 파악한 후에 중심 맥락에 맞게 대응하며 말하는 연습을 하는 것이 좋습니다. 답변 시간을 최대한 활용하고, 중급 수준에 맞는 정확한 발음과 자연스러운 억양, 적절한 속도로 말하는 연습을 해 두는 것도 중요합니다.

5. 자료 해석하기

자료를 설명하고 의견을 제시하십시오. 70초 동안 준비하십시오. '삐' 소리가 끝나면 80초 동안 말하십시오.

뉴스를 듣고 자료에 제시된 사회 현상의 변화를 설명하고, 이러한 현상이 나타난 이유를 두 가지 말하십시오.

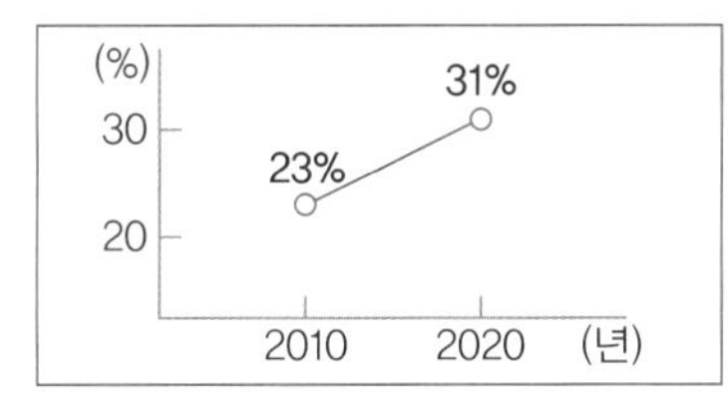

남자: 요즘 1인 가구가 점차 늘고 있는데요. 조사 결과 2010년부터 2020년까지 1인 가구 비율에 큰 변화가 있었습니다. 이와 함께 소포장 상품과 소형 가전의 인기도 상승하고 있다고 합니다.

▌모범 답안▐

자료에 따르면 2010년부터 2020년까지 1인 가구의 비율은 23%에서 31%까지 증가했는데요. 1인 가구가 늘면서 한 토막씩 포장된 생선 같은 '소포장 상품'이나 1인용 전기밥솥, 초소형 세탁기 같은 '소형 가전제품'의 판매량도 늘어났다고 합니다. 이러한 변화가 나타난 이유는 여러 가지가 있지만 결혼에 대한 사회의 인식 변화와 고령화 현상을 대표적으로 들 수 있습니다. 과거에는 전통적인 가족 공동체의 모습을 만들고 유지하는 것을 당연하게 생각했지만, 요즘에는 개개인의 삶도 가족 공동체 못지않게 중요한 것으로 여기게 되면서 젊은 1인 가구가 늘어나게 된 것입니다. 또한 의학이 발달하면서 수명은 늘어났는데, 한국은 노인을 부양할 젊은 사람들이 부족합니다. 그래서 혼자 사시는 할아버지, 할머니가 많이 늘어날 수밖에 없는 것입니다.

- **수준 및 예상 배점**: 고급
- **문제 내용**: 사회적 화제나 추상적 화제의 자료(경제, 과학, 대중매체, 문화, 예술, 정치, 환경 등)를 보고 해석하여, 비판적으로 자신의 의견을 진술하는 문제
- **공부 방법**: 사회 문제, 추상적인 화제의 시각 자료(도표, 그래프, 포스터, 신문기사 헤드라인)를 보고 현황을 설명하고 상황을 추측할 수 있어야 합니다. 또한 그것을 비판적으로 살펴보고, 자신의 의견을 진술하는 데 필요한 어휘와 표현들을 공부해 두어야 합니다. 다양한 시각 자료를 접해 보고, 자신의 견해를 일관되게 말하는 연습을 하는 것이 좋습니다. 전체적인 이야기의 흐름과 의미를 잘 전달할 수 있도록 답변 시간을 최대한 활용하고, 고급 수준에 맞는 정확한 발음과 자연스러운 억양, 적절한 속도로 말하는 연습을 해 두는 것도 중요합니다.

6. 의견 제시하기

자료를 설명하고 의견을 제시하십시오. 70초 동안 준비하십시오. '삐' 소리가 끝나면 80초 동안 말하십시오.

지도자는 자신이 속한 조직을 이끄는 사람입니다. 지도자의 생각과 행동은 조직은 물론 그 조직에 속한 구성원 전체에게 영향을 미칩니다. 훌륭한 지도자의 조건은 무엇이라고 생각합니까? 지도자가 갖춰야 할 조건 두 가지와 그 근거를 말하십시오.

- 지도자: 조직 또는 단체에서 남들을 이끌어 가는 위치에 있는 사람

▌모범 답안▐

지도자가 조직 내에서 어떤 역할을 하는가에 따라서 조직이 발전할 수도 있고 그렇지 않을 수도 있는데요. 저는 좋은 지도자는 공정함과 책임감을 중요하게 여기는 사람이라 생각합니다. 우선, 지도자는 조직의 구성원을 차별하지 않고 그들이 능력을 충분히 발휘할 수 있도록 공평하고 올바른 태도를 항상 유지해야 합니다. 조직의 구성원들이 모두 납득할 수 있는 기준을 가지고 사람을 대하는 것은 물론 일을 처리하거나 문제 상황에 대처해야 합니다.
다음으로 좋은 지도자는 책임감을 가지고 있어야 합니다. 기본적으로 지도자는 결정을 하는 위치에 있는 사람입니다. 그런데 일을 하다 보면 일이 계획대로 진행되지 않거나 생각지도 못했던 난관에 부딪히기도 합니다. 따라서 지도자는 위기에 직면해도 회피하지 않고 그 결과에 책임지겠다는 의지를 가지고 있어야 합니다.
이 외에도 좋은 지도자라면 갖추어야 할 것이 많지만, 저는 공정함과 책임감, 이 두 가지가 가장 중요한 조건이라고 생각합니다.

- **수준 및 예상 배점**: 고급
- **문제 내용**: 전문 분야나 추상적인 내용, 사회 문제 등에 대해 자신의 견해를 논리적으로 제시하거나 찬성 또는 반대 입장에서 자신의 견해를 제시하는 문제
- **공부 방법**: 사회 문제나 추상적 화제들에 대해 적절한 근거와 함께 자신의 의견을 제시할 수 있도록 배경지식을 쌓고 어휘와 표현을 공부해 두어야 합니다. 또 자신의 의견이 듣는 사람에게 잘 전달될 수 있도록 제시된 조건에 맞추어 논리적이고 설득력 있게 말하는 연습을 하는 것이 좋습니다. 답변 시간을 최대한 활용하고, 고급 수준에 맞는 발음과 억양, 발화 속도를 유지하면서 말하는 연습을 하면 도움이 됩니다.

좋은 책을 만드는 길, 독자님과 함께 하겠습니다.

한국어능력시험 TOPIK Ⅱ 단기완성

개정6판2쇄 발행	2023년 05월 03일 (인쇄 2023년 03월 15일)
초 판 발 행	2017년 01월 13일 (인쇄 2016년 10월 13일)
발 행 인	박영일
책 임 편 집	이해욱
저 자	김명준
편 집 진 행	구설희
표지디자인	김지수
편집디자인	채경신 · 곽은슬
발 행 처	(주)시대고시기획
출 판 등 록	제10-1521호
주 소	서울시 마포구 큰우물로 75 [도화동 538 성지 B/D] 9F
전 화	1600-3600
팩 스	02-701-8823
홈 페 이 지	www.sdedu.co.kr
I S B N	979-11-383-3575-1 (13710)
정 가	20,000원

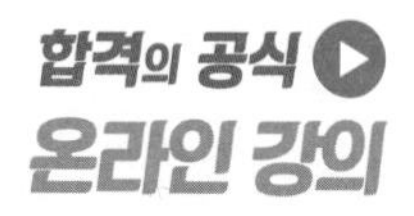
합격의 공식
온라인 강의

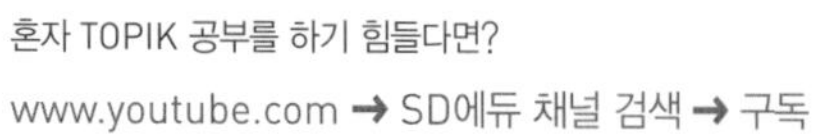
혼자 TOPIK 공부를 하기 힘들다면?
www.youtube.com → SD에듀 채널 검색 → 구독
→ [SD에듀] TOPIK 한국어능력시험 학습 특강 재생목록 클릭!

한국인이 되는 합격의 공식

어휘력 향상을 위한 가장 효율적인 방법!

한국어 공부
POINT 2

풍부한 어휘로 기초 다지기 + 필수 문법으로 실력 다지기

진정한 한국인이 되기 위한 첫걸음!

한국어 공부
POINT 3

영역별 핵심이론 + 최신 기출 유형 완벽 반영 + 모의고사로 최종 마무리

달라진 사회통합프로그램 & 귀화 시험, 남다른 전략!

사회통합프로그램
POINT 3

영역별 핵심이론 + 모의고사로 최종 마무리 + 면접심사 기출·예상 문제

검색창에 SD에듀 를 검색해 보세요.

당신이 진정한 한국인이 되기까지 항상 함께하겠습니다.

• 한국어 선생님과 함께하는
TOPIK 한국어 문법 I, II

• 한 달 만에 완성하는
쏙쏙 TOPIK 한국어 어휘 초급, 중급, 고급

• 영역별 무료 동영상 강의로 공부하는
TOPIK I, II 한 번에 통과하기, 실전 모의고사, 쓰기, 쓰기 · 읽기 마스터, 기출 유형 문제집

• 저자만의 특별한 공식 풀이법으로
TOPIK I, II 단기완성

• 사회통합프로그램 시험을 완벽 분석한
사회통합프로그램 종합평가 한 권으로 끝내기, 사전평가 단기완성
사회통합프로그램 사전평가 · 중간평가 · 종합평가 실전 모의고사

• 귀화 면접심사와 사회통합프로그램 구술시험의 완벽 대비를 위한
귀화 면접심사 & 사회통합프로그램 구술시험

※ 도서의 이미지 및 구성은 변경될 수 있습니다.

사회통합프로그램 시리즈로

사전 · 중간 · 종합평가, 귀화 면접심사까지

사회통합프로그램

사전·중간·종합평가 실전 모의고사

실전감각 UP!
평가 응시 전 필수 관문!

- 법무부 공인 교재 완벽 반영
- 변경된 평가 유형을 그대로 녹여낸 기출 동형 모의고사
- 구술시험 가이드 + 기출 복원문제
- 모의고사 문제풀이 YouTube 강의

사회통합프로그램

사전평가 단기완성

사전평가 초보 수험자를 위한
맞춤 교재!

- 법무부 공인 교재 완벽 반영
- 한국어 · 한국문화가 낯선 초보 수험자를 위한 꼼꼼한 핵심이론
- 모의고사 3회 + 친절한 해설
- 저자 임준 선생님의 핵심 요약 + 모의고사&구술시험 문제풀이 YouTube 강의
- 소책자 쏙쏙 암기 노트

사회통합프로그램

종합평가 한 권으로 끝내기

영주용·귀화용 종합평가
한 권으로 끝내자!

- 법무부 공인 교재 완벽 반영
- 꼼꼼한 핵심이론 + 연습문제
- 구술시험 가이드 + 기출 복원문제
- 실전감각 UP! 영주용 · 귀화용 종합평가 기출 동형 모의고사 3회
- 모의고사 문제풀이 YouTube 강의

귀화 면접심사 & 사회통합프로그램 구술시험

한 권으로 끝내는
귀화 면접심사와 구술시험!

- 귀화 면접심사, 구술시험 기출 복원문제
- 빈출 질문을 바탕으로 한 핵심이론
- QR코드로 제공되는 MP3파일로 실전 연습

YouTube
강의로 ▶

더 쉽고 재미있게 사회통합프로그램 평가를 준비하세요!

[시대에듀 KIIP 사전평가 단기완성] × 〈사전평가 단기완성〉
저자 직강! 핵심이론 + 모의고사 문제풀이 + 구술시험 문제풀이

[시대에듀 KIIP 사전 / 중간 / 종합평가 모의고사] × 〈사전·중간·종합평가 실전 모의고사〉
사전평가 5회 / 중간평가 6회 / 종합평가 5회 모의고사 문제풀이

[시대에듀 KIIP 종합평가 한 권으로 끝내기] × 〈종합평가 한 권으로 끝내기〉
핵심 요약 + 모의고사 문제풀이